債権の良質化における新展開

水野浩児 著

経済法令研究会

まえがき
——金融機関の債権に対する考え方の変化を感じる

　私が「債権の本質」について考え始めたのは、前職である銀行員として実務に東奔西走している頃であった。具体的には、中小企業向けの融資担当業務を経て、銀行本部で決算を担当する部署である総合企画部に配属された頃に遡る。約25年以上も前のことだ。

　銀行の決算は、一般的な企業と異なり、貸倒引当金の考え方で大きく変化する構造になっている。そのため、ある取引先の債権の評価如何によって、決算の数字に直接影響が及ぶものであった。例えば、破綻懸念先と評価された債権については、個別に引当を行う必要性があり、それは銀行にとって単年度であっても大きな影響が出てしまう。

　一銀行員に過ぎない当時の私は、上手く言語化できないものの、貸倒引当金を積む必要性について疑問を抱きながら決算業務に従事していた記憶がある。なぜなら、単純な話だが、貸倒引当金を計上している取引先の将来性が評価できれば、その貸倒引当金は取崩すこととなり、利益として計上することができるのである。債権者たる金融機関が債務者たる取引先企業に対して支援することを表明し、取引先企業もそれに応じて、経営計画を実行することを明確にすれば、その債権は「毀損しているかどうか」の判断が難しくなる。別の言い方をすれば、債権者と債務者が協力し合っていれば、債権は永久に毀損することはないといえるのではないか。そのように感じたことが、今日まで続く私の研究者マインドの第一歩だったように思える。

　その第一歩から歩みをさらに早めるきっかけとなったのが、当時の法人税法における貸倒の問題である。金融機関が債権の回収可能性がないと判断しても、当時の法人税法上、取引先企業が法的に破綻するまで無税での償却は認められなかった。これは金融機関における実務を大きく狂わせていたといっても過言ではないほど、金融支援の現場を苦しめていたのである。

　支援をしたくても、破綻懸念のある企業を支援することは金融機関自らの財政状況を悪化することにつながる可能性があり、法的整理にステージを進

めなければ、いつまで経っても貸倒引当金を計上し続けなければならない不条理な実態が生じていた。貸倒引当金を計上し続けることは、当時の税効果会計における観点からも限界があり、加えて、金融機関の本分である事業者支援をも法人税法が阻害する結果を生み出していた。

私自身も担当している取引先を救済したくてもできないもどかしさに襲われ、幾度となく涙を呑む経験をした。その中で、この状況を打開し、自身の業務のみならず、金融実務を円滑に行える活路を見出すために書き留めたのが、後述（第1章第1節）にて掲載する税理士会受賞論文である。この論文は一見、法人税法に主眼を置いた論文のように見えるが、私の中では「債権の本質」を突くような考え方をまとめたものと自負している。

先に記した考え方と類似するが、債権とは、債務者が事業継続を諦め、債権者が回収を断念した段階で、その債権は毀損する。金融実務においては、債権者たる金融機関が主導するかたちで債権の回収可能性の判断や不動産担保の有無によって債務者を評価する考え方が横行していた。貸倒の考え方もそうだが、債権者または債務者どちらか一方の立場から債権が評価される実態がそこにあった。債権者と債務者が寄り添い、債権の実現に向けて双方が協力して債権の価値を高めるという本質的な活動は、わかっていても行動できない環境や文化により上手く対応できないもどかしさがあった。そこに一石を投じたいという想いはこの論文を契機にさらに高まることになった。

そして私を銀行員から研究者へといざなう決定打となったのがABLの考えである。私自身もABLを金融実務で活用した経験があり、その使用感において大きな疑問を抱いたことが「債権の本質論」を本格的に研究したいという欲求を駆り立てた。ABL融資の考え方は画期的であり、これからの時代を席巻する可能性を大いに感じたが、残念ながら現場に浸透することはなかった。その理由として、ABLを回収のための担保と考えたときに、金融機関にとって、対抗要件の問題や事務手続きの複雑さなど、割に合わない取り組みと判断されてしまったことが挙げられる。

ABLは、事業そのものを担保にする考え方である。債権者が債務者の事業そのものを理解することで担保としての機能を強化させることになる。「債権の本質」をそのまま制度化したようなこの考え方は、まさに私が理想としている金融実務のムーブを体現しているように思えた。金融実務においてどのように「債権の本質」を具現化しつつ制度と環境を整えていくか。

ABLは私の研究指針を明確にする道標として壮大な光を放っていた。この道を辿った先に、金融界の未来があると思えたのだ。研究者としてのキャリアを重ねることが叶ったのは2006年のことだった。ご縁を結ぶことができた追手門学院大学にて、齢35歳、出遅れた研究者人生が始まった。

初めから明確に研究したい題材があったことは、いまとなっては贅沢なことであったが、当時はそれを表現する、発表することに苦難を覚え、研究活動が軌道に乗るまで随分と時間を要した。非常に鬱屈とした時間が流れていた。そのような中、2014年に転機がおとずれた。金融庁が不動産融資に偏った銀行の取引慣習に対して警鐘を鳴らし、取引先企業の将来性や事業内容を評価して融資を推進する「事業性評価融資」の概念を押し出しはじめた。先見の明があった、とはさすがに言えないが、事業性評価に基づく融資推進の取組は、ABLが醸し出していた魅力をそのまま形を変えて体現しており、私が理想としている金融支援が現実味を帯びてくることとなった。

「債権の本質」を具現化した金融実務を理想に掲げて研究をはじめて約20年、これまでの研究活動が金融庁の考えとリンクしはじめたこともあり、多くの金融機関から「事業性評価」に関する研修のオファーをいただくことになった。これまでの研究成果をそのままダイレクトに伝えることができたため、ある意味準備万端であり、声さえかかれば、いつでもどこでもそのニーズに応えることができた。しかも、自身の考えをただ一方的に伝えるだけではなく、各金融機関が直面している現実的な問題や課題のヒアリングも同時に行うことができたため、自身の研究がより実践的に、かつ、深みを増すことにつながった。多くの金融機関職員を育成し、地域金融機関の活性化を促す社会貢献を実行しながら、自身の研究をより研ぎ澄ましていくこの活動は研究者冥利に尽きるものであった。

多くの金融機関と接点を持ち、自身の考えを、ひいては金融庁が推進しようとしている取り組みを実装しようとする活動が評価され、近年では経済産業省からお声がけいただき、ローカルベンチマークガイドブックの編集委員として策定に携わることや金融庁が公表した「業種別支援の着眼点」の研究会委員、さらには近畿財務局のアドバイザーとして地域金融機関の融資担当者の指導役を担うなど、行政とタッグを組む機会が増えた。「債権の本質」を追究する、と初志貫徹突き進んだことがこうして実を結ぶことになるとは、いまでも夢心地である。

現在、コロナ禍における事業者支援として多くの中小企業を救済することになったゼロゼロ融資が、また私の中で大きな転換期の訪れを予感させている。新型コロナウイルス感染症によって多くの中小企業が窮地に立たされ、各金融機関は、取引先企業の事業を継続させるために全力で支援しなければならない状況が続いている。コロナ禍初期に支援策として導入されたゼロゼロ融資は、多くの企業の延命措置として文字どおりの役割を果たした。2023年に入り、多くの企業がゼロゼロ融資の返済開始時期を迎える。この間、返済に耐えられるほど業績を回復させた企業は僅かで、ほとんどの企業がいまだに苦しい状況下にある。各金融機関もこのまま指を咥えて見ているだけでは、自らの債権も毀損することになってしまうため、図らずも債務者たる取引先企業の事業支援をしなければ、惨事を回避することができない。

　そうした時代背景もあって、2014年に打ち出された「事業性評価に基づく融資」はここにきて金融機関の間で加速度的に浸透し、コロナ禍という難局を乗り切るための合言葉のようになっている。債権者たる金融機関と債務者たる取引先企業が協力して債権の実現に向けて活動する世界が現実に広がっているのだ。

　未曾有の事態であるため、決してその状況に浮かれることはできないのだが、かつて金融機関の研修で伝えても、あまり評価されなかった「債権の本質」論は、いまや皆が真剣な眼差しを向ける考え方に昇華した。一昔前まで、金融機関にとって「良い債権」とは回収可能性の高い債権のことを指していた。そのため不動産担保や保証に頼る実務が当然になっていたのは紛れもない事実だ。それが、ABLや事業性評価の考え方を経て、コロナ禍が後押しするかたちで、債権に対する考え方にパラダイムシフトを起こした。

　これから数年以内の議論として、包括担保法制が注目を集めることが予想される。包括担保法制は、事業成長担保権と呼ばれ、端的にいえば債務者である取引先企業の「事業そのもの」を担保にする考え方である。それこそ動産資産を担保にするABLの発展的な考え方であるといっていいだろう。事業性評価に基づく融資の実効性を高め、もはや金融機関の本業となりつつある事業者支援を実現するための担保として、理念上は促進する意義が大きい考え方である。

　しかしながら、現場への浸透を考えた際に、ABLと同じ轍を踏んではならない。ABLが中小企業の資金調達等の金融実務において普及しなかった

事実をあらためて真摯に受け止め、次のルール作りに着手しなければならない。その際の着想としてヒントにしなければならないのが、池田眞朗教授が提唱している「行動立法学」の考え方である。私が提唱する「債権の本質」を追究すると、行き着く先には「人」がいる。金融機関の担当者は、中小企業を運営する社長やそこで働く従業員、ひいてはその企業が守ってきた地域、街そのものを守るために地域金融機関としての職責を果たさなければならない。その支援策を活かすも殺すもそれを取り巻く法律が鍵を握る。

　かつて貸倒の認定が難しかった法人税法は、ひとつの事件（判例）によって、金融実務に劇的な変化をもたらした。実際に活用する人、それによって恩恵を受ける人がどう使うのか、どうすれば使いやすくなるのか。それはこれまでの長い民法学の歴史において当然とされた「解釈論」の視点から、学術的に綺麗な法整備をすることとはやや相対する。実理をとった法整備こそこれからの金融実務を支えることにつながると考えられる。「債権の本質」が理念として浸透しつつあり、私の掲げた理想像がより明確になっていく中で、次になすべきことの一つとして、新しい制度における法整備は欠かすことのできない観点である。

　また、「債権」という実態のない概念を良質化しようとする発想を転換し、「債権」によって結ばれる「人」がどうなることで双方の目的が達成できるのか、どのように「債権」を育むことでみんな幸せになるのか。「人」を成長させるアプローチから「債権」を見つめ直す必要が出てきていると感じている。「債権」という言葉はどうしても法律用語であり多くの人が共通認識をするにはややハードルが高い概念である。ローカルベンチマークの考え方ではないが、「債権」が指す意味を金融機関と取引先企業の担当者の間で、共通言語化する取り組みが必要である。その具体的な一つの活動として、私が日頃から携わっている金融機関の研修や行政と連携した活動による考え方の流布が、「教授法の確立」にもリンクするように思える。

　幸いなことに、私の論考はここ数年で様々な媒体を介して、世に送り出すことができた。どの論考においても金融機関の有する債権について「いかに債権の本質を理解してもらうか」に絞って発信してきている。2022年に発行した拙書は、あえて漫画や対話形式での解説を導入し、一人でも多くの金融機関職員に「事業性評価」を理解してもらうことを目的に執筆した。先述したローカルベンチマークガイドブックも金融機関側だけでなく、企業サイド

の目線で活用してもらうことを意識し、２つの視点でガイドブックを作成することに至った。これもまた、一人でも多くの人に制度や本質を理解してもらうための活動に尽きる。

　こう振り返ると、私の研究は債権者と債務者の共通理解を生み出し、行動変容を促す段階にきているように思える。そうしたタイミングで、このように本書にこれまでの道筋をまとめることができる機会を得たことは万感の思いである。本書によって一人でも多くの方にとって役に立つことになれば幸いである。そして、予てからの希望である金融実務の光明になることを切に願う。

　なお、本書は令和五年度追手門学院大学研究成果刊行助成金の助成を受けて出版することができた。この場を借りて関係の皆様には心から感謝し厚く御礼申し上げたい。

　また、書籍の制作にあたっては株式会社経済法令研究会の皆様にお世話になった。あわせて感謝申し上げる。

2023年8月

水野浩児

目　次

まえがき 〈i〉

序　説　金融実務における良質な債権の考え方の新展開と行動立法学 ———— 1
　Ⅰ．はじめに 〈1〉
　Ⅱ．債権の柔軟性と実務の硬直性から着想を得た債権の本質的意義への気付き 〈6〉
　Ⅲ．債権の本質的意義からの実務の考察と実務界のパラダイムシフト 〈7〉
　Ⅳ．行動立法学的観点からの新しい法解釈 〈9〉
　Ⅴ．ビジネス法務における教授法の重要性 〈11〉
　Ⅵ．ビジネス法務学へのパラダイムシフトと良質な債権の考え方へのアプローチ 〈12〉

第1章　金融実務から考察する債権の本質
　　　第1章の概要 ———————————————— 16
　第1節　不良債権処理の根本的問題と部分貸倒れの損金算入の必要性
　　　　　―円滑な金融機能回復を目指して― ———————— 19
　　Ⅰ．はじめに 〈20〉
　　Ⅱ．不良債権処理と繰延税金資産問題の因果関係 〈21〉
　　　1）不良債権処理の背後に潜む繰延税金資産の問題 〈21〉
　　　2）不良債権問題解決策の提案 〈23〉
　　Ⅲ．法人税の検証（22条・33条の考察） 〈23〉
　　　1）法人税が実務に及ぼす影響 〈23〉
　　　2）法人税法における金銭債権の評価（法人税法33条）〈25〉
　　　3）法人税法22条における損金 〈28〉
　　　4）旧債権償却特別勘定からの考察 〈32〉
　　Ⅳ．おわりに 〈33〉
　　　1）新たな時代への対応 〈33〉
　　　2）考察の結果ならびに解決策の提言 〈35〉

第2節　債権者、債務者双方からの貸倒損失のアプローチの重要性
　　　─資金調達環境改善の後押し─ ……………………………………36
　Ⅰ．はじめに〈36〉
　Ⅱ．貸倒損失の判断〈40〉
　　1）法人税法22条における公正妥当〈40〉
　　2）貸倒損失の認識時期（法人税基本通達9－6－2及び法人税法33条の解釈）〈41〉
　Ⅲ．興銀事件〈44〉
　　1）事件概要と最高裁判所の判旨〈44〉
　　2）検討（債権者・債務者の事情と貸倒損失の認識）〈47〉
　Ⅳ．資金の流れを重視した貸倒損失の判断アプローチ〈48〉
　Ⅴ．金融機関における適正なディスクロージャーと会計処理〈50〉
　Ⅵ．まとめ〈51〉

第3節　譲渡禁止特約と譲受人の重過失に関する判例の考察 ……54
　Ⅰ．はじめに〈54〉
　Ⅱ．第1判例〈54〉
　　1）事件の概要〈54〉
　　2）事件の争点〈55〉
　　3）判　旨〈58〉
　Ⅲ．第2判例〈60〉
　　1）事件の概要〈60〉
　　2）事件の争点〈61〉
　　3）判　旨〈62〉
　Ⅳ．考　察〈63〉
　　1）序　論〈63〉
　　2）最判昭和48年7月19日の概略〈64〉
　　3）民法466条2項の趣旨〈67〉
　　4）重過失の認定〈68〉
　　5）比較検討〈70〉
　Ⅴ．結び〈72〉

第4節　金融円滑化法期限到来から考察する債権譲渡の実相 ……76
　Ⅰ．資金調達の多様化と金融円滑化〈76〉
　　1）現代社会の金融情勢と課題〈76〉
　　2）資金調達の多様性と債権譲渡〈78〉
　Ⅱ．金融円滑化法期限到来の影響〈80〉
　　1）金融円滑化法期限到来と金融検査マニュアルの改訂〈80〉
　　2）監督方針に係る積極的な金融仲介機能の発揮〈82〉
　Ⅲ．ABL融資活用の及ぼす影響〈84〉
　　1）ABLの積極活用と債権の良質化〈84〉

2）「債務者のための担保」の必要性 〈86〉
　　　3）債務者を活性化させる担保へ 〈87〉
　Ⅳ．結び 〈88〉
第5節　金融円滑化における担保のあり方と債権譲渡の実相 ……… 91
　Ⅰ．金融の仲介機能の発揮 〈91〉
　　　1）金融円滑化に向けた取り組み 〈91〉
　　　2）金融の仲介機能の発揮 〈93〉
　　　3）金融の仲介機能と担保 〈95〉
　Ⅱ．ABLの観点から考察する債権譲渡の実相 〈97〉
　　　1）動産債権譲渡特例法の制定と「担保」の考え方 〈97〉
　　　2）ABLの新しい担保概念 〈98〉
　　　3）ABLの潜在的機能 〈99〉
　Ⅲ．運転資金ファイナンスと在庫評価の確立 〈101〉
　　　1）在庫評価の確立とABLの普及 〈101〉
　　　2）在庫担保の問題点と今後のABLのあり方 〈103〉
　Ⅳ．結び 〈105〉

第2章　ビジネス法務学につながる事業性評価と債権の本質的意義

　　第2章の概要 ──────────────── 110
第1節　現代における債権譲渡行為の実相とその問題点 ……… 113
　Ⅰ．はじめに 〈113〉
　　　1）複雑化する資金調達手法 〈113〉
　　　2）金銭債権の実相と問題認識 〈115〉
　Ⅱ．現在における債権譲渡の実相 〈117〉
　　　1）金融実務における実相 〈117〉
　　　2）金融庁検査の本質的意義（自己査定導入の経緯） 〈119〉
　　　3）金融機関における貸付債権の保全 〈121〉
　　　4）担保的機能としての債権譲渡の変遷 〈121〉
　Ⅲ．債権譲渡をめぐる判例法理の検証 〈122〉
　　　1）将来債権譲渡に関する判例法理の進展 〈122〉
　　　2）譲渡禁止特約に関する判例法理の進展 〈125〉
　Ⅳ．金融庁検査における債権譲渡担保の実相 〈127〉
　　　1）金融庁「金融検査マニュアル」及び自己査定と債権償却 〈127〉
　　　2）資産自己査定と貸倒償却に関する日本公認会計士協会の実務指針 〈127〉
　　　3）債権償却及び貸倒引当金会計上と債権譲渡の関連性 〈128〉
　　　4）金融円滑化法の本質 〈129〉
　Ⅴ．結び 〈130〉

第2節　企業経営における事業性評価のポイント
―ローカルベンチマークの活用― ……………………132
Ⅰ．金融行政の変遷と事業性評価 〈132〉
Ⅱ．担保保証から事業性評価へ（債権の質向上への取り組み）〈136〉
Ⅲ．ローカルベンチマークの活用 〈138〉
Ⅳ．ABLを活用した事業性評価 〈140〉

第3節　中小企業金融における事業性評価の本質的意義
―金融検査マニュアル廃止後における良質な債権の考え方―…142
Ⅰ．地域金融機関を取り巻く環境の変化 〈143〉
　1）地域金融機関の変革の経緯 〈143〉
　2）金融行政の組織改革 〈145〉
Ⅱ．事業性評価と関連施策の変遷 〈147〉
　1）事業性評価の本質的意義 〈147〉
　2）金融検査マニュアルの限界 〈148〉
　3）将来キャッシュフローの把握と検査マニュアル廃止後の対応
　　（事業性評価）〈149〉
Ⅲ．地域金融機関の事業性評価融資の取り組み 〈152〉
　1）地域金融機関の事業性評価と経営者保証に関するガイドライン 〈152〉
　2）事業性評価に基づく融資と「対話」〈153〉
　3）事業性評価におけるローカルベンチマークの活用 〈154〉
　4）事業性評価の実践と金融実務への影響 〈156〉
　5）運転資金の借入形態の課題と債権の本質 〈157〉
　6）信用保証協会の制度改革 〈158〉
Ⅳ．債権の本質的価値と事業性評価の牽連性 〈159〉
　1）債権の本質と事業性評価 〈159〉
　2）ABLの活用と事業性評価の牽連性 〈161〉
　3）ABLの本質的意義と事業性評価 〈162〉
　4）ABLの位置付けと譲渡制限特約 〈163〉
Ⅴ．これからの地域金融機関への期待 〈165〉

第3章　行動立法学からみる包括担保法制（事業成長担保権）
第3章の概要 ————————————————165

第1節　地域金融に有益な包括担保法制と行動立法学
―本業支援に必要な事業性評価の応用と債権の本質を考える― ‥‥170
Ⅰ．はじめに　―地域金融機関が目指す方向性とは― 〈170〉
Ⅱ．良質な債権の考え方と金融検査マニュアル廃止の影響 〈172〉
　1）債権の本質と良質な債権 〈172〉
　2）金融検査マニュアル廃止と事業性評価 〈173〉

Ⅲ．包括担保法制の検討に必要な実務の影響とABLの教訓 〈174〉
　　1) 事業成長担保権（事業を生かす担保）への期待 〈174〉
　　2) ABLの教訓 ―「生かす担保」― 〈176〉
　　3) 制度を使う側の悲しい現実 〈177〉
Ⅳ．立法者の姿勢と行動立法学の提唱 〈177〉
　　1) 立法に対してどう対峙するか ―行動立法学の教え― 〈177〉
　　2) 新時代のルール作り ―行動立法学と実務― 〈178〉
Ⅴ．地域経済エコシステムの中核を担う地域金融人材とは 〈180〉
　　1) 地域経済エコシステムを導入した地域活性化に向けて 〈180〉
　　2) 競争から協調へ ―令和における金融機関同士の関係性として求めること― 〈181〉
　　3) これからの地域金融人材とは 〈181〉

第2節　顧客支援と包括担保法制の牽連性
　　　　―生かす担保ABLの考え方の再評価と事業性評価に基づく融資― ‥‥183
Ⅰ．包括担保法制と顧客支援の牽連性 〈183〉
　　1) 本業支援と包括担保法制の考え方 〈183〉
　　2) 事業性評価との牽連性 〈184〉
Ⅱ．生かす担保 ―ABLの再評価と包括担保法制― 〈185〉
　　1) ABLの悲劇 〈185〉
　　2) 行動立法学の必要性 〈186〉
　　3) 事業成長担保権（仮称）への期待 〈187〉
Ⅲ．ABLの応用とこれからの顧客支援 〈188〉
　　1) ABLのあるべき姿 〈188〉
　　2) 事業性評価に基づく融資とABLの活用 〈189〉
Ⅳ．包括担保法制の円滑な導入とABLの再評価 〈191〉
　　1) 金融人材育成への期待 〈191〉
　　2) 地域金融機関の使命と立法者への期待 〈192〉

第3節　中小企業金融の近未来と事業成長担保権の評価
　　　　―ABL再考― ‥‥‥‥‥‥‥‥‥‥‥‥‥‥‥‥‥‥‥‥‥‥‥‥194
Ⅰ．はじめに 〈194〉
Ⅱ．行動立法学的観点からのアプローチの必要性 〈195〉
　　1) 行動立法学とは 〈195〉
　　2)「新たな担保」としての期待（従来型の担保ではない新たな類型） 〈196〉
　　3) 事業成長担保権における経営改善計画（再生支援のケース） 〈197〉
Ⅲ．事業成長担保権の利用局面・生かす担保としての活用 〈198〉
　　1) 事業成長担保権の活用イメージ 〈198〉
　　2)「包括担保法制」において解釈論が先行することに対する危惧 〈200〉
Ⅳ．事業者（担保設定者）の行動変容 〈201〉
　　1)「事業を解体する担保」から「事業を生かす担保」への原点回帰 〈201〉

2）「良き債権者」とは〈203〉
　3）金融機関の取引先企業との向き合い方—顧客（お客様）という視点—〈205〉
　4）債権の良質化に向けた「使う側」のスキルアップ〈206〉
　5）事業者支援マインドの向上と中小企業金融の近未来〈208〉
Ⅴ．人材育成（目利き力）とコンサルティング機能〈209〉
　1）金融検査マニュアルがもたらした弊害〈209〉
　2）人材育成の重要性〈210〉
　3）柔軟な運用とABLの再考〈211〉

第4章　ビジネス法務学と実務をつなぐ教授法の実践
　第4章の概要 ─────────────────── 214
第1節　私の実務家教員論──銀行員から大学学部長へ ……… 217
Ⅰ．はじめに〈217〉
Ⅱ．金融機関での経験と研究者への想い〈218〉
　1）金融実務経験から得た「本質」への気付き〈218〉
　2）研究者への転身を決定づけた運命の出会い──人間万事塞翁が馬〈220〉
　3）研究者として進むべき道〈222〉
Ⅲ．研究内容の紹介〈224〉
　1）ABLの再考と債権の本質的意義への理解〈224〉
　2）「探求的対話」と「共通価値の創造」の浸透〈226〉
　3）円滑なコミュニケーションを生み出すローカルベンチマークとABLの有用性〈228〉
　4）これからの担保の在り方と包括担保法制〈229〉
　5）民法改正から見る行動立法学の重要性と行動立法学を支える協力体制の構築〈231〉
Ⅳ．結びにあたって─「現実」の理解を〈233〉
第2節　金融機関職員に求められる能力とは
　　　　　コンサルティング能力向上講座（第1回） ……………… 236
Ⅰ．はじめに　─現在の金融業界の現状と課題─〈236〉
Ⅱ．金融行政の変遷と事業性評価導入の経緯〈237〉
　1）金融機関を取り巻く環境の変化〈237〉
　2）事業性評価と日本再興戦略との関連性〈238〉
　3）「事業性評価に基づく融資」の実情〈238〉
　4）金融行政の変遷〈239〉
Ⅲ．ローカルベンチマークの活用と支援者間の連携〈241〉
Ⅳ．担保・保証に頼らない融資の実践〈242〉

第3節　令和の金融への対応、地域金融機関の常識を変える必要性
令和時代に求められる地域企業支援のための人材育成（第1回）…243
Ⅰ．はじめに〈243〉
Ⅱ．令和の金融の本質〈244〉
　1）令和の金融に向けて〈244〉
　2）金融行政の変遷〈245〉
　3）心理的安全性の確保を謳う新しい金融行政方針〈246〉
Ⅲ．令和の金融と人材育成〈247〉
　1）金融育成庁への決意〈247〉
　2）事業性評価を阻害する管理・監督職の存在〈247〉
Ⅳ．債権の本質的意義から金融機関のあり方を捉え直す〈248〉
　1）債権の本質的意義〈248〉
　2）地域金融機関の試金石〈249〉

第4節　実抜計画とロカベンの併用で「伴走支援」を確固たるものに
―企業評価から地域理解へのウイングを広げ、共にリスクテイクを―……250
Ⅰ．ゼロゼロ融資に惑わされない「債権の本質的意義」に基づいた本業支援とは〈250〉
Ⅱ．金融検査マニュアル廃止と将来キャッシュフローの重要性〈252〉
Ⅲ．実抜計画への再注目とローカルベンチマークの親和性〈253〉
Ⅳ．地域経済における金融機関の役割とは〈254〉

第5節　ローカルベンチマークを活用した企業支援のすすめ
ローカルベンチマークと企業支援　～金融機関と企業の対話～…256
Ⅰ．金融機関が注力する「事業性評価に基づく融資」とは〈256〉
　1）事業者支援に必要な対話と対話の質を高めるローカルベンチマーク〈256〉
　2）事業性評価に基づく融資とは〈257〉
　3）ローカルベンチマークの優位性とは〈258〉
　4）債権の本質からみたローカルベンチマーク〈259〉
Ⅱ．ローカルベンチマークが金融実務に役立つポイント〈260〉
　1）ロカベン活用の好事例とは〈260〉
　2）財務分析シートの活用方法〈261〉
　3）マーケティングフレームワークとローカルベンチマーク〈262〉
Ⅲ．財務情報と非財務情報の関連性〈265〉
　1）非財務情報の整理に強いからこそ財務情報にも強いローカルベンチマーク〈265〉
　2）ローカルベンチマークの効果が最大限発揮される場面とは〈265〉

Ⅳ．中小企業活性化と企業の在り方 〈268〉
Ⅴ．経営者の行動変容につながるローカルベンチマークの活用 〈268〉
　1）世代間ギャップの解消にも使えるローカルベンチマーク 〈268〉
　2）ローカルベンチマークを活用した企業支援とは 〈269〉

第5章　ビジネス法務学への期待及び債権の良質化の変容と展望
第5章の概要──────────────────────272
第1節　「水野ゼミ」によるビジネス法務学の実践と教授法の事例 ………………………………………………………………274
Ⅰ．「水野ゼミ」発足までの経緯 〈274〉
　1）地方創生企画推進メンバー（通称：ちほめん）とは 〈274〉
　2）「水野ゼミ」誕生へ 〈275〉
Ⅱ．「水野ゼミ」の活動記録 〈277〉
　1）令和3年度前期における活動実績 〈277〉
　2）令和3年度後期における活動実績 〈279〉
　3）令和4年度前期における活動実績 〈280〉
　4）令和4年度後期における活動実績 〈281〉
Ⅲ．地域金融機関が持つべきサスティナブルの観点 〈282〉

第2節　ABL再考──事業成長担保権への展開とビジネス法務学 ………………………………………………………………284
Ⅰ．金融機関の事業者支援体制とビジネス法務学への期待 〈284〉
　1）ビジネス法務学への期待 〈284〉
　2）持続可能性とこれからの金融 〈288〉
Ⅱ．事業性評価と新しい担保法制 〈289〉
　1）事業性評価の本質とABLの共通項 〈289〉
　2）経営者保証とABL 〈292〉
　3）経営者保証改革プログラムから検証するABL再考 〈293〉
Ⅲ．ABL再考　──事業成長担保権へのアプローチ 〈295〉
　1）経営者保証の本質と債務者の行動変容　──主役は事業者（債務者）〈295〉
　2）事業成長担保権から考察するABL再考 〈298〉
Ⅳ．ビジネス法務学への期待とABL再考　──SDGsと地域金融── 〈300〉
　1）事業性評価におけるABLのモニタリング機能 〈300〉
　2）コロナによる債権の柔軟性と債務者の行動変容につながる取り組み 〈302〉
　3）地域金融における事業者支援とSDGsの関連性 〈305〉
　4）これからの金融人材を育成するために必要なビジネス法務学の視点 〈307〉
　5）SDGs的な観点からのABL再考　──事業成長担保権への新展開 〈309〉
　6）結　語 〈310〉

第3節　債権の良質化の変容と展望 312
Ⅰ. 金融ビジネスとSDGsの関係性 〈312〉
Ⅱ. ビジネス法務学の担い手とは 〈313〉
Ⅲ. ビジネス法務学の「教授法」の確立に向けて 〈314〉
Ⅳ. 金融実務から考察する債権の良質化の変容 〈317〉
Ⅴ.「結び」として 〈321〉

序　説

金融実務における良質な債権の考え方の
新展開と行動立法学

Ⅰ．はじめに

　本書は、様々な金融行政の変遷を経て、債権者である地域金融機関と債務者である取引先企業との関係に変化が生まれ、債権に対する評価や考え方も様変わりしてきたことに焦点を当てるため、『債権の良質化における新展開』というタイトルを冠した。ここでいう「債権の良質化」とは、金融機関の実務実態に鑑みると、良質な債権の捉え方が「担保や保証」で保全されたものから、事業性評価等により事業の将来性を的確に評価したり、事業の継続・発展に向けて金融機関が本業支援することで、計画を立てながら事業者を支えていくことこそが、金融機関が有する債権を正常化させるものとの考えにシフトしていくこととなった。文字通り、債権の質を高めようと行動することにパラダイムシフトしたことを表すべく、債権の評価方法の変化を「良質化」と表現したのである。とりわけ、2014年に金融庁が発表した事業性評価に基づく融資は、金融実務に大きな影響を与え、これからの債権のあり方

---

1) 平成26年6月24日閣議決定した「日本再興戦略（改訂2014）」において、地域金融機関等による事業性を評価する融資の促進が明記された。また、金融庁が平成26年10月26

を再考する契機にもなったといえよう。

　事業性評価に基づく融資は、これまで当然とされてきた不動産担保や保証に依存した融資に一石を投じ、債務者である取引先企業の事業内容や将来性を適切に評価して融資を行う新しい支援のあり方を提唱した。事業性評価に基づく融資を的確に行うためには、債権者である金融機関と債務者である取引先企業が同じ目線で事業の成長可能性などを把握する必要があり、協力関係が前提条件となる。民法の泰斗である我妻榮博士は債権者と債務者の関係について「契約から生じる債権者と債務者の関係は、当該契約によって企図された共同の目的にむかって協力すべき密接な関係を構成する」と論じている。債権とは双方の協力関係を構築するものであることを実に50年以上も前に定義している。筆者が提唱する「債権の本質論」はここを源泉としている。

　事業性評価の考え方以外にも、ABL（Asset Based Lending）は「債権の本質論」に基づく考え方として長らく着目してきた。ABLとは、在庫や売掛債権などの流動資産を担保として活用する融資制度である。これまで不動産資産など「事業とは直接関係がないもの」が担保の主体となっており、資金調達手法を限定的にしていたが、ABLは売掛金や在庫など担保の対象範囲を広げ、業績に関する情報を双方が共有することでコミュニケーションを活性化し、互いの信頼関係を構築することを前提とした資金調達手法として提唱された。ABLは、債権回収のための担保という金融実務偏重の視点に対し、事業を継続させるための担保、すなわち、企業を「生かす担保」として活用を促された点は、事業性評価に基づく融資と通ずるものがあり、現在検討されている包括担保法制（事業成長担保権）にもつながる考え方として筆者も再注目している[3]。

　しかし、ABLは事業性評価に基づく融資と同様の理念でありながら、金融実務において定着しなかった。地域経済の中心を担う中小企業にとって魅

日に公表した「地域金融機関による事業性評価について」にて、地域金融機関による事業性評価に基づく取組が本格的に開始したとの記載がある。なお、事業性評価の定義については、平成26年9月11日に公表された「平成26事務年度金融モニタリング基本方針」において、「金融機関は、財務データや担保・保証に必要以上に依存することなく、借り手企業の事業の内容や成長可能性などを適切に評価すること」と明記されている。

2) 我妻榮『新訂　債権総論（民法講義Ⅳ）』7頁（岩波書店、1964年）。
3) 水野浩児「顧客支援と包括担保法制の牽連性―生かす担保ＡＢＬの考え方の再評価と事業性評価に基づく融資」銀法875号93頁（2021年）（本書第3章第4節所収）。

力的な資金調達方法であり、地域金融機関も大いに活用して然るべき制度ともいえるABLには、大きな障壁があった。それは法的な不安定性である。金融機関は主たる役割として事業支援を行いつつも、大前提として金融の安定や預金者保護の責務を負う。そのため、経済的合理性や利便性に妥当性があったとしても、金融の安定や預金者保護を毀損する可能性のある制度は活用しにくい側面を有する。ABLはまさにその最たる例であったといえよう。そして、ABLの活用を阻害した要因の一つとして考えられているのが、譲渡禁止特約（改正後の譲渡制限特約）の存在である。

　民法466条2項では、当事者が債権の譲渡を禁止または制限する旨の意思表示をしていても原則として債権の譲渡は可能であると規定している。すなわち、譲渡制限特約が付いている債権であっても譲渡はできるということだ。しかし、同条3項では、譲渡制限の意思表示がされていることを知っている、もしくは、重大な過失により知らなかった譲受人やその他第三者に対して、債務者は債務の履行を拒むことができ、かつ、譲渡人に対する弁済や債務を消滅させる事由をもって、第三者に対抗することができるとしている。

　これは一見、債務者が付した譲渡制限特約も一定の状況下で有効とすれば、中小企業の資金調達の観点からは円滑な利用を促進したように見受けられる。しかし、譲受人となる債権者である金融機関は、有効となりうる譲渡制限特約がある債権なのであれば、コンプライアンスの観点から、あえて問題を抱える可能性のある債権を譲り受けることを選択しない。金融実務から考えれば、それは当然のことであり、想像することは容易である。しかも、有効な譲渡制限特約がある債権を譲渡することは債務不履行の可能性も含んでいるため、実務的には非常に厄介な規程に見えたのだ。

　その結果、ABLは新たな資金調達手法として提唱されるも法的な問題がクリアされず、融資の手法として定着しなかった。その点については、池田眞朗教授も立法段階から同様の指摘をされていたが[4]、懸念点は払拭されることなく制定される運びとなったようだ。ABLのように金融実務において有効な手段が提唱されたとしても、法改正によってそれが骨抜きにされてしまうことが現に生じていた。その要因として、これまでの「民法学」が阻害

---

4) 池田眞朗「民法改正案債権譲渡部分逐条解説―検討と問題点」慶応法学36号41頁（2016年）。

要因になっているのではないか、という見方がある。民法学は本国において長らくの間、細かい条文解釈に偏重した解釈論一色であった。それが浸透し権威となった結果、民法学は実務における問題解決の法律としてのあり方よりも学理を究めることが優先される風潮にあったことは否定しにくいだろう。そのような中、新たな着想として「行動立法学」の考え方[5]は、金融実務にかぎらず、私人間における現実的な動きを踏まえた課題解決の法律学として期待されている。池田眞朗教授は行動立法学について「大企業、中小企業、消費者、金融機関、というすべてのステークホルダーの行動を観察し予測して、それぞれの方向に進まなければならない。そのためには、人はどういうルールを作ればどう行動するのかを検討し、そのシミュレーションのもとに法律等のルール創り（予測と理念を合わせ持った「創造」）をする、ということがこれからの立法には必須でないのかという行動立法学の提言は、私にとって必然であったのである。そしてそれが、学理優先との批判があった今次の民法（債権関係）改正（つまり、現実に人々が困っている状況を改善するのではなく、学問的な説明の整合性をどうつけるかのほうに重きを置いてきたきらいがある）に対するアンチテーゼとして発信されたということなのである[6]。」と論じている。これから具体的な検討がはじまる包括担保法制（事業成長担保権）において、行動立法学の考え方が盛り込まれることが強く望まれ、また、本書や本研究がその一助になることも祈念したい。

　行動立法学に基づく法社会が形成されるためには「人はどういうルールを作ればどう行動するのか」を深く追究していかねばならない。しかも様々な立場にあるステークホルダーの視点をあまねく考慮する知見も要する。果てしない高みであるともいえよう。それであるがゆえに、この課題に真摯に取り組むには兎にも角にも「人とのつながり」が物を言うように思える。筆者は「債権の本質論」をテーマに地域金融機関を支え、ひいては地域経済の活性化を目指して研究と諸活動を重ねてきた。ここ数年の活動でとりわけ気付いたこととして、債権の「質」を左右する変数として「人」の影響度が年々大きくなっているということがある。ABLに始まり、事業性評価や包括担保法制などこれからの金融実務において、債権者と債務者による協力関係は

---

[5] 池田眞朗「行動立法学序説－民法改正を検証する新時代の民法学の提唱」法学研究（慶應義塾大学）93巻7号（2020年）57頁。

[6] 池田真朗『債権譲渡と民法改正　債権譲渡の研究　第5巻』659頁（弘文堂、2022年）。

これまで以上に重要視されることになるだろう。債権者と債務者の協力関係とは、最もくだけた表現をすれば、銀行員と社長の信頼関係である。当事者である「人」同士のあり方が債権の「質」に直接影響を与えるといっても過言ではない。債権は人と人の関係を映す鏡のようなものなのかもしれない。そしてその当事者同士は決して一対一とは限らず、多数対多数であったほうがより良質な関係になると考えられる。

　餅は餅屋、という言葉があるように、金融実務において金融機関職員と取引先企業の役員だけで直面する課題を解消できるほど楽観視できる世界線は今後存在しえない。複雑に絡み合った前例のない問題に苛まれることがこれからは当たり前になる。すると、当然ながら一銀行員だけで、取引先企業が抱える諸問題を解決し、事業継続・発展に寄与できるパフォーマンスを発揮することは難しい。時には弁護士や会計士といった士業の専門性を必要とする場面や同業他社、地域住民、官公庁の支援を求めたいことも出てくるだろう。そうしたときに、どれだけ多くの人が、人と人をつなぐプラットフォームのような役割を担えるかが、これからの金融、ひいては、地域経済を支える地盤になると考えている。

　筆者はこれまで研究者としてのキャリアを重ねながら、上場企業や中小企業、地域金融機関の社外役員を歴任し、近年は金融庁や財務局のアドバイザー業務など様々なバックボーンを有していることを活かし、数多くの地域金融機関を対象に研修を行っている。これは一人でも多くの地域金融機関職員に「債権の本質論」に気付きを得た状態で金融実務に勤しんで地域経済を変えてほしいという願いと、困難に直面した際に手を差し伸べ合える人的ネットワークの構築に寄与したいとの想いから、いまもなお継続している活動である。願わくば、筆者の教えがどんどん多くの人に「人づて」で伝わっていき、その理念が多くの人の血肉となって、良質な金融実務の確立につながってほしい、と考えている。少し強引かもしれないが、実務に役立てる前提となる「ビジネス法務学」[7]の確立に少しでも貢献できるものであり、「教授法」[8]の観点をも包含している活動と自負している。法律学とビジネス法

---

[7]　池田眞朗「ビジネス法務学序説－武蔵野大学大学院法学研究科博士後期課程の開設にあたって─」武蔵野法学15号（2021年）402頁。ビジネス法務学の定義や必要性について詳細に書かれている。

[8]　池田眞朗「実務家教育COEプロジェクトの開始とその活動報告」池田眞朗編『アイディアレポート　ビジネス法務教育と実務家教員の養成』1頁（武蔵野大学法学研究科、

務学の対比について、池田眞朗教授は、「出来上がったルールを分析し教授するのが法律学であったとすれば、現状分析と将来展望の融合、ルールの創造を目的とするビジネス法務学[9]」と論じておられ、現実的な動きを踏まえた課題解決の法律学を探求していくうえにおいて、ビジネス法務学の考え方は極めて重要である、と考えられている。

以上の内容を源流とし、債権の本質について再考し、債権を「良質化」するための手法や考え方について論を展開していく。本書を手に取った方にとって、少しでも琴線に触れるものがあれば幸いである。

Ⅱ. 債権の柔軟性と実務の硬直性から着想を得た債権の本質的意義への気付き

第1章では、筆者が銀行員として金融実務に従事する中で気付きを得た「債権の本質」に関する諸論考、いわば本研究の出発点となる考え方を収録している。

第1節の「不良債権処理の根本的問題と部分貸倒れの損金算入の必要性」は、日本税理士連合会の日税研究賞を受賞したものであり、研究者への転身を決意するに至った筆者にとって最も重要な論文の一つである。本論考は、一見すると法人税法に関する内容であるが、実質的には債権の考え方について実務からの気付きをまとめたものであり、債権法の論考であると自負している。金銭債権の部分貸倒を認めない法人税法の規定が、当時金融機関が行う不良債権処理を遅滞させる要因となっている実態に着目し、法人税法において債務者側の事情のみで貸倒損失の判断をしてきたところ、債権の本質に鑑みれば債権者側の事情を考慮することも必要であることを論じている。

我妻博士は債権者と債務者の関係を「契約によって企図された共同の目的に向かって協力すべき密接な関係」と定義した。金融機関がこれから注力する事業性評価に基づく融資とは、債権者である金融機関が、債務者である取

2021年）。民間の営業部門等の人材にも、契約に関する「初等法務」の知識が必須のものとして求められる時代状況において、ビジネス法務を「教えられる」人材の養成、しかも単なるノウハウなどの経験知を教えるのではなく、それを一定の形式知あるいは理論知に高めて、継続的な「ビジネス法務学」の確立・発展、さらには教授していける人材を養成することが、時代の要請であると示されている。

9) 池田眞朗「これからのSDGs・ESGとビジネス法務学」池田眞朗編『SDGs・ESGとビジネス法務学』31頁（武蔵野大学出版会、2023年）。

引先企業の将来性を的確に評価することから始まる。金融機関と企業が協力するかたちで事業の維持・発展を目指す行為によって債権の質を向上する取り組みに直結するこの考え方は、法人税法における部分貸倒れの問題を考察した際の考え方に通ずるところがあり、「債権の良質化」を実務面と現実的な問題を踏まえて論じたものになっている。

また、資金調達手法が多様化する金融実務において、債権譲渡を活用した円滑な金融支援の実質化にも着目し、譲渡禁止特約の規定がそれを阻害している点について判例を交えながら、実務に即したルールの必要性を提唱した論考も同章には収録している。譲渡禁止特約の問題もその規定が企図する内容そのものの解釈ではなく、債権者と債務者の協力関係に基づく「債権のあり方」という視点で検討することによって、新しい視点から検証できることを示している。加えて、金融機関の行動に大きな影響を与える金融庁の方針や資産査定（債権の評価）に影響を与えていた金融検査マニュアルに関する言及、ならびにABLの理論と実態における乖離から生じた問題点については、新たに導入される担保法制の考え方にもつながる論点として本章で一部取り扱っている。

以上のように、第1章は約20年前から筆者が実務経験の中で感じた疑問や気付きを断続的ではあるものの時系列に記したもので構成される。現在直面する諸問題にも通ずる考え方は散りばめられており、債権の本質を再考する足がかりとして有用なものを選定した次第である。

Ⅲ．債権の本質的意義からの実務の考察と実務界のパラダイムシフト

第2章では、金融実務における債権の定義をあらためて指し示したうえで、その着想に基づいた金融検査マニュアルの廃止や事業性評価に基づく融資の取り組みについて具体的に触れつつ、「債権の本質的意義」の核心に迫った諸論考を収録している。

第1節の「現代における債権譲渡行為の実相とその問題点」では、金融実務において多様化する資金調達手法の中で、債権譲渡行為が頻繁に行われていた実態に着目し、債権の回収可能性が高い、すなわち不動産担保で保全されていることが良質な債権であるという考えが浸透していたところから、債務者の将来性を把握することこそが良質な債権である、と考え方をあらため

る必要性について提唱している。

　2002年頃より売掛金担保による資金調達が本格的に導入され、2005年頃にはABLによる資金調達、2008年には電子記録債権法が成立するなど、立法面から資金調達に関する体制整備が一気に動きだし、中小企業支援のあり方は加速度的に多様化が進んだ。我妻博士は半世紀以上も前に金銭債権について「銀行は他人の金銭債権を金銭債権として利用するものである」と、現代の金融システムにおける本質を突いた考えを発しており、銀行の「金融債権の仲介者たる作用」の本質を踏まえてもこれらの法整備は示唆に富むものであったといえよう。しかしながら、この多様化は、担保主義が強い金融実務の考え方に回帰するものとして本質的な考え方が定着すべきところ、金融実務における取引慣習や文化のみならず、法整備の不安定さなどが阻害するかたちで理念通りの土着には至らなかった歴史がある。この点については、これからの法整備において踏まえておく必要がある。

　法整備につながる別の観点として、金融検査マニュアルは約20年間金融機関の実務に大きな影響を与え、功罪両面の要素を残した。金融の安定化を図るべくマニュアルにより画一的な資産査定を実行した結果、中小企業の将来性を評価する金融機関職員のスキル低下を招いてしまった。その実態を危惧し、2014年頃より金融庁は担保や保証に過度に頼らず、企業の将来性を評価して融資を行う「事業性評価に基づく融資」を推奨することにつながる。

　地域金融機関が取り組む事業性評価に基づく融資は、地域経済の活性化というより大きな課題に取り組むための手法にもなりうる。事業性評価では「顧客」（債務者）を知り、お互いの利益のために協力する関係性が求められる。お互いを知り、双方の利益実現のための諸活動は、取引先企業の成長に留まらず、その企業が根付いている「地域」に還元されていく。そしてその地域の経済に好循環をもたらすスキームへと展開することが期待される。

　その将来性を見込み、その実現に向けた活動の一つとして、2016年3月に経済産業省はローカルベンチマークを公表した。ローカルベンチマークは

---

10)　我妻榮『近代法における債権の優越的地位』301頁（有斐閣、1953年）。
11)　金融庁「地域金融機関による事業性評価について」（2014年10月24日公表）。「金融機関は、財務データや担保・保証に必要以上に依存することなく、借り手企業の事業の内容や成長可能性などを適切に評価し（「事業性評価」）、融資や助言を行い、企業や産業の成長を支援していくことが求められる。」とし、事業性評価の定義と方針を示した。
12)　経済産業省は公表されたローカルベンチマーク（略称：ロカベン）の定義を、「企業

企業経営者自身が自社を知るための効果や、債権者が債務者を知るためのツールとして役割が期待されるものである。筆者はローカルベンチマーク普及にかかる委員として関与していることも踏まえ、同章では事業性評価のポイントとローカルベンチマークの関連性についても触れていく。

以上のように、取り扱う題材は様々ではあるが、すべて「債権の本質的意義」への気付きを与える論考を中心に同章は構成することとした。

Ⅳ．行動立法学的観点からの新しい法解釈

第3章では、債権の本質的意義を踏まえつつ、さらに「債権」を深掘りする契機となった「行動立法学」について触れる。行動立法学の考えが浸透していれば違った局面を迎えていた事例はいくつもあるだろうが、その具体的な事例としてABLに触れつつ、今後実装されてゆく包括担保法制（事業成長担保権）への展望を収録している。

情報化社会の進展による全世界をまたにかけたボーダーレスな取引社会の進展により、取引や契約は日本国内で完結することが当たり前ではなくなり、予測不能な時代へと突入していく。これからの法整備（ルール作り）は、これまでの法律学で定着してきた学理的な解釈論に偏重し、実務において・使・え・な・い・ル・ー・ル・を生み出すことを避けなくてはならない。社会的ニーズのない法律は、無意味なものになるどころか、実務を阻害することにつながりかねない。

ABLがその制度の趣旨や理念に優れた取り組みであったものの、譲渡制限特約による法的安定性やそれを取り扱う金融機関におけるコンプライアンス的な観点からの課題に加え、実務負担・顧客負担が大きいことを理由に融資手法として確立しきれなかったのは、ある意味、ここで取り扱うには好事例であるといえよう。現在議論されている包括担保法制（事業成長担保権）などはABLの二の舞にならないよう立法側が努力しなくてはならない。

行動立法学の基本的な考え方は「新しいルールを創ったら、人はどう行動

の経営状態の把握、いわゆる「企業の健康診断」を行うツールです。」とし、「企業の経営者と金融機関・支援機関等がコミュニケーション（対話）を行いながら、ローカルベンチマーク・シートなどを使用し、企業経営の現状や課題を相互に理解することで、個別企業の経営改善や地域活性化を目指します。」と公表している。

するかという、その法律で対象となる人々の事前の行動予測の観点から法律というルールを創るべき」との着想から「誰のためにどういう法律を創ることが最も良いのか、社会的に最適な立法をするための理念や方法論を考察する」ことに基づいてルール作りを検証することにある。

　行動立法学の考えに立脚する「ルール創り」とは、ルール（法律や条例等に限らない広い概念である）を作る側の論理だけでなく、ルールが適用される人々やルールを使う人々の利益もトータルで考えることが重要であり、SDGsにおける「誰一人取り残さない」という考え方にも通ずる。行動立法学を提唱する池田眞朗教授は、ルールが生み出す利益（目的）は地域の活性化、さらには債権者・債務者をはじめ、様々な多くのステークホルダーの利益でなくてはならないとの考えを示し、それを「レインボーカラーの利益」と表現した。いずれかではなく、利害関係者全員にとってプラスとなる価値ある行動とはなにか、という考え方が今後は主流になってくることを予感させるといっていいだろう。

　その風潮は金融庁にも流れている。金融庁が令和2年に公表した「担保法制の見直しに係る問題提起」において、現在検討が進められている包括担保法制（事業成長担保権）のキャッチコピーとして『「事業を解体する担保」から「事業を生かす担保」へ』と表している。これは池田眞朗教授が当時ABLについて「生かす担保」と表現したことに回帰するものであり、ABLが再注目を浴びたきっかけにもなっている。これもまた、関係者全員を救う方法として検討されているものといっても過言ではない。

　以上のように、行動立法学を土台に、ABLの再考やこれから制度化される包括担保法制（事業成長担保権）を題材とすることで、これから「債権」をどのように使って、どういった世界（社会）を構築していくことが肝要か、筆者なりの考えを論じていく構成とした。

13）　池田眞朗「行動立法学序説―民法改正を検証する新時代の民法学の提唱―」法学研究（慶應義塾大学）93巻7号（2020年）57頁。
14）　池田眞朗・前掲注9）25頁。
15）　金融庁「担保法制の見直しに係る問題提起」1頁（2020年1月23日）。

V．ビジネス法務における教授法の重要性

　第4章では「ビジネス法務」における教授法を筆者なりに実践している事例を取り上げ、教授法確立の一助となる論考を収録する。

　金融機関におけるこれからの最大の課題は、広義的な意味での「人的資本への投資」である。事業性評価に基づく融資も包括担保法制（事業成長担保権）も理念は非常に素晴らしいものがある。これらの考え方や制度の成否は、法整備や制度設計ももちろん重要な要素になりうるが、最後はこれらを使う「人」が鍵を握ることになるだろう。近年、金融業界は他業種と同様に人材流出が激しくなった。筆者が銀行員として従事していたころとは様変わりしている。金融庁も金融行政方針に明記するほど人材育成は課題としてとらえている状況にある。行動立法学に基づいた資金調達手法の確立だけではなく、それらを取り扱うことのできる人材の確保と育成も重要視されてきている。

　筆者は追手門学院大学で「金融法」という講座を担当している。同授業では、金融について未熟な学生たちに「資金調達に役立つ法」として講義を進めることで、学生の反応に変化があった。金融法には融資をする側から見た「金融」と資金調達を行う側から見た「金融」の二面性がある。資金調達を行う側の目線は、事業性評価に基づく融資の実質化に通じるものがあり、実務においても重要な視点である。加えて、行動立法学の観点からも、金融法の解釈は「Finance（金融）ではなく、Funding（資金調達）」と考えることで見えてくる景色は大きく変わる。[16]

　この着想をより具現化した取り組みの一つとして、この章であらためて「ローカルベンチマークガイドブック」を活用する論考を掲載している。これまでであれば、ローカルベンチマークの使用解説書を作成するとなれば、各金融機関向けのものだけであっただろう。それが、同ガイドブックに関しては金融機関から支援を受ける側にある、各企業側の視点に立ったガイドブックが編纂されるに至った。金融支援において双方に立脚した思想が浸透している証拠でもあり、また「教授法」の一端が垣間見えるところでもあ

---

[16]　池田眞朗・前掲注8) 177頁。

る。

　これまでに見られなかった「創意工夫」をもって、新種の契約によって両者をつなぎ合わせていくことがこれからのビジネス法務の要諦であるという考え方[17]は、円滑な金融を実質化するうえでも重要な観点であり、令和の金融においては最重要課題の一つになっている。各金融機関において若手・中堅職員の大量退職が続く現状を打破し、好転させるためには人材を育成するための「教授法」の確立とその担い手の増強は至上命題といえよう。

　以上のように、ビジネス法務学はルールを創る要になる考え方であること[18]を十分に理解し、それを確立された「教授法」を用いて多くの人材を導くことがこれからの地域金融を支える足がかりになることをはっきりとした輪郭でとらえてもらうことを目的とした構成としている。

VI. ビジネス法務学へのパラダイムシフトと良質な債権の考え方へのアプローチ

　コロナの影響や経済成長がない状態でのインフレなど、これまでに経験のないことが五月雨のように発生する事態に陥っている。そのような中、金融庁は令和4年12月に、経営者保証に依存しない融資慣行を確立させるため、経済産業省や財務省と連携し「経営者保証改革プログラム」の策定を打ち出した。この背景には、保証を徴求する際の手続きを厳格化することで、安易な個人保証に依存した融資を抑制するとともに、金融機関が注力する事業性評価による融資をさらに加速させることが目的としてあると見ている。[19]

　繰り返しにはなるが、金融実務において債務者の状況を的確に把握し、課題を共有する等将来について認識することが債権者たる金融機関に求めら

---

17) 池田眞朗・前掲注12) 26頁。
18) 池田眞朗・前掲注9) 31頁。「法律学との対比で見るビジネス法務学の本質について、『動態をどう捉えるか』が要諦であるという点において、ビジネス法務学は、既存の法律学のいわば対極にあることになろう。出来上がったルールを分析し教授するのがこれまでの法律学であったとすれば、現状分析と将来展望の融合、ルールの創造、を目的とするのがビジネス法務学である。」と論じておられる。
19) 金融庁「経営者保証改革プログラム～経営者保証に依存しない融資慣行の確立加速～」(2022年12月23日) 経営者保証に依存しない新たな融資手法の検討（事業成長担保権（仮））とした表題で、「金融機関が、不動産担保や経営者保証に過度に依存せず、企業の事業性に着目した融資に取り組みやすくするよう、事業全体を担保に金融機関から資金を調達できる制度の早期実現に向けた議論を進めていく。」と明記されており、経営者保証に過度に依存しないことは、事業性への着目を前提としていることが窺える。

れ、その諸活動一つ一つの集合体として「良質な債権」が生まれることにつながる。その債務者を十分に理解するための局面には、様々な知見やスキルが必要であり、多様なアプローチ方法にも熟知していることも求められる。それを一人の金融機関職員がすべてをまかなうのは至難の業といっていいだろう。そこで頼りにすべき協力先として弁護士や公認会計士をはじめとした専門家に高い関心が寄せられつつある。

　最終章では、債権を良質化するプレーヤーをつなげる役割としてこれから地域金融機関が担うべきこととその必要性について論じるとともに、時代の変化に対応できるビジネス法務学を具現化する手法である「教授法」について筆者なりの一考を示す。

　行動立法学に立脚し、これからの実務に求められるルールは「規制法ではなく促進法」[20]であり、長らく定着している法律学の解釈論から脱却し、ビジネス法務学的な発想を前提とした法整備が求められる。また、それを使う「人」の育成について前章でも触れたが、何もすべてを金融機関職員が一手に担う必要はない。時には周囲を巻き込みつつ、助け合い、協力しながら一つの目的を達成しようとひたむきに活動することが肝要となる。

　筆者が地域経済エコシステムの発想に立ち、実際に様々な制度が実務上や実社会において受け入れられる創意工夫になっているかを検証するために取り組んでいる活動を、「教授法」の発展版として紹介しつつ、行動立法学の必要性と親和性をまとめていく。

　筆者のこれまでの諸活動は、2023年3月に金融庁が公表した「業種別支援の着眼点」に委員として制作に関与したことによって一定の確立を見せた。先述した「ローカルベンチマークガイドブック」にも委員として関与したが、これらに共通していることは、債権者と債務者に架け橋となるものを構築し、相互理解を効率よく正確かつ丁寧に深めようとすることに筆者の考えが及んでいるという点である。すなわち、「債権の本質的意義」を理解し、その理解を源流として債権を良質化する取り組みに従事し、それを多くの人に還元するために「教授法」の観点から表現しているのだ。その根底には

---

20)　池田眞朗・前掲注9）21頁。ルールを作って新たな取引形態の発展を支援する「促進法」は、行動立法学の観点からすれば、法律ことに民事法には、創意工夫を後押しするフレキシブルな要素が必要であり、これからの法律は意識的にそういう役割も担わなければならない、という主張に合致しており、好ましいものであると論じておられる。

「ビジネス法務学」の考え方が根付いている。

　債権は一人では生まれない。少なくとも複数の「人」がいて初めて生まれるものである。そうした発想からも債権の「質」は「人」の質と換言できるほど、今後はより債権にかかわる「人」が重要視される。債権への携わり方は様々だが、債権の先には相手方の「人」がいることを踏まえ、双方のために何ができるのか、という債権のスタートラインに立ち返りつつ、現代社会を生き抜くために債権をどうしていくのか。それを考えることが原点であり新展開なのである。

第1章
金融実務から考察する債権の本質

第 1 章の概要

　第1章は、筆者が金融機関に従事していた頃、その中でもとりわけ不良債権処理と法人税法における貸倒損失の考え方に違和感を覚え、「債権とは何か」を自問し始めるきっかけとなった論考を中心に構成している。筆者の研究者としての原点でもあり、債権そのものを見つめ直す本研究における源流となる章である。

　第1節の「不良債権処理の根本的問題と部分貸倒れの損金算入の必要性」は、日本税理士連合会の日税研究賞を受賞したものであり、法人税法における金銭債権の部分貸倒を認めないとする考え方が、金融機関の不良債権処理に多大なる影響を与えている点について言及したものである。バブル崩壊や長期デフレ経済など立法段階では予想もしていなかった事態に陥る中で、貸倒損失の計上を徹底的に制限した状況は、不健全な金融実務をもたらした。頑なに認めることはなかった部分貸倒れの損金計上だが、その一方で根拠とする法解釈はやや曖昧なものだった。法人税法における損金は「一般に公正妥当と認められる会計処理の基準」に従って判断されるもの、と定義されたが「公正妥当性」という拠り所は、皮肉にも判断基準としては厳格なものではなかった。金銭債権の貸倒については、当時通説として定着していた「債務者側の事情に着目して完全に回収不能となるタイミングで判断する」のではなく、「債権者側の事情をも考慮して貸倒を判断する考え方が妥当である」と債権の本質的な意義から結論づけた。

　第2節の「債権者、債務者双方からの貸倒損失のアプローチの重要性」は、第1節と同様に法人税法の貸倒損失の判断について取り上げた。具体的には、税法上における「損失」の解釈に大きな影響を与えた「興銀事件」を題材とし、債権者側の事情を軽視した判断でこれまで貸倒れ損失を判断してきた実態に、一石を投じる意義について論理的に考察したものである。これらは一見、法人税法に関する論考ではあるが、実質的には「債権」のあり方について示唆したものである。部分貸倒れの損金計上が金融実務上有効になるには、債権者たる金融機関と債務者たる取引先企業の双方の協力により、共通の利益（債権）の実現を目指す必要がある。この活動こそが債権の本質を具現化したものであるという「気付き」を与える論考になっている。

　第3節の「譲渡禁止特約と譲受人の重過失に関する判例の考察」は、筆者

が金融機関で勤務していた際に経験した事案において問題意識を持ったことをきっかけとして、「譲渡禁止特約と譲受人の重過失について」の判断において、同類型の事案でありながら、まったく正反対の結論が出た裁判例をもとに「重過失」の定義について比較検討したものである。下級審判決であったが、この判決は中小企業に円滑な資金供給を行う手法の一つであった債権譲渡について、大きな影響を与えるものとなった。とりわけ、譲渡禁止特約の付された売掛金債権などは、取引の安定性を欠くことにつながる可能性を示唆したことによって、動産を担保にした資金調達・資金融資を妨げてしまうことにつながった。当時、債権譲渡特例法の制定やABLを活用した融資推進による資金融資支援が活性化していたところだったが、同判決が実務を止めるかたちになったといっても過言ではない状態を引き起こした。債権は債権者と債務者双方の協力関係が必要であることをあらためて認識させ、また、円滑な金融を阻害するような法整備や判例は「何のための法理なのか」を再考させるものとして、本論における比較検討は重要な問いを有している。

第4節の「金融円滑化法期限到来から考察する債権譲渡の実相」は、当時の地域金融機関が不良債権処理を主眼として機能していたところから、積極的な金融仲介機能を発揮し、過度に担保や保証に頼らない資金融資の確立に向けて体制をシフトした背景について触れている。資金調達の多様化には、多様な債権譲渡が巧みに関与しており、とりわけABLが持つ本質的な機能に着目しながら論考を展開している。ABLの積極活用には、不動産担保による融資支援に限界が訪れていた実態もさることながら、担保のあり方そのものを再構築する意味合いがあったと筆者は考えている。これまで債務者に債務不履行があった場合、担保権を実行して債権を回収する「債権者のための担保」が担保の必要性として理解が浸透していた。しかし、これからは債務者の経済活動を存続させるために「債務者のための担保」へと変容しなければ地域経済の維持・発展は見通すことができない。この考え方は現在制度化に向けて検討が重ねられている包括担保法制（事業成長担保権）にも通ずる考え方として、本論文で着目しているところである。

第5節の「金融円滑化における担保のあり方と債権譲渡の実相」は、ABLを通じて「債権譲渡」と「担保」について再考するところとなっている。また、「経営者保証に関するガイドライン」の趣旨を分析し、経営者保

証の考え方と、事業そのものをモニタリングすることを必要とするABLの親和性について論じている。当時、金融庁も経営者保証や不動産担保の代替メニューとしてABLを掲げており、ABLは固定化した担保ではなく、モニタリングしながら債権者が債務者と一体になって価値を見出す循環型の担保である点を示している。当時商工中金におられ、後に武蔵野大学教授となった中村廉平氏も、ABLは「事業のライフサイクルに伴って絶えず循環・流動していくもの」であるとし、債務者を知る機能を有することを示した。このABLの機能は、後の事業性評価にも直結する考え方として重要視しなければならない。

　以上の通り、第1章はある種まとまりのない5節からなるが、これらはすべて筆者の実務経験を踏まえつつ、債権の考え方について金脈を得たような感覚を得た契機となるものを、学術的な観点と実務的な課題を交えながらまとめたものである。

【第1章　第1節】

不良債権処理の根本的問題と部分貸倒れの損金算入の必要性
─円滑な金融機能回復を目指して─

【前注：本節は、筆者が2004年に金融機関で勤務していた際に執筆した論文であり、第27回（平成16年度）「日税研究賞」にて受賞した論考である。その後、2004年12月の最高裁判決にかかる内容など加筆・修正を行い、2005年4月に当時の国際税制研究第14号に「不良債権処理の根本的問題と部分貸倒れの損金算入の必要性－円滑な金融機能回復を目指して－」として掲載されたものである。当時の法人税法が部分貸倒を認めないことが、結果的に金融機関の不良債権処理に多大なる影響を及ぼし「事業者支援」において悪影響が出ていることを示唆したものである。その後、担保や保証に頼らない融資姿勢が当たり前になった令和においては、新鮮さにかけるため、その評価は読者にお任せするが、債権の良質化は、債権者と債務者の双方で構築する考えを20年以上前から行っていたことを示す資料として、本書に収録する次第である。】

　現在、法人税法の支配的見解では、部分貸倒れを認めず、会計との認識の差が生じている。その結果、巨額に積み上がった繰延税金資産が、銀行を破綻に追い込む要因ともなっており、りそな銀行や足利銀行は、この繰延税金資産の過大計上が国有化につながる原因となった。法人税法が部分貸倒れを容認しないことが、結果的に繰延税金資産を積み上げる要因となり、不良債権処理が先送りされることにつながっている。

　不良債権処理の問題と法人税法の因果関係を認識し、法人税法の解釈について考察していくと、その問題解決のためには、税法と会計を整合させる必要性にたどり着く。すなわち、法人税法で部分貸倒れによる損金算入を容認することが、銀行の不良債権処理を前進させるために不可欠なのである。

　税法と会計を整合させる難点として、法人税法は貸倒れを債務者単位で認識しているのに対し、会計は債権単位で認識しているという違いが挙げられる。しかし、その差異や現行の法人税法には、部分貸倒れによる損金算入を完全否定するような根拠はない。

　不良債権処理の背後には、繰延税金資産の問題があり、それは法人税法における部分貸倒れによる損金算入と密接に関係している。本論文は、不良債

権の部分貸倒れについて銀行会計実務と法人税法の解釈からあらためて吟味し、その解決を図ろうとするものである。

I．はじめに

　銀行の不良債権処理問題は、長年重要課題として取り上げられている。加えて、銀行会計実務では繰延税金資産の取扱いが大きな問題となっている。法人税法における部分貸倒れの損金計上は、これらの問題と密接に関係することから、銀行会計実務と法人税法解釈を交えることにより問題点を抽出し、法解釈による解決策を模索する。その結果、法人税法の解釈からは部分貸倒れの損金算入は否定されていない、と解する余地はあるが、不良債権処理は可及的速やかに対応する必要があり、現実的な解決策として、租税特別措置法の制定を提案するのが、本論文の主旨である。

　平成15年、銀行に大きな異変が起こった。りそなグループが資本不足に陥り、公的資金による資本注入申請に追い込まれた。加えて、足利銀行の経営破綻が政府により認定された。両事例の直接的な理由は、繰延税金資産の厳格審査で生じた資金不足であった。言い換えると、会計士に資産性を否認された繰延税金資産の取崩しによる赤字計上である。しかし、実質的な問題は、先送りした不良債権処理を強制的に行うことで、利益確保ができない状況が継続するため、繰延税金資産に見合う将来の利益を見積もることができないと判断しなければならないことにある。足利銀行の場合、金融庁検査の結果、大幅な引当不足を指摘され、それを反映すると、平成15年3月期末は債務超過との結論に至る状態であった。[1] 足利銀行はこの判断に対し、将来の利益は確保できるとしたが、監査法人が繰延税金資産を認めない方針を固めたため、[2] 破綻処理となったわけである。

　これらの事例で着目すべきは、今回の損失計上が従来の銀行の赤字とは異なり、資産の取崩しであったことである。そもそも繰延税金資産とは、法人税が部分貸倒れを容認していないがために、有税による不良債権処理等にと

---

1) 平成15年3月末決算の引当根拠となった債務者の内容等を後に金融庁が検査する。
2) 日本経済新聞（平成15年11月30日朝刊）に「監査法人の中央青山も動き出した。金融庁が厳しい検査結果を出すとの感触を得て、重要テーマを議論する審査会を開き、これまで5年分を計上していた繰延税金資産を認めない方針を固めた。結果、9月中間期も債務超過に転じ、金融庁も破綻の処理の腹をくくった。」と記載されている。

もなって、払い過ぎた税金を銀行が将来回収することを見込んで計上する資産である。つまり、銀行は不良債権処理のために既に税金を支払っていることになるため、キャッシュフローの観点でいえば、当該不良債権処理は完了しているはずである。繰延税金資産は税金を支払ったことで計上できる資産である事実がある以上、法人税で部分貸倒れが認められさえすれば、りそな銀行に公的資金を注入する必要はなく、また足利銀行も経営破綻に陥ることはなかったはずである。

今回着目した不良債権処理の問題を解決するためには、巨額に積み上がった繰延税金資産の回収可能性について議論するよりも、銀行の経営基盤を脅かす存在になってしまった繰延税金資産をなぜ計上しなければならないのか、を議論すべきであるといえよう。先に述べると、法人税法で部分貸倒れを容認できず、その結果、不良債権処理を先送りせざるをえない原因を生み出している。不良債権処理と法人税法の関係を認識し、それにかかる法人税法の解釈について考察し、問題解決につながる提案を以下の通り行っていく。

Ⅱ．不良債権処理と繰延税金資産問題の因果関係

1）不良債権処理の背後に潜む繰延税金資産の問題

今日の銀行会計では、りそな銀行や足利銀行に限らず、多くの銀行にとって巨額の繰延税金資産の「資産性」が問題になっている。そもそも繰延税金資産が巨額に積み上がる主要因は、不良債権処理を進めた結果生じる「有税貸倒引当金」である。有税貸倒引当金は、法人税において部分貸倒れによる損金計上の範囲が極めて狭く、事実上容認されていないがために計上しなければならなくなる。そのため、バルクセールや法的整理等による無税化を要する。銀行は、税金の最小化を図るべく無税化の認識時期と金額を勘案したタックスプランニングを制定することになるが、これが繰延税金資産の資産性（回収可能性）を判断するための重要な構成要素、ひいては将来減算一時差異のスケジューリングとなっている[3]。

さらに、繰延税金資産の資産性（回収可能性）の構成要素の一つとして、

---

3) 監査委員会報告第66号「繰延税金資産の回収可能性の判断に関する監査上の取扱い」（1999年11月9日）。

将来の課税所得にも着目する必要がある。言うまでもないが、会計利益は課税所得ではないため、会計利益に対する加算減算項目の検討が必要となる。すなわち、有税貸倒引当金の計上と無税化による減算が毎期多額に発生することで、両者が大きく乖離するおそれがあり、将来課税所得の合理的な見積が困難になってしまう。

このように繰延税金資産は、銀行のタックスプランニングや将来利益予想に影響を及ぼしてしまうため、実務上大きく二点の問題を抱えている。一つは、その資産性が将来の経常収益力（調整前課税所得）をベースにしながら、貸倒引当金の有税・無税の時期に大きく影響を受けるため、その認識時期のミスマッチにより繰延税金資産を巨額に累積させ、企業の貸借対照表に影響を与える点である。それは、時に企業の継続性すら脅かすおそれがある。なぜなら、債権が流動化する経済環境下においては、繰延税金資産は将来安定したキャッシュフローを望める資産ではなく、不安定な要素になりうるからである。

二点目として、繰延税金資産には不良債権問題の先送りと因果課関係があることを挙げる。有税による貸倒引当金の計上は、課税所得においては何ら影響を及ぼさないが、会計上は繰延税金資産を増加させる結果をもたらす。ただ、繰延税金資産は無限に計上できるものではなく、概ね将来5年間に見込まれる課税所得の範囲内であることが求められるため、実質的に繰延税金資産の枠が設けられているのと同義である。

その枠の上限に達してしまった銀行が不良債権処理のために有税による引当を行う場合、①既存の有税貸倒引当金の無税化により空き枠を捻出する、②将来利益をさらに引き上げることにより、将来の見積課税所得を引き上げることで上限枠の拡大を図る、のいずれかになろう。しかし、②の方法は時代背景等から現実的ではない。とはいえ、①の方法は、不良債権の最終処理のために銀行目線からいえば重要な課題であるといえるが、有税で引当処理を行った債権を法的処理に追い込むなどをして無税化することは、取引先企業を銀行主導で倒産させるような動きにつながりかねないため、銀行の存在意義や使命といった観点から簡単に選択することはできない。また、タックスプランニング上も繰延欠損金を効果的に利用できる範囲は限界があるため、その選択をしたとしても、会計上の不良債権処理を遅らせることになり、効果的とはいえない。さらに、無税化（倒産処理）が将来課税所得の見

積減少を通じて、繰延税金資産回収可能性を低下させることも懸念される。

したがって、有税による不良債権処理ができる状態であっても、会計上の不良債権処理を先送りしてしまう銀行が生じることは簡単に否定できない。要は単純に不良債権処理を行う体力（資金）がなかった、といえる問題ではないということである。

2）不良債権問題解決策の提案

不良債権処理の先送り問題と繰延税金資産の因果関係は先述の通りである。円滑な不良債権処理のため、すなわち繰延税金資産の問題を解決するには、税法が部分貸倒れによる損金算入を容認し、会計と税法を整合させることにより、貸倒引当金の無税化の時期の恣意性を排除することを要すると考えられる。

恣意性の排除が必要と考える具体的な理由は、①客観性を重視する税法本来の主旨と実態が異なる（乖離している）こと、②先述した通り、会計的に不良債権処理を遅らせる要因につながっている事実があること、③繰延税金資産の回収可能性の判断を複雑にしていること、の三点が挙げられる。特に③については、企業の判断、監査人である公認会計士の判断、さらには金融庁の判断を統一化しにくい状況を招いており、看過することはできない。

実際に、繰延税金資産の回収可能性について客観的な判断ができないことから、銀行は常に繰延税金資産の取崩しの危険性にさらされる状況になっており、その最悪の結末として、りそな銀行や足利銀行の問題が起きている。部分貸倒れの損金算入が容認されることで、恣意性による資産価値の是非を判断される繰延税金資産の計上はなくなり、同問題の解消につながるといえる。部分貸倒れの損金算入については、公的な解釈では否定的であるが、法人税の解釈と論点を整理するかたちで、具体的な解決手法を模索することとする。

Ⅲ．法人税の検証（22条・33条の考察）

1）法人税が実務に及ぼす影響

経済の再生に金融機関が行う不良債権処理は必要不可欠であるが、この取扱いが成熟する経済・社会の変容にともなって制度が進展しているかという

と疑問である。法人税法から不良債権処理問題について考察すると、貸倒損失の処理において部分償却を認めることで、企業の貸借対照表から当該債権を切り捨てることができることからも、問題解決の緒として効果的であると考えられる。

　この点について、金子教授は「貸倒れについて筆者が前から持っている疑問の1つは、法人税法の解釈論として、金融債権の部分貸倒れ（一つの金銭債権の一部の貸倒れ）の観念を認め、その損金算入を認めてもよいのではないかということである。現にアメリカでは内国歳入法典の規定によって、それが認められている[4]。」と、金銭債権の部分貸倒れの必要性を論じている。

　日本の会計基準は米国会計基準を意識して規定されている背景からしても、的確な指摘であるといえよう。部分貸倒れは公定解釈及び判例法理において否定的ではあるが、銀行の実務上も部分貸倒れの損金算入が容認されることで受けられる恩恵は大きい。具体的には銀行の決算業務において、部分貸倒れが認められることで期間収益が的確に表現され、不良債権処理の際に、有税償却による繰延税金資産を資産計上することなく、また、将来的に繰延資産の取崩しも発生しえなくなる。銀行は有税による引当処理を行った会計年度において、処理するための利益のキャッシュがあったわけであるから、実質的にはその段階で当該債権に対する不良債権処理は完了していることになる。これに対し、法人税法は損金算入を認めないがために、会計上は繰延税金資産として資産計上を余儀なくされ、後に期間収益力に不安が生じれば、計上した繰延税金資産を取り崩さなければならない状況に陥る。加えて、巨額に積み上がった繰延税金資産が資産性を失い、会計上の一括損失計上を余儀なくされる現象すら引き起こしてしまっている。足利銀行破綻の要因もここにある。

　現在、証券取引法適用会社、いわゆる上場企業は、近年の会計の立場から資本市場及び国際的な要請を受けて、新会計基準を導入し、時価に対して乖離のある資産をその期の期間収益として損失計上するなど、強制的な処理を実施させている。この会計基準は、米国会計基準と比して遅れており、不透明である点を解消するために変更適用したといっても過言ではないだろう。その強引な導入によって税法と会計が歪な関係となり、繰延税金資産の問題

---

4)　金子宏「部分貸倒れの損金算入」ジュリ1219号115頁（2002年）。

が発生したと見ている。米国は税法と会計の関係性において調整が図られているが、日本は米国の会計基準を適用している一方で、部分貸倒れや繰戻し還付について、米国と対極の対応をしている実態がある。はたして、法人税法上の解釈において、本当に部分貸倒れは受け入れざるものなのだろうか。

2）法人税法における金銭債権の評価（法人税法33条）
① 法人税法33条の概要

　法人税法33条は、資産の評価損の損金不算入等を定める規定であり、同2項において、「内国法人の有する資産（預金、貯金、貸付金、売掛金その他の債権を除く。）につき災害による著しい損傷その他の政令で定める事実が生じたことにより、当該資産の価額がその帳簿価額を下ることとなった場合において、その内国法人が当該資産の評価換えをして損金経理によりその帳簿価額を減額したときは、その減額した部分の金額のうち、その評価換えの直前の当該資産の帳簿価額とその評価換えをした日の属する事業年度終了の時における当該資産の価額との差額に達するまでの金額は、前項の規定にかかわらず、当該事業年度の所得の金額の計算上、損金の額に算入する。」と規定されている。同項における括弧書で「預金、貯金、貸付金、売掛金その他の債権を除く」という記載があり、それらを評価換えによる損金算入の対象となる資産に範囲から除いていることから、部分貸倒れが否定されているものとして解釈されている。

　この点について「法人がその有する金銭債権について、回収不能を理由にいわゆる帳簿貸倒れとする場合の取扱いを定めている。すなわち、税務上は金銭債権について評価額の計上が禁止されていることにかえりみ、法律上債権が存在するにもかかわらず、事実上回収不能であることを理由として帳簿上これを償却することができるのは、金銭債権の全額回収不能である場合に限られる旨を本通達において明らかにしているものである。」との見解もある。

　ところが、法人税法33条2項は原則として資産の評価換えによる評価損は損金不算入としているが、災害による著しい損傷等の一定の事由によって異常な資産の価値減少が生じた場合には、資産の評価損について損金算入を認

5）　吉川元康編『法人税基本通達逐条解説』662頁（税務研究会、1999年）。

めている。したがって、同項の括弧書で金銭債権について評価減が認められていないのは、貸付金および売掛金等の債権については貸倒引当金の設定が認められていることから、金銭債権の実質的な減損部分は、貸倒引当金によって行うことができるからとも解することができる。

他方、「金銭債権については一般的に評価が自明であって、評価損益という性質のものは生じないと考えたものと解せられたことによる[6]」との見解もある。ただ、ここでいう「評価損」とは、客観的価値の測定できる物の毀損を意味しており、物理的な利用価値の減少を指していると思われる。立法当時の社会的背景や経済活動から推察するに、現在のように債権が流動化され毀損することは想定していなかったように思われる。債権は当事者間における拘束関係に留まり、第三者が介入することは想定していなかったのではないだろうか。経済活動が活性化、複雑化したことで債権の流動化が求められるようになった結果、債権は人から人へと移動していく資産になっていった。

すると、債権の価値を測定する必要が生まれてくるわけであるが、そもそも市場価値が明確にない債権に評価損の概念は当てはまらないと考えられる。回収できないと見積もられる部分は減損している状態であり、実現している損失と考えれば33条2項括弧書の内容には該当せず、回収不可能な部分は実現した損失なのである[7]。もっとも評価が自明な預金債権であっても「昨今の不良債権問題が企業の最大の含み損問題を提起していることやペイオフ導入等により、預貯金でさえ安全な資産でなくなっていることを考えると、金銭債権の評価損の対象から除外すべきではない[8]。」との見解もある。

② 法人税法における評価損

武田教授は当該規定の禁止の根拠として「主として債権には他の資産の場合のように時価の把握がきわめて困難であって、これを強いて求めるときは

---

6) 武田昌輔『会計・商法と課税所得』98頁（森山書店、1993年）。
7) 太田洋「『部分貸倒れ』の租税法上の取扱い－『失われた10年』と税法上の桎梏」税経通信56巻3号40頁（2001年）。「同項が禁止している『評価』減は金銭債権の時価（客観的交換価値）の変動に基づく帳簿価格の切下げのみであって、当該債権から回収し得る経済的利益（その解体価値）の減少に基づく帳簿価格の切下げは、同項が禁止する『評価』減にはそもそも該当しないと解すべきであろう。」との記載があり、ここでいう「評価減に該当しない」との趣旨と債権の減損は、同じ解釈であると考えられる。
8) 品川芳宣「含み益、含み損に関する法人税の課題」税経通信54巻6号21頁（1999年）。

納税者の主観的な判断に基づかざるをえない」と解し、債権の評価が困難であることから、納税者の恣意性が含まれることを懸念している。

現在銀行は、その債権の評価を明確にし、債権の毀損額を算出する技術を持ち合わせている状態にある。自己査定により債務者の評価（債権の評価）を行い、公認会計士の監査を受け、さらには金融庁検査も受けて評価額を明確にし、債権の毀損額を算定している。金銭債権の評価とは、将来的に回収できない額を算出した上での評価であるため、現実にある損失の額ともいえる。そのように考えれば、事実上の回収不能により遺失する経済利益を控除して帳簿価格を切り下げることは、同項が禁止する「評価減」ではないと解されている。また、全部貸倒れにおいて損失が「実現」したものと解されるなら、債権の一部についても損失が「実現」したことを認めることは当然許されるべきであるとする考え方もある。

この考えは、債権は実際どれだけの価値があるのかを観念的に考えるだけではなく実質的に算定することに着眼するものであり、将来的にどれだけのキャッシュを生み出す力があるのかを判定し、それを現在価値として算定しているわけである。

③ 法人税法33条と経済活動の調和

法人税法が合理的な経済活動によってもたらされる利益に着目して法人税を課しているとすると、合理的な経済活動に関する社会通念に照らして判断する必要性がある。部分貸倒れの消極説は、現代社会において、経済活動における合理性を持たず、実際の経済活動とのズレが生じており、妥当ではないと考える。

金子教授は貸倒損失について「貸倒損失は、事業の取引活動に基づく損失

---

9) 武田昌輔「税法における債権の償却－回収不能額の決定について－」会計65巻5号740頁（1954年）。
10) 太田洋「金銭債権の回収不能に基づく貸倒損失－劣後債権についての貸倒損失認識時期の問題を手掛かりとして－」『公法学の法と政策 金子宏先生古希祝賀（上）』328頁（2000年）。アプローチの方法は違うが、法人税法33条2項の禁止する評価減としてはそもそも想定しなかったとする理由に「この規定のそもそもの立法趣旨は、金銭債権の時価（客観的交換価値）の変動・検証を把握することが、債権の流動化市場なども存在しなかった当時においては技術的に困難であった為、かかる交換価値の変動を理由とする帳簿価値の切下げを禁止するというところにのみ存している」ためだとしている。
11) 太田洋・前掲注7）40頁。

である。より一般的な表現を用いれば、それは外部との損益取引の結果として生ずる損失であり、企業会計上も実現した損失として費用に算入することが当然のこととして認められている。法人税法においてもそれが採用している実現主義の原則下で、外部との損益取引に基づく損失として、公正妥当な会計処理の基準の解釈として、当然に損金に算入することが認められている。」と論じている。繰り返しになるが、33条2項における評価減とは、そもそも現在のような経済をまったく想定していない。仮に市場価格のない債権において、評価減の概念を導入するとしたら、それは評価減ではなく、実際の経済においては経済的価値を持たない実現した損失なのである。そのように考えれば、同項括弧書をもって、部分貸倒れを認めないとはできないと考えられる。

3）法人税法22条における損金
① 損金と公正妥当な会計処理

法人税法22条4項では、原価、費用及び損失の額は「一般に公正妥当と認められる会計処理の基準」にしたがって計算されるものと規定されている。ここでいう「一般に公正妥当と認められる会計処理の基準」とは、客観的な規範性を有することであり、具体的な法令ではなく、規範にまで高められた慣習（会計処理基準）をも包含することを意味する。同項が新設された背景には、目的が異なるために「別段の定め」がなされる場合を除き、企業会計の処理基準を尊重する意味を持つと解される。

この規定は、具体的には企業の会計処理において用いられている基準ないしは慣行のうち、一般に公正妥当であると認められないものだけを税務上も認めないこととし、原則として企業の会計処理を認めるという基本方針を明らかにしたものと解されている。会計処理基準の内容については客観的であることが必要であり、税法は税法自体がその内容に干渉する必要はなく、必要がある場合は「別段の定め」を設けて対処することを想定しているとも解釈できる。

ただ、企業会計上は公正妥当であっても、法人税法上は公正妥当に該当しない、と解釈されることには、抵抗を感じる。法人税法22条4項にある「一

---

12) 金子宏・前掲注4）116頁。
13) 武田昌輔『立法趣旨 法人税法の解釈』62頁（財経詳報社、1998年）。

第1節　不良債権処理の根本的問題と部分貸倒れの損金算入の必要性　29

般に公正妥当と認められる会計処理の基準」は「アメリカの企業会計における『一般に承認された会計原則』に相当する観念であって、一般社会通念に照らして公正で妥当であると評価されうる会計処理の基準を意味する。客観的な規範性をもつ公正妥当な会計処理の基準といいかえてもよい。その中心をなすのは、企業会計原則・同注解、企業会計基準員会の会計基準・適用基準等、中小企業の会計に関する指針や、会社法、金融商品取引法、これらの法律の特別法等の計算規定・会計処理基準等であるが、それに止まらず、確立した会計慣行を広く含むと解するべきであろう[14]。」との見解もある。つまり、監査法人による監査証明[15]により適正と判断されたものは、当然に法人税法22条4項が規定する「一般に公正妥当と認められる会計処理の基準」に従った会計処理になるといえる。

　歴史をたどれば、企業会計も税法会計もバブル崩壊まで表面的には同じ方向を向いており、長期デフレの頃から解釈の違いが現れてきたように思える。企業会計における「一般に公正妥当」な判断には、税法固有の規則を持ち込むことはしてはならず、特に「別段の定め」の該当しない状況下で課税の公平といった税法独自の解釈で判断するなら、税法上は容認することとなり、企業会計と取扱いが異なる結論をもたらす。それは、法人税法22条4項の立法趣旨に反することになってしまう。公正妥当な会計処理の基準は、税法固有の解釈から判断することはできず、貸倒れに関する判断もまた許されないものと考えられる。

② 「貸倒損失」の概念

　債権における「損失」については、法人税法22条3項によるところが大きい[16]。損金の額には、原則としてすべての原価、費用及び損失の額が含まれるとしながらも、その「損失」が何を指すのかという概念に対する定義はない。法人税法22条4項にて、法人税法が定める「別段の定め」がない場合は「一般に公正妥当と認められる会計基準」に委ねるものとするのみである[17]。

[14) 金子宏『租税法（第9版）』270頁（弘文堂、2003年）。
[15) 例えば商法特例法2条や証券取引法193条の2などの各規定による証明。
[16) 金子宏・前掲注14) 288頁　貸倒損失の損金算入の根拠について法人税法22条3項を挙げている。
[17) 中里実「貸倒損失－時価主義の下の資産評価」税研104号39頁（2002年）具体的には商法の会計規定と「公正ナル会計慣行」に委ねられることになる。なお、日本において

「損失」の定義が明確ではない限りは、この会計基準の根拠は商法32条2項の「公正ナル会計慣行」と解することはできるものの、商法においてもまた「損失」の明確な定義はない。したがって、「損失」とは法人税法上の「別段の定め」がない限りは、企業会計原則が意味するところの「公正ナル会計慣行」によって判断されるものと解され、その会計慣行は、状況に応じて証券取引法や銀行法などに基づく取扱いをも包括するものと考えられている。[18]

ただ、銀行における自己査定の位置づけに視点を向けた場合、銀行が行った自己査定は公認会計士が監査している。また、銀行の行う自己査定は金融庁が作成した金融検査マニュアルに基づいて行っていることを前提にすると、客観的な基準を拠り所にしていると解することができる。すなわち、自己査定によって算出された係数はある意味、客観的な債権に対する毀損の割合を算出しているといえ、債権の回収可能性について回収不能と判断されている箇所は、当然に「公正ナル会計慣行」によって算出されており、その「損失」は実現した損失ということができるだろう。

加えて、自己査定は債務者全体を評価するに留まらず、債権ごとに自己査定を行った上で、債権の分類を行っている。債務者に複数の債権があれば、会計マトリクスでの評価を行い、債権ごとに回収可能性を算出していて、図らずもプロジェクトファイナンスの考え方が導入されているといえる。[19] しかしながら、税法では同一債務者に複数の債権が存在していた場合であっても、その評価は債務者単位でしか行うことができず、債務者が完全に破綻するまでは貸倒れを認められない。部分貸倒れを認められない税法が適用される以上、実態として複数の債権が存在していたとしても債権の評価は統一を強いることになってしまい、複数の債権のうち、担保による保全が図られていて明らかに回収可能性が高いものが含まれていたとしても、あくまで債務者全体の評価によらなければならない不都合を生み出してしまっている。本来、債権は債権ごとに担保取得を行うわけであるから、債権ごとに回収可能性が異なるのは当然のことであり、債権ごとに「貸倒れ」の判断を行うのも

は、企業会計の方法が商法32条2項の「公正ナル会計慣行」を通じて商業簿記の作成に取り入れられ、さらに、商法の会計の方法が、法人税法22条4項の「一般に公正妥当と認められる会計処理の基準」を通じて法人税法に導入されるという、単線的三段階構造が採用されている、と解されている。

[18] 中里実「企業課税における課税所得算定の法的構造」法協第100巻9号7頁（1983年）
[19] この分類方法は金融検査マニュアルに明文化されている。

また当然といえる。なお、総資産の換価価値が実現することは、貸倒損失の認識要件として必要とされていないことからも債権の評価を一にすることは問われていない。

近年、企業再生の手法としてデット・エクイティ・スワップ（DES）が注目されている。合理的な再建計画に基づいていることを前提に、借手の債務において実質的に返済が困難とされる部分を株式に振り替えることで、損金として算入することを可能にする支援であり、これによれば、部分貸倒れを容認することもできるのである。銀行の債権とは借手の債務であり、その債務について部分的な返済不可能額を合理的に見積もることができるのであれば、銀行の債権についても部分貸倒れを認めることは不可能ではないと解されよう。

③ 貸倒損失の認識時期

法人税基本通達において、法人の有する金銭債権については「その債務者の資産状況、支払能力等からみてその全額が回収できないことが明らかになった場合には、その明らかになった事業年度において貸倒れとして損金経理をすることができる。この場合において、当該金銭債権について担保物があるときは、その担保物を処分した後でなければ貸倒れとして損金経理をすることはできないものとする（法人税基本通達9－6－2）」としている。

そもそも税法と会計が整合しない要因は、法人税法は貸倒れを債務者単位で認識しているのに対し、会計は債権単位で認識している点にあるのは明白であるが、金銭債権の部分貸倒れを容認するか否かは、貸倒れの認識時期によるものともいえるのではないだろうか。税法が全部貸倒れを前提とするということはすなわち、ある特定の債務者が複数の債務を負担している場合に、その一部が明らかに回収不能であっても貸倒れを認めず、すべての債務が「完全に回収不能な状態に陥った時点」ではじめて貸倒れを認める、ということであり、貸倒れを判定するタイミングとして、過程（部分的な要素）を加味していないといえる。

部分貸倒れを巡る裁判に、旧住専の損失処理について争ったいわゆる興銀事件において、その一審判決をした東京地裁は「債権の全額が回収不能か否かについては、法人税法が合理的な経済活動によってもたらされる利益に着目して法人税を課しているとすると、合理的な経済活動に関する社会通念に

照らして判断するのが相当である。」とした上で「回収不能に当たることは明らかであるが、このような場合に該当しない限り、必ず強制執行等の法的措置を講じて回収不能か否かを明らかにすることを要求することは、納税者に対して無益な費用と時間を費やさせるものであって経済的にみて不合理的な活動を強いるものとして評価せざるを得ない場合もあると考えられる。」と解していることからも、貸倒損失については、認定時期を争点とすることの余地はあると見てよいだろう。

4）旧債権償却特別勘定からの考察

債権償却特別勘定の規定には、法人の有する貸金等の相当部分についてその回収見込みがないと認められる場合には、税務署長の認定を受けて、その回収不能と見込まれる部分の金額につき損金経理により債権償却特別勘定を設定することができるとし、実質的に部分貸倒れを認めるものがある。法人税法33条2項では、金銭債権については評価損を計上することを禁じており、法律上の債権が存在していたとしても、その一部が回収不能であるからといって、部分的な貸倒れを帳簿上行うことは原則として認められない、と解されてきた。その対応策として「現実の問題として、部分貸倒れを絶対に認めないという取扱いをすることは、企業の実態に著しく反する面があり、到底納税者の納得を得られるものではない。そこでこのような法律制度上の制約と企業の実態との間に現実的な調整を加える意味合いから、本通達が考案された。」とする見解があり、法人税法の規定だけでは、税務執行面においても経済の実態と合わないために規定されたと見て間違いないだろう。

しかし、債権償却特別勘定は平成10年の法人税法改正により、法人税法52条に規定する貸倒引当金の中で法制化されることになった関係で廃止された。廃止の理由として、債権償却特別勘定には法的性格に問題があることが指摘されており、「租税法律主義における合法性の原則の下では、課税庁は、租税法は強行法であるから、租税を減免する自由はなく、法律で定められた通りの税額を徴収しなければならず、このような合法性の原則の見地からは、旧債権償却特別勘定の設定は、法律上の課税要件を通達によって緩和したものとみることができる。」との見解もある。

---

20) 渡辺淑夫『コンメンタール法人税基本通達』560頁（税務研究会出版局、1994年）。
21) 品川芳宣・前掲注10）456頁 その根拠として「法律の根拠に基づくことなしに、租

ただ、これらの動きから、課税庁において部分貸倒れについて全く検討の余地がないわけではない様子がうかがい知れる。債権償却特別勘定は、対象とする範囲が狭く、税務署長の認定を受けなければならないものの、事実上、課税庁として部分貸倒れの損金算入を認めていたことと同じ効力を発揮していた。平成10年の廃止以降、法人税法52条の個別貸倒引当金制度として残ることになるが、引当金制度は直接損失処理できるものではなく、貸借対照表から当該債権の減額もすることはできない。これは、先に指摘した通り、引当金の有税による不良債権処理を先送りする結果をもたらしている。個別貸倒引当金制度は、貸借対照表から当該債権を減額する部分貸倒れの損金算入とは、まったく効果が異なる。債権償却特別勘定は、暫定的な損金計上処理ではあったものの、考え方の基本は部分貸倒れによる損金算入と相違ない部分が大きい。なお、「公正妥当な会計基準の一環として、債権償却特別勘定を用いる方法のほかに、部分貸倒れの直接損金算入も解釈論上は可能であった[22]」とする考えもあり、部分貸倒れについては、まったくもって検討の余地がないわけではなさそうである。

Ⅳ. おわりに

1) 新たな時代への対応

　法人税法33条及び22条の考察結果と経済情勢の変化にともなう金銭債権の位置づけや具体的な金銭債権の評価方法等を考慮すると、部分貸倒れの損金算入を真っ向から否定する論拠はない、と考えうる。また、旧債権償却特別勘定が存在していたことからも、税務当局が部分貸倒れの損金算入の考えを全面否定しているわけではないともいえる。

　それにも関わらず、税務当局が部分貸倒れを認めない理由として、部分貸倒れや繰戻し還付を容認すれば、大幅な税収減につながるためであることは想像に難くない。しかし、銀行不良債権処理を円滑に進め、金融機能が促進されることで、企業利益は増加し、法人税もまた増収につながることは明白

　税の減免や徴収猶予を行うことは許されないし、また、納税義務の内容や徴収の時期・方法等について租税行政庁と納税義務者との間で和解なり協定なりをすることは許されない。このような減免や徴収猶予は違法であり、またこのような和解や協定は無効であって拘束力をもたない」としている。

22) 金子宏・前掲注4) 118頁。

である。税務当局も中期的なビジョンをもって税収を考えていただきたいところだ。

　税法は、商法会計、税法会計及び企業会計と同様に、取得原価主義で企業活動の中での損益を考慮しており、三位一体となって経済発展を担ってきた経緯がある。また、本来の企業活動とは損益計算書の連続であり、人為的に会計期間を分けて表したものが貸借対照表といえる。その人為的に区分した状態が取得原価主義を指し、税法はこれを継続適用していると考えられる。しかし、今日の激変する企業を取り巻く環境や経済の変化を考えれば、企業活動の中心（とりわけ金融面）は、取得原価主義では成り立たない状態になっていることは明らかである。バブル崩壊までは、三者とも多少の浮き沈みがあったとはいえ、大局的には右肩上がりの経済成長を経験し、それを想定して制度設計がなされてきた。バブル崩壊によって長期デフレ経済を初めて経験している状況下において、これまでの経験則は通用せず、立法段階で想定していなかった事態が発生することはやむを得ず、いうなれば緊急事態に直面している状況といえる。それらを踏まえても、ここまで貸倒損失の損金算入が徹底的に制限される状態が続くことは不健全な状態といえる[23]。これ以上、第二の足利銀行を出さないためにも、不良債権処理について機動的かつ効果的な税制上の処理が必要であり、その時期が到来しているといっていいだろう[24]。

　債権の全額回収不能の損金算入基準を巡る旧日本興業銀行と国税当局との争いにおいて最高裁の判決では「債務者側だけでなく債権者側の事情も考慮し社会通念に従って総合判断すべき[25]」との判断が示された。この判決によ

---

23) 中里実・前掲注17) 47頁。「不良債権処理から生ずる利益は日本においてまったく課税されないまま、匿名組合スキームを通じて外国に持ち出されるのに対して、日本企業の貸倒損失の損金算入が徹底的に制限されているという状況は、不自然であるのみならず、不健全でさえある」と論じている。
24) 金融庁も銀行の無税償却できる不良債権の範囲拡大や欠損金の繰戻し還付の凍結解除と対象期間の延長を要求している。
25) 平成16年12月24日の最高裁判決では「法人の各事業年度の所得の金額の計算において、金銭債権の貸倒損失を法人税法22条3項3号にいう『当該事業年度の損失の額』として当該事業年度の損金の額に算入するためには、当該金銭債権の全額が回収不能であることを要すると解される。そして、その全額が回収不能であることは客観的に明らかでなければならないが、そのことは、債務者の資産状況、支払能力等の債務者側の事情のみならず、債務者とのあつれきなどによる経営的損失等といった債権者側の事情、経済的環境等も踏まえ、社会通念に従って総合的に判断されるべきものである」との判旨を示した。

り、金銭債権の「損失」について、実質的に債権者側が合理的な理由により回収できないと判断する債権についても、損金計上が可能になると考えることができるようになった。こうした考え方が今後の法人税法における部分貸倒れの容認につながり、不良債権処理をさらに前進させるものとして期待が込められる。

2）考察の結果ならびに解決策の提言

　法人税法の解釈からは部分貸倒れを認め、税法と会計を整合させること自体は可能であると解される。しかしながら、現実的な問題として欠損金が生じる局面があり、平成4年から凍結中の繰戻還付の改善も視野に入れなければならない。部分貸倒れを容認した際に発生する欠損金にともなって繰戻し還付を行うことは、公的資金注入を合理的に行うものと同等の効果があるものと考えられる。さらに、繰越欠損金として期間延長も考慮すべき内容に組み入れる必要があり、企業活動に対するビルトインスタビライザーの機能を構築しなければならない。その上、繰延税金資産の回収可能性問題の解消に向け、有税貸倒引当金の無税化時期の不確実性を解消し、繰越欠損金が将来の繰越期間内での利益（課税所得）で解消可能か判断すればよいような環境を整えなければならない。

　不良債権処理は落ち着いたとの見解もあるが、銀行が潜在的に抱えている不良債権は収益との関係で多額に累積した繰延税金資産の取崩し等により、突如危機にさらされるおそれがあり、決して楽観視できる状態にはない。本質的な問題はまだまだ山積しているため、経済発展と金融実務の阻害にならないような法人税法の改正を願い、本稿の締めくくりとする。

【第1章　第2節】

債権者、債務者双方からの 貸倒損失のアプローチの重要性
―資金調達環境改善の後押し―

【前注：本節は、『追手門経済・経営研究　No.14（2007年3月）』に掲載した論考に加筆・修正を加えたものである。当時は法人税法が改正される前であったため、本文中に記載された条文は旧法のものであることをあらかじめご承知おきいただきたい。また、記載内容や論点を踏まえ、新法に置き換えることなく旧法を適用したまま掲載していることについてもご理解をいただきたい。】

Ⅰ．はじめに

　法人税法22条は各事業年度における所得の金額の計算における通則を定める規定として、法人税法の中でも最も重要な条文の一つとして認識されている。同条3項では「損金の額」について定めており、同項1号から3号までを紐解くと、「損金の額」とは、原価の額、費用の額及び損失の額の三つとされていることがわかる。本稿で触れていく貸倒損失においても、損金の算入については法人税法22条3項3号に準拠していると考えられている[1]。しかし、法人税法において「損失」そのものを定義する規定はなく、別段の定めがない限り、同法22条4項にて「一般に公正妥当と認められる会計処理の基準」に従って計算されるもの、と規定されているに過ぎない。また、商法32条2項には「公正ナル会計慣行」とあるが、商法においても「損失」を定義する条項は存在しない。加えて、法人税法における「公正妥当な会計処理

---

1) 　金子宏『租税法』329頁（弘文堂、第11版、2006年）。「金銭債権が現実に貸倒になった場合に、それが貸倒損失として必要経費または損金に算入されることはいうまでもない」として、法人税法22条3項を貸倒損失の損金算入の根拠規定としている。

の基準」や商法における「公正なる会計慣行」は、実体として存在するものではなく、いわば理念として抽象的に存在するものと考えられている。つまるところ、「損失」の内容については、それが取り巻く経済環境や当事者間の事情など、様々な要素を多面的な角度から検証し、総合的かつ合理的な観点から解釈することが必要といえる。[2]

　貸倒損失とは、売掛金などの金銭債権が回収できなくなった場合に「損金」として算入することである。言葉としてはわかりよいが、対象となる金銭債権が、本当に回収不能かどうかの事実認定を行うことは、非常に難しい。例えば、銀行から企業への貸出金に関して貸倒損失の処理を行うときにおいても、債権者である銀行と債務者である企業との間にある、様々な事情を考慮したうえで、債権の内容ごとに回収可能性を十分に吟味し、損失の判断を行っている実態がある。回収の見込みが立たないことを理由に安易に処理することは、損益計算書上で利益を圧縮することにつながり、法人税額に影響を及ぼす。言い換えれば、脱税対策として処理することができてしまう。そのため、法人税法では無条件に貸倒損失として計上することができないよう一定の制約を課している。

　しかしながら、法人税法における貸倒れの考え方は、債務者である企業側の視点から考えられており、債権者側から見た債権の性状はやや軽視されているように見受けられる。具体的には、単一の企業（債務者）に複数の債務が存在することが想定されておらず、そういった場合に、企業（債務者）の資力が完全になくなり、法的整理など客観的に返済能力がないと確認できるまでは貸倒損失を認めない、といった一例が挙げられる。

　法人税法上の貸倒損失は、企業（債務者）が当初予定した返済財源から、事業（経営）が継続できる状態を維持したまま当該債務を返済できなくなった時点ではなく、企業が倒産等により返済能力はおろか、存続能力がなくなった時点で判断する規定になっている。社会通念上、明らかに他の債権者と同列に回収することが許されないケースにおいてまでも、債務者単位で見れば資力を完全に失っていないことだけを理由に、貸倒損失を認めないこと

---

2) 中里実「企業課税における課税所得算定の法的構造」法協100巻9号7頁（1983年）。法人税法上別段の定めがない場合、企業会計原則や、証券取引法及び銀行法などの取り扱いも包括するところの「公正ナル会計慣行」によって最終的に決定される旨の見解が示されている。

も事実としてあった。債権者である銀行が、債権を回収する可能性をつかんでいたとしても、その事情を組み込む余地がなかったり、経済的な常識を無視するかのようにルールを厳守しているような風潮すら感じられる。

　資金の需要と供給の形態が多様化する経済において、単一の企業に単一の債務のみが存在することを前提とした運用では、早晩限界を迎える。金融界では、プロジェクトファイナスにおけるノンリコースローン[3]など返済の優先劣後が明確なファイナンスが増え、単一の債務者に複数の異なる金銭債務が存在する考え方が一般化してきている[4]。また、企業再生の手法の一つとして、債務の一部を資本に振替えるDES（デット・エクイティ・スワップ）[5]が用いられてきており、これは、合理的な再建計画があれば、法人税法上の貸倒損失を認めることができる、という動きである。債務者たる企業の合理的な再建計画により返済可能額を見積ることができるのであれば、債権者たる金融機関も回収可能額を合理的に見積もることができるため、これに満たない債権金額は貸倒損失に相当するのではないか、という以前からの筆者の考え[6]に非常に近い動きといえよう。

　貸倒損失の問題を論じるうえで、画期的ともいえる最高裁判決（興銀事件）が下された。そこでは、法人税法22条3項3号にいう「事業年度の損失の額」として算入するための要件として、金銭債権の全額が回収不能であることが客観的に明らかであることを前提に、債務者の資産状況、支払能力等の

3）　西村総合法律事務所編『ファイナンス法大全（下）』370頁（商事法務、2003年）。ノンリコースローンとは、貸付金の返済原資が一定の資産ないしプロジェクトに限定されている形態貸付をいう。その事業に出資している企業などには返済を求めない非遡及型の融資形態。

4）　碓井光明ほか『公法学の法と政策（上）――金子宏先生古希祝賀論文集』317頁［太田洋］（有斐閣、2000年）。貸倒損失の損金算入について、従来より、日本では「単一の債務者に対して単一の債権者が単一の債権を保有している」ことを念頭において議論が行われてきた、としている。しかし、「複数の金銭債権相互間に、厳密な意味においては『法的な』弁済順位に関する優先劣後関係が成立しているとは言えなくとも、例えば系列ノンバンクに対する所謂母体行債権のように、社会通念上当該債権を他の債権と同一順位で回収することは許されないと考えられるようなものが含まれている場合には、債務者の換価可能性資産がそのような『事実上の』劣後債権以外の債権の完済に不十分である限り、かかる『事実上の』劣後債権について租税法上の貸倒れを認めても良いのではないか」との指摘もしている。

5）　DES（デット・エクイティ・スワップ）とは債務の株式化のことをいう。債務を株式に転換することにより、債権の貸倒損失を株式譲渡損に転換することができる。

6）　水野浩児「不良債権処理の根本的問題と部分貸倒れの損金算入の必要性」国際税制研究14号106頁（2005年）。

債務者側の事情だけではなく、債権回収に必要な労力や債権額に対する取立費用との関係ならびに債権回収を強行することによって生じる他の債権者とのあつれきなどによる経営的損失などといった債権者側の事情、経済環境なども踏まえて、社会通念にしたがって貸倒損失を総合的に判断することが必要、との判旨が記された[7]。

これまで、法人税基本通達9－6－2に明記されている通り、債務者が提供していた担保が完全に処分されるまで貸倒れとして損金算入はできなかった。繰り返しにはなるが、債務者たる企業に複数の債務が存在した場合において、企業が提供していた担保物に全く関与しない債権者が存在したとしても、債務は単一的なものと考えられ、担保物はおろか、保有資産をすべて処分し、企業としての存続能力を失うまで貸倒損失を確定できない状況が生じていた。そのような考え方が支配的であった中、興銀事件における最高裁判決は実務面から評価すべき点がいくつか挙げられる。

まず取り上げる点として、貸倒損失の判断にあたって債権者側の事情に目を向けている点が大きい。それに加え、債権の回収可能性を判断するにあたり、担保や保証を事実上切り離している点も着目できよう。後述するが、本事案で日本興業銀行（現みずほ銀行、以下「興銀」という）が貸倒損失に計上した債権には、住宅金融専門会社（以下「住専」という）の日本ハウジングローン（以下「JHK」という）に対する債権も含まれていた。すなわち、この債権には住宅ローンを取り扱う関係上、担保が残っていたといえるため、基本通達の解釈にしたがえば貸倒損失として損金を計上することはできないはずであった。しかし、最高裁判決では、債権者である興銀の事情を考慮し、担保処分時期と回収可能性を分けて判断していたことから、金融機関が今後行うであろう融資対応に影響を及ぼす、非常に意義深いものとなった。

これを機に、閉塞感に満ちていた貸倒損失の考え方に新しい観点が生まれ、円滑な資金供給の実現可能性をもたらした。本来、取引などにおいて発生する債権は、債権者と債務者の合意によってなされるものであることを考慮すれば、債務者の事情だけを考慮して債権の回収可能性を判断することは不自然なのである。それらを踏まえ、以下本論では、法人税法22条を基に、これからの貸倒れの判断について法律面と実務面の双方に着目した考察を行

---

7)　最判平成16年12月24日裁判所HP参照（平成14年（行ヒ）147）。

うこととする。

Ⅱ．貸倒損失の判断

　貸倒損失における損金の算入については、基本的に法人税法22条3項3号が拠り所となる。ただ、法人税法において「損失」の概念を定義するものはないことは、既述した通りである。貸倒損失に該当するか否かを判断するには、「損失」をどう取り扱うかが最も重要な要素の一つであると考えるため、本章では、法人税法上における「損失」の認識について、一般的な法解釈と実例を踏まえた検証を行う。

1）法人税法22条における公正妥当

　法人税法上、「損失」については同22条4項にて「一般に公正妥当と認められる会計処理の基準」に従って計算されるもの、と規定されているに留まる。類似した条文として、商法32条2項には「公正ナル会計慣行」との文言があるが、これも「損失」を定義するものではない。加えて「一般に公正妥当と認められる会計処理の基準」とは、具体的に該当する基準が存在するのではなく、規範にまで高められた慣習（処理基準）として規定されているに過ぎない。そのため「別段の定めがあるもの」を除き、法人税法上も企業会計の処理基準を尊重するものである、と解釈される[8]。会計処理の基準そのものが客観的であることは当然としたうえで、税法自体がその内容に干渉することなく、法整備の側面から必要ある場合に限り「別段の定め」を設けて対処すべきことを規定している、とも整理できよう。

　金子宏博士は、「『一般に公正妥当と認められる会計処理の基準』というのは、アメリカの企業会計における『一般に承認された会計原則』に相当する観念であって、一般社会通念に照らして公正で妥当であると評価されうる会計処理の基準を意味する。客観的な模範性をもつ公正妥当な会計処理の基準といいかえても良い。」[9]との見解を示している。これらの考え方を当てはめると、監査法人による監査証明[10]により適正と判断された会計処理もまた、

8）　武田昌輔『立法趣旨　法人税法の解釈』62頁（財経詳報社、1990年）。
9）　金子・前掲注1）270頁。
10）　例えば商法特例法2条や証券取引法193条の2などの各規定による証明のこと。

当然ながら「一般に公正妥当と認められる会計処理の基準」に則っている。

したがって、貸倒損失の判断を考えるにあたって、「損失」を定義する、というアプローチより「一般に公正妥当と認められる会計処理の基準」を満たす方法を明らかにしておくことのほうが、金融実務にとって有用であると考えられる。そして、その方法の一つとして債権者である金融機関が「一般に公正妥当と認められる会計処理の基準」にしたがって適切な情報開示を行うことは、株主のみならず、取引先企業等の利害関係者（ステークホルダー）に対して資産内容などをディスクローズすることになるため、公正妥当な会計処理基準を充足することになる、といえるだろう。

2）貸倒損失の認識時期（法人税基本通達9－6－2及び法人税法33条の解釈）

貸倒損失の判断においてもう一つ大きな問題となるのは、貸倒れに対する事実認定の仕方である。どの債権に対して、どのような事由が生じた場合に貸倒れが認められるのか、また、どのような処理を行えば「損金」として認められるのか、といった観点に着目しなければならない。これらの判断基準として、法人税基本通達9－6－1から9－6－3にかけて具体的に規定されている。

法人税基本通達9－6－1では、「法人が有する金銭債権について特定の事実が発生した場合、金銭債権の額のうち、法的に切り捨てられることとなった部分の金額について、その事実の発生した日の属する事業年度において貸倒れとして損金の額に算入する」とされている。法人税基本通達9－6－2では、「法人が有する金銭債権について、その債務者の資産状況、支払能力等からみてその全額が回収できないことが明らかになった場合、その明らかになった事業年度において貸倒れとして損金経理をすることができる。この場合において、当該金銭債権について担保物があるときは、その担保物を処分した後でなければ貸倒れとして損金経理をすることはできないものとする」とされている。この通達について、「税法上、預金、貯金、貸付金、売掛金その他の債権について評価損の計上が禁止されている（法人税法33条2項括弧書）ことに鑑み、貸倒処理ができるのは債権の全額が回収不能になった場合に限られることを明らかにするとともに、その貸倒処理は『回収できないことが明らかになった事業年度』において行うべきものであること

を明らかにしている」とする見解もあるが、興銀事件の最高裁判決によって、本通達に関する解釈が具体的に示されたと筆者は見ている。

　法人税基本通達9－6－2の解釈について、興銀事件の最高裁判決が大きな影響を与えた観点は主に二つある。一つは「債務者の資産状況、支払能力等からみてその全額が回収できないことが明らかになった場合」の解釈である。興銀事件において、貸倒損失の判断の対象とする債務について、JHLを単一の債務者であると考えれば、他の債権者が一部回収可能な債権があったため、全額回収できないことは明らかではなかった。しかし、債権者側の事情を考慮に入れた場合、JHLにある複数の債務のうち、興銀からの債務、すなわち興銀の債権については全額回収できないことは明らかであった。ここから、法人税基本通達9－6－2における「全額」とは、債務者目線における「全額」ではなく、もともと債権は複数に分かれていることを考慮し、分かれている債権のうちの一つにおいて「全額」という解釈ができることを明示した。全部のうちの一部が回収不能になった、という見方ではなく、もともと複数に分かれていた債権の一つが全部回収不能であれば貸倒損失として判断できる、と示したことは、法人税法33条が禁止する金銭債権の評価替の問題もクリアできており、非常に示唆に富んだ判決だったといえる。

　もう一つは「当該金銭債権について担保物があるときは、その担保物を処分した後でなければ」とする部分における担保物の解釈である。興銀事件において貸倒損失を判断する対象となった債権は、住専のJHLの債権であった。債権者たる興銀の事情から判断すれば、興銀がJHLから債権を回収することは不可能であったが、金銭債権に担保物がなかった（処分した後である）とは断言できない状況にあった。なぜなら、そもそも住専が取り扱う商品は住宅ローンであり、住宅ローンには必ず担保が付随することが一般的だからである。しかし、最高裁はJHLが保有する資産（住宅ローン貸付金）全体に担保物があると考え、さらに貸倒損失の計上時期について、担保物の実行終了時期を切り離して合理性を認めている。この判断は金融機関をはじめとし

---

11)　碓井光明ほか『公法学の法と政策（上）――金子宏先生古希祝賀論文集』449頁［品川芳宣］（有斐閣、2000）。もっともこの取扱いは、金銭債権の貸倒れの事実認定について、当該債務者について破産、強制執行、整理、死亡、行方不明等の事実が発生した場合のみにとどまらず、総合的に貸倒れの事実認定を弾力的に行おうとする趣旨と解せられるところ、そこには、裁量の作用する部分が一層多くなるため法人の判断を確認する意味で「損金経理」が要件とされていることの当否を問題としている。

た金融実務の面において非常に評価できるところであるが、立場を変えて見たときに、法人税基本通達9－6－2の原理原則を否定したとも考えられる。

興銀事件の最高裁判決が下される以前、バブル経済の崩壊により担保不動産価格が継続的に下落していたにもかかわらず、処分が容易ではないことから、不良債権の無税化処理が進まず、りそな銀行や足利銀行の例に見られるように金融機関は巨額の繰延税金資産を生み出すなど、大いに苦しめられてきた背景がある。[12] 多くの金融機関が不良債権処理を終えつつある状況ではあるが、この判決によって、不良化した債権を迅速かつ適時に無税化することの意義が見出され、円滑な資金供給にもつながることから、今日的な意味も大きいと見ている。

最後に法人税基本通達9－6－3では、「債務者について特定の事実が発生した場合、その債務者に対して有する売掛債権について、法人が当該売掛債権の額から備忘価額を控除した残額を貸倒れとして損金経理をしたときは、これを認める」としている。法人税基本通達9－6－1は法律上定められたものに対する判断基準であるのに対し、法人税基本通達9－6－3は売掛債権に限定してはいるものの、形式的な事由による貸倒損失の計上を可能にしている。

結局のところ、基本通達においても明確な基準は設けておらず、事情等を勘案した裁量の余地が大きいものであると見て問題はなさそうである。繰り返しになるが、そもそも税法と会計が整合しない要因に、法人税法は貸倒れを債務者単位で認識しているのに対して、会計は債権者単位（債務者の債務単位）で認識している点にある。そのため、興銀事件の最高裁判決が下されるまでの間、法人税基本通達9－6－2について、すべての債務が完全に回収不能の状態に陥っていることを明らかにしなければ、貸倒損金として計上することができなかった。本判決により、その解釈に新たな視点が生まれたことは確かであり、また、いわゆる部分貸倒れを明示的に容認したとまではいえないが、事実上の部分貸倒れを容認した効果があったと解することはできよう。[13]

---

12) 水野・前掲注6) 2頁。
13) 金子宏「部分貸倒れの損金算入」ジュリスト1219号115頁（2002年）。「この課題の解決のために、現在、種々の努力がなされつつあるが、租税法の解釈・適用の分野でこの

Ⅲ. 興銀事件

判決　最二平成16年12月24日判タ1172号129頁
原審　東京高判平成14年3月14日判時1783号52頁
一審　東京地判平成13年3月2日判時1742号25頁

　興銀事件は、先述の通り従来からの税法上における「損失」の処理に関する解釈に大きな影響を与えた事案の一つである、と考えられる。本項では、事件の概要と判旨を確認したうえで、検討を行う。

1）事件概要と最高裁判所の判旨
［事件の概要］
　平成7年12月19日の閣議決定により、母体行は住専に対する債権を全額放棄することとなった。母体行の一つである興銀は、訴外住専であるJHLに対する約3,760億の債権を回収することができないと判断し、平成8年3月29日付で全額放棄する約定書をJHLと取り交わした。その際、興銀は巨額の債権放棄を無条件で行うとJHLの取締役が株主代表訴訟の対象になりかねないとして、JHLの営業譲渡の実行ならびに解散登記を平成8年12月末まで行わないことを条件としていた。

　その後、興銀は平成7年4月1日から平成8年3月31日までの事業年度において、本件債権を貸倒損失として約132億円を損金に算入し、平成8年7月1日に申告を行った。これに対して被告（税務署長）は、本件債権は全額回収不能であると認められないことから、損金の額に算入することはできな

　問題解決に多少なりとも役立ちうる何らかの新しい提案はないであろうか。考えられる解決策の1つは、法人所得の計算において金銭債権の貸倒損失の損金算入を、許容される最大限まで行うことである。貸倒損失の取扱いについては、法令に直接の規定はないが、それが、法人税法22条3項3号の『損失』として損金算入されるべきことは、同条4項の公正妥当な会計処理の基準からして当然のことである」とし、「貸倒れについて筆者が前から持っている疑問の1つは、法人税法の解釈論として、金融債権の部分貸倒れ（1つの金銭債権の一部の貸倒れ）の観念を認め、その損金算入を認めてもよいのではないかということである。現にアメリカでは内国歳入法典の規定によって、それが認められている。」としているが、金子教授のいう部分貸倒れの概念は「部分的にわかれた1つの債権の全部の貸倒れ」と考えることで同様の効果があり、法人税法及び法人税基本通達も容認している考え方である。

いとして、平成8年8月23日に更正処分を行った。

興銀は、本件更正処分等を不服として平成8年8月30日に国税不服審判所に対し審査請求を行ったものの、平成9年10月27日に棄却されたため、平成9年10月30日に更正処分等が損金算入を否認したことは不当であるとして、その取消を求める訴えを提起した。

一審判決では、閣議決定の有無にかかわらず、債権の全額が回収不能か否かについて、合理的な経済活動に関する社会通念に照らして判断するのが相当であるとして、興銀が本件債権を貸倒損失として損金に算入することは適法であるとされた。しかし、二審判決では興銀が債権放棄した時点で、JHLの正常資産および不良債権のうち回収が見込まれる金額の合計額が少なくとも1兆円は残されていたことが推認され、それはJHLの借入金総額の約40％にあたることから、全額が回収不能だったとはいえないとして、被告（税務署長）側が逆転勝訴し、興銀が上告した。

[最高裁判所の判旨]

法人の各事業年度の所得の金額の計算において、金銭債権の貸倒損失を法人税法22条3項3号にいう「当該事業年度の損失の額」として当該事業年度の損金の額に算入するためには、当該金銭債権の全額が回収不能であることを要すると解される。そして、その全額が回収不能であることは客観的に明らかでなければならないが、そのことは、債務者の資産状況、支払能力等の債務者側の事情のみならず、債権回収に必要な労力、債権額と取立費用との比較衡量、債権回収を強行することによって生ずる他の債権者とのあつれきなどによる経営的損失等といった債権者側の事情、経済的環境等も踏まえ、社会通念に従って総合的に判断されるべきものである。

本件債権にかかる事実関係を整理すると、母体行5社は、平成7年9月にJHLを整理する方針を確認したところ、農協系統金融機関との協議において、農協系統金融機関が、その元本損失部分について母体行が責任を持つ完全母体行責任による処理を求めたのに対し、興銀は貸出金全額の放棄を限度とする修正母体行責任を主張し、債権額に応じた損失の平等負担を主張することはなかった。

その背景として、興銀はJHLの設立に関与し、独禁法で許容される上限まで株式を保有し、役員及び職員を派遣、多額の融資を行うなどして、その経

営に深くかかわっていたという事情があった。平成4年に策定された第1次再建計画によってはJHLの経営再建ができなくなり、平成5年に新事業計画が策定されるに至ったが、農協系統金融機関が融資残高の維持および金利の減免を内容とする同計画に応じたのは、母体行が責任を持って再建計画に対応することが明確にされたからであった。すなわち、興銀は本件新事業計画を達成できなかったことについて、農協系統金融機関から信義則上の責任を追及されかねない立場にあったと整理することができる。

　また、本件新事業計画は、JHLの再建を前提としたものであって、破綻後の整理を前提としたものではないものの、JHLの余裕資金による返済順序として母体行の債権が農協系統金融機関の債権に劣後する内容であったところ、興銀はJHLの整理が避け難い状況になったあとにおいてもJHLから債権回収を行っていた。ゆえに、農協系統金融機関が完全母体行責任を主張することには無理からぬ面があり、興銀もこれまでの経緯を考慮して、修正母体行責任が限度である旨を主張し、本件債権の放棄以上の責任を回避しようとしていたということができる。

　これらを踏まえ、母体行5社は、本件閣議決定によって示された住専処理計画に沿ってJHLの処理計画を策定し、興銀は本件債権を全額放棄するに至った。すなわち、本件債権を非母体金融機関の債権に劣後する扱いとすることを公にしたということができる。加えて、興銀において修正母体行責任しか主張することができなかった情勢をも考慮すると、仮に住専処理法及び住専処理にかかる公的資金を盛り込んだ予算が成立しなかった場合、興銀が社会的批判や機関投資家として興銀の金融債を引き受ける立場にある農協系統金融機関の反発にともなう経営的損失を覚悟してまで、非母体金融機関に対し、債権額に応じた損失の平等負担を主張することができたとは、社会通念上想定し難い。

　JHLの処理計画においてJHLの正常資産および不良資産のうち回収が見込めるものの合計金額は、非母体金融機関の債権を下回る金額とされたが、この回収見込額の評価は、本件閣議決定及び本件閣議了解で示された公的資金の導入を前提とする住専処理計画を踏まえたものであるから、破綻法等に基づく処理を余儀なくされた場合、当時の不動産市況等を勘案すると、JHLの資産から回収見込額が下回ることがあっても、超過することは考え難い。

　以上により、興銀が本件債権について非母体金融機関に対して債権額に応

じた損失の平等負担を主張することは、平成8年3月末までの間、社会通念上不可能であったといえ、また、当時のJHLの資産等の状況からすると、本件債権の全額が回収不能であることは客観的に明らかになっていたというべきである。そして、それは本件債権の放棄が解除条件付きでされたことによって左右されるものではないとし、本件債権相当額は法人税法22条3項3号にいう「当該事業年度の損失の額」として損金の額に算入されるべきとの判決を下した。

2）検討（債権者・債務者の事情と貸倒損失の認識）

　興銀と日本債権信用銀行（現あおぞら銀行、以下「日債銀」という）は、JHLの非母体金融機関に対する借入金債務につき、原則として各50％の分担割合で保証していたが、JHLは興銀および日債銀を含むJHLの債権者にあたる金融機関との間で、金融機関に対する債務の担保として、JHLが保有する住宅ローン債権および将来取得する住宅ローン債権を金融機関に譲渡し、金融機関はそれを準共有する旨の債権譲渡担保契約を締結した経緯がある。

　その後、バブル崩壊の影響も受け、JHLの経営状況は悪化していったが、母体行である興銀と日債銀は、金利減免や追加融資に応じるなど様々な金融支援を行った。その対応は、結果的に非母体金融機関の取り組みと明確な違いを生むことにつながったのだが、興銀と日債銀は、JHL再建計画において[14]、融資残高の維持を盛り込むなど返済の順序を明確に打ち出す対応を行っている。

　ここであらためて着目すべきは、JHLの債務について、母体行から借り入れた債務と非母体金融機関から借り入れた債務に優先劣後の関係が明確になっていたという点である。これまで法人税法上の取り扱いでは、単一の企業には単一の債務しかないことを前提として運用してきた側面があると先述したが、その理屈だと債務に優先劣後の関係性は発生しえないといえる。しかし、当該債務については実際に優劣が生じており、単一の企業（JHL）に

---

14) 平成5年4月から10年間とするJHLの再建計画には主に次の4項目が記載されている。(1)興銀及び日債銀は、計画期間中、JHLに対する貸出金の利息を免除する。(2)母体五行は、JHLに対し、新規融資を貸出し、JHLの自己資本強化のため第三者割当増資を引き受ける。(3)非母体金融機関は、JHLに対する現状の融資金残高を維持すること。(4) JHLの余剰資金による返済順序は、住宅ローン債権信託、母体ニューマネー（追加融資）、借入有価証券、農協系統金融機関とする。

対して複数の債務があった。もう少し仔細に見ていくと、母体行の融資はプロジェクトファイナンス的な融資[15]であったのに対し、非母体金融機関は一般的な貸付、言い換えれば、JHLの運転資金などに対する事業融資であった。したがって、その観点からも母体行における貸倒損失の判断と非母体金融機関における貸倒損失の判断は異なって当然であるといえ、債権者側の事情、特に母体行における事情から貸倒損失の妥当性を判断したことは重要視されて然るべきともいえる[16]。

Ⅳ. 資金の流れを重視した貸倒損失の判断アプローチ

興銀事件は、債権の回収不能判断に関して、債務者の事情のみならず、債権者側の事情や経済的環境なども踏まえて総合的に判断するものという基準を示した点に大きな意義があったと考えられている。実務上、これまでは基本通達にしたがって貸倒れの可否を判断してきた。それは、おおよそ法律上の貸倒れや形式上の貸倒れであり、これらは客観的に判断が可能であった。一方で、事実上の貸倒れについては、客観的な根拠を示すことが難しく、しばしば争いに発展することがあった。興銀事件の判決は、事実上の貸倒れについて、社会通念による判断に基づいて貸倒れの可否を判断することを認める結果をもたらしたため、実務面において非常に重要な判決であったといえ

---

15) 小原克馬『プロジェクトファイナンス』（金融財政事情研究会、1997年）。プロジェクトファイナンスとは、「特定のプロジェクト（事業）に対するファイナンスであって、そのファイナンスの利払いおよび返済の原資として当該プロジェクト（事業）から生み出されるキャッシュ・フロー/収益に限定し、またそのファイナンスの担保ももっぱらプロジェクトの資産に依拠して行う金融手段、と定義している。

16) 谷口勢津夫「放棄された貸付債権相当額の法人税法上の損金該当性」民商133巻3号137頁（2005年）。谷口教授は、金銭債権の貸倒損失を法人税法22条3項3号にいう「当該事業年度の損失の額」として損金の額に算入するための要件およびその要件該当性の判断として、興銀事件の最高裁判所の判決要旨において「債権回収を強行することによって生ずる他の債権者とのあつれきなどによる経営損失は、企業がこれを同様の趣旨で負担する損失」を挙げていることをうけ、それは「子会社等の整理損失等の負担を損金に算入する場合にも、考慮されるべきものとされているので、その限りでは、本判決と課税庁の考え方との間に実質的にはさほど隔たりがないと考えられる」と解した。また、社会通念も含めた金銭債権の貸倒れの認定について「債務者の資産状況・支払能力等からみて金銭債権の全額が回収不能と認められる場合は勿論のこと、そうでない場合であっても、債権者である企業の合理的な判断に基づき債権全額を放棄することが社会通念上妥当と認められ、かつ、債権全額の放棄が実行された場合にも、貸倒損失は損金に算入できるものである。」との見解が示されている。

る。

　興銀事件判決による実理を踏まえつつ、ここで少し異なるアプローチから興銀事件を考察したい。興銀事件における債権者である興銀と債務者であるJHLの関係を一般的な資金の流れ（金銭債権関係）から分析すると、債権者の事情と債務者の事情は貸倒れの可否判断において、密接不可分の関係に見えてくるのではないだろうか。

　銀行の貸出金とは、企業にとっては負債（借入・他人資本）となる。ごく一般的な資金の流れとして、企業は、当該借入金を用いて、棚卸資産や固定資産を購入する。そして、棚卸資産や固定資産を活用して収益獲得活動を行う。それによって生み出された利益は、売上債権を通じて現金に変わる。端的にいえば、企業は、生産財（棚卸資産や固定資産など）を元手に売上を計上し、その売上を現金で回収したうえで、銀行に対して借入金の返済に充てる。さらに資金が必要な場合は、再度借入を行い、同様の流れを繰り返すことで資金を循環させる。

　では、この資金の循環において債務者である企業が破綻し、本来収益獲得活動によって回収する予定であった売掛債権が回収できなくなった場合、または、生産手段として購入した固定資産が経済情勢の変化により陳腐化し、本来期待した利益を生み出せなくなってしまった場合はどうなるか。当然ながら、予定していた利益が見込めないため返済資金が捻出できないことになってしまう。

　つまり、債務者である企業の売掛債権が回収不能になり、不良在庫が発生してしまった場合、すなわち、売掛債権や棚卸資産、固定資産が毀損してしまった場合とは、債権者である銀行の債権（貸出金）が毀損したことと同義であるといえる。債務者の資産が劣化することによって債権者の資産も劣化することになるため、債権者である銀行の貸出金の評価は、債務者である企業の評価と強い関連性を有し、自己査定等により、債務者である企業からの債権回収可能性を常に検証しなければならない。債務者である企業の事情を勘案し、的確に反映することは、債権者である銀行の社会的任務であると[17]

17）　金融検査マニュアル（預金等受入金融機関に係る検査マニュアル　平成15年2月改正）における信用リスク検査用マニュアルの項において「債権の分類方法の検証に当たっては、信用格付が合理的で債務者区分と整合的であるか、債務者区分が正確に行なわれているか、債権の資金使途等の内容を個別に検討しているか、担保や保証等の調整が正確に行なわれているかを検証し、自己査定基準に基づき分類が正確に行なわれているかを

いえよう。

　債権の回収可能性について、債権者である銀行が債務者である企業の一部債務について回収できない金額を合理的な理由に基づき算定したとしても、金銭債権の貸倒損失を損金の額に算入するには、金銭債権全額が回収不能であることを要するのは既述の通りである。また、金銭債権が全額回収不能であるか否かは、債務者である企業の支払能力に大きな影響を受け、法的整理等が債務者の支払能力の低下を客観的に推定させる重要な事実であることは言うまでもない。

　しかし、金銭債権とは債権者である銀行から見た債権であると同時に、債務者である企業における債務でもある。ゆえに、銀行と企業双方の置かれた環境や当事者特有の経済事情によって変化するものともいえる。したがって、債務者である企業の支払能力の事情のみならず、債権者である銀行の事情をも考慮し、双方の立場を勘案しなければ、本当の意味で金銭債権の価値を判断することはできない。資金の流れに着目したアプローチからも、興銀事件の判決は実務面を的確にとらえた判断であったといえるのではないだろうか。

Ⅴ．金融機関における適正なディスクロージャーと会計処理

　税法上無税になることは、銀行をはじめとした金融機関のみならず、一般企業においてもキャッシュフローの改善につながるため、企業経営において極めて重要なことである。そのため、とりわけ金融機関は、業種柄もあって一般企業以上に貸倒損失が決算内容を大きく左右する。

　仮に貸倒損失の計上時期が1年遅れたとしても、経済に影響を及ぼさないと考えられるかもしれないが、金融機関は企業へ貸付できる資産を無限に有するわけではないため、貸倒損失の処理が完了していることは、次の資金供給を円滑に進めることにつながることもあって、軽視することはできない。

　また、債務者の事情を踏まえて回収可能性を判断し貸倒損失を計上することは、貸倒損失の時期を早期に反映させた状態を作り出すことになる。これは金融機関にとって公正妥当性を公表していることにも関連する。現実に発

検証する」に加え、「債務者区分の検証は原則として信用格付に基づき、債務者の状況等により正確に債務者区分が行なわれているかを検証する」と記載されている。

生している事象を的確かつ迅速に開示することは、税法においても「別段の定めがない」場合の公正妥当の考え方にも合致する[18]。

そもそも、銀行の貸出金に関する貸倒損失を考える場合、その会計慣行は状況に応じ証券取引法や銀行法などに基づく取扱いも包括すると考えられる[19]。銀行は、債務者区分や債権分類について規定された「金融検査マニュアル」に従って自己査定を行った後、公認会計士による監査が行われる。それに加えて、周期的な金融庁検査や日銀考査によって厳しく内容を吟味されることを考慮すると、自己査定によって算出・区分された貸出金は、債権に対する毀損の割合について、客観的な要素を相当量含んでいると解することができる。つまり、銀行が債権の回収可能性について回収不能と判断した部分は「公正ナル会計慣行」によって算出されたものであり、その損失は「実現した損失」といえる。

本来、債権とは債権者である銀行が資金を貸し出す状況に応じて条件面を定め、場合によっては担保取得を行うことから、債権によって回収可能性が異なるのは当然のことであり、ひいては債権によって貸倒損失の判断が変化することもまた当然といえる。金銭債権は債権者である銀行と債務者である企業の双方の関係において成立するものであることを踏まえても、銀行における自己査定は、少なくとも債権者側の事情を合理的かつ客観的な評価手法を用いているといえ、「公正ナル会計慣行」のもとに貸倒損失の判断が行われていると解される。

VI. まとめ

興銀事件の最高裁判決は、これまでの貸倒損失の考え方に大きな影響を与えた。これまでの貸倒損失の判断は、金融機関にとって実務上円滑な資金供

---

18) 武田・前掲注8）39頁。法人税法22条4項の一般に公正妥当と認められる会計処理の基準とは「客観的な規範性をもつ公正かつ妥当と認められる会計処理の基準という意味であり、特に明文の基準があることを予定しているわけではない。もちろん、いわゆる『企業会計原則』だけを意味するものでもなければ、税務官署の側だけで定められるべきはずのものでもない。それよりもこの基本規定は、具体的には企業が会計処理において用いている基準ないしは慣行のうち、一般に公正妥当と認められないものだけを税法でも認めないこととし、原則としては企業の会計処理を認めるという基本方針を明らかにしたものである点にその意味を求めるべきであろう。」と見解を示している。
19) 中里・前掲注2）7頁。

給を阻害することがあった。金融機関が回収不能であると判断した債権について、いつまでもバランスシートに残したまま放置せざるをえない状況を税法が生み出していたのである。すると、当然ながら税金はキャッシュフローに直接影響を与えるものであるため、無税対応は金融機関経営における重要課題になっていた。

　債権者の事情により貸倒損失の判断が容認されたことにより、貸倒損失を迅速に金融機関の決算に反映させることができるようになり、会計上や経済上の実務に税法が寄り添うかたちになった印象を抱く。先述した通り、迅速な貸倒損失判断ができることは、金融機関の限られた資源を有効に使うことにつながり、積極的な資金供給を実行することができるようになる。貸倒損失を認定できない状況は、金融機関にとって不良化した債権を放置していることと同義であるため、資金供給を望む中小企業等に手を差し伸べることができないジレンマを生み出していた。そうした面から見ても、この判決の意義は大きい。

　また、この判決によって法人税法そのものの大幅な改正が生じたものではなく、新たな視点を加えたという点も評価できる。これまで債務者側の事情のみで貸倒損失の判断をしてきたものが、債権者側の事情を考慮することが認められたことで、もともと複数に分かれていた債権のうちの一つが「回収の見込みが明らかになくなった」とされるケースを社会通念に照らし合わせて判断することができるようになった。このような視点が加わることで、従来の法人税法における考え方を大きく変えることなく、実務に沿った判断が可能になったことは意義深いものである。

　地域経済において、本当に資金が必要な企業に対し、地域金融機関が円滑な資金供給がなされているかはやや不透明な部分が残る。資金の貸出しを行う銀行の資産、すなわち債権に対する考え方がより実務を考慮したものに変化していくことで、実態とかけ離れた不要な引当の心配も減り、資金が必要な企業に円滑な供給がなされることが期待できるようになる。地域金融機関が注力して取り組んでいる新アクションプログラム[20]においても、資金調達

---

20)　金融庁が打ち出した地域金融機関向けのプログラム。地域密着型金融の一層の推進を図るための「リレーションバンキングの機能強化に関するアクションプログラム（平成15～16年）」に続き、平成17～18年にかけて実行されたプログラムで、各金融機関は「地域密着型金融推進計画」を提出・公表している。

の多様化を掲げ、事業価値に着目した融資手法の一つとしてプロジェクトファイナンス的な融資であるノンリコースローンなどを推進している。こうした取り組みを後押しするような出来事（判決）は、今後の地域経済活性化にもつながる非常に重要な要素だと考えられる。地域経済には地域金融機関が欠かせない。地域金融機関が理想的な資金供給活動を円滑に実施し、地域経済活性化の一翼を担う存在として価値を高めていくことを願い、締めくくりとする。

【第1章　第3節】

譲渡禁止特約と譲受人の重過失に関する判例の考察

【前注：本節は、「追手門経済・経営研究」No.17（2010年3月）に掲載したものに加筆・修正を加えたものである。とりわけ、第1判例については当時の裁判記録や判旨などを踏まえ、大幅に改訂し、より仔細に事案を記述している点を補足する。】

Ⅰ．はじめに

　譲渡禁止特約と譲受人の重過失について、下級審判例ではあるが、同一の事案でありながら、まったくの反対の結論が出された興味深い判例が二つある。二つの事例の詳細を確認したうえで、内容について考察する。

Ⅱ．第1判例

判決　大阪高判平成16年2月6日　判時1851号120頁、金法1711号35頁
（平成15年（ネ）第2037号　供託金還付請求権確認、同反訴、独立当事者参加請求控訴事件）

1）事件の概要

　生活必需品等の卸小売業をしていた大福商事株式会社（以下「A社」という）は、融資を受けていた南都銀行（以下「X銀行」という）に対し、平成13年10月4日に資金繰りが困難となり倒産の止むなきに至った旨を通告し、同

23日に破産宣告を受け、Yが破産管財人として選定された。

　X銀行は、A社に対して5,000万円の貸付をしていたが、追加融資をするにあたり、A社には不動産担保の余力がなかったことから、債権譲渡の対抗要件に関する民法の特例等に関する法律（以下「特例法」という）による登記を活用した債権譲渡担保融資を検討し、A社の商品販売先であった日用品等の小売業をしているコーナン商事株式会社（以下「B社」という）に対して、現在および将来取得する売掛代金債権について平成12年12月15日に債権譲渡担保契約（本件債権譲渡）を締結した。同日、特例法に基づいて債権譲渡登記を経由して4億円の融資をはじめ、X銀行はA社に対し、平成13年10月1日現在までに総額約23億5,000万円の融資（うち返済総額は約16億5,000万円）を行っており、同日時点で、X銀行はA社に対して7億4,200万円の債権（預金との相殺により残債権額は6億8,561万2530円）を有していた。

　X銀行はB社に対し、特例法2条2項に基づき債権譲渡登記事項証明書を付した通知を行い、A社のB社に対する売掛金については債権譲渡によりA社からX銀行が譲り受けることを告げた。一方で、A社の仕入先であった大王製紙株式会社（以下「C社」という）は、A社に580万円の商品を売り渡していたところ、A社はB社に同商品を450万円で転売していたことを受け、A社が受けるべきB社に対する売掛債権について、物上代位による動産売買の先取特権に基づき、同売掛債権を差し押さえた。しかし、A社がB社に対して有していた7億4,773万729円の売掛債権には、債権譲渡禁止特約が付されていたため、B社は平成13年11月28日に同売掛債権を6億5,780万6490円（本件債権1）と8,992万4239円（本件債権2）の2口に分けて、債権者不確知を理由に供託した。

　X銀行はA社の破産管財人であるYおよびC社に対して、本件債権譲渡によりB社の供託金について還付請求権がX銀行に帰属することの確認を求める訴えを提起（本訴）した。これに対し、YおよびC社ならびに洗剤等の製造販売を業とする参加人らは、同売掛債権には債権譲渡禁止特約が付されており、X銀行はこれにつき悪意または重過失であると主張し、Yに供託金に関する還付請求権が帰属することを確認するための反訴を提起した。

2）事件の争点

　本件における争点は、X銀行は譲渡禁止特約が付されていることを知って

いたか、または知らなかったことについて重大な過失があるかである。X銀行に重過失があったか否かを判断するにあたっては、X銀行およびX銀行の本件担当者（以下「甲」という）に何ができたのかを諸事情も踏まえて検討しなければならない。

　まず、A社はB社との取引について、債権譲渡禁止規定のある取引基本契約書を作成していた。この点について、甲はA社への融資を開始するにあたり、A社の代表者（以下「乙」という）に対してA社とB社の間に基本契約書の有無を尋ねたところ、乙らはX銀行からの融資が受けられなくなる可能性を危惧し、基本契約書の存在を明確に否定し、意図的に甲に対して虚偽の事実を告げていた。X銀行は特例法にしたがい、これからA社に融資しようとする金融機関であることから、銀行員には取引の相手方の秘密を守り、取引先の信用を毀損しないよう注意義務が課されており、調査方法は限られていると考えられる。加えて、債権譲渡担保の場合、債権譲渡登記によって第三者対抗要件を具備することで目的を達することができることから、第三債務者に対しては譲渡債権をもって融資金の返済を受けるときに通知すれば事足りるものとされる。ただ、甲は債権譲渡担保融資の検討時点において、後に司法書士から取引基本契約書の内容に譲渡禁止特約の有無を確認する必要があると注意を受けるまでは、特例法による登記をすれば譲渡禁止特約の問題は生じないと誤認していた。しかしながら、A社代表者等への取引基本契約書の有無を確認したのは、忠告を受けた後であり、債権譲渡担保契約締結前であった。その際に乙らより基本契約書は存しないといわれている。

　したがって、このような状況下において、甲が基本契約書の存在を確かめようとするには、A社に事前に了解を得る、または、A社に秘してB社に確認する他なかったと考えられる。仮にA社の許諾なくB社に確認を行い、債権譲渡に関する事実が明らかになった場合、A社との間の信用問題になりかねないことを考慮すると、甲が取りうる言動には限界があると考えられる。その上、売買取引の当事者間において基本契約書を交わすことなく口頭にて債権譲渡禁止特約を締結することはないと想定されうることから、基本契約書の存在を否定された時点で、債権譲渡禁止特約の不存在もまた確認できたといえる。よって、このような整理においては甲に重大な過失があったとは言い難いと判断しうる。

　ところが、一審判決においてX銀行および甲は、本件債権譲渡当時に債権

譲渡禁止特約の存在について知っていたとは認められないとはしつつも、銀行としての高度な専門的知識経験及び調査能力に照らして要求される最低限度の注意を払った必要な確認調査を怠り、本件債権譲渡について債権譲渡禁止特約の存在を知らなかったことは、悪意と同視しうる重大な過失があるとし、X銀行の控訴を棄却した。

　X銀行および甲は、司法書士による債権譲渡禁止特約の問題を指摘される前から乙らに対してB社との取引条件を確認するため基本契約書の有無を確認していたが、その存在は否定され、債権譲渡禁止特約の問題に気付いていた平成12年12月4日にも、債権譲渡禁止特約の存否を確認するために、そのことを明示したうえであらためて乙らに質問したところ、強い口調で基本契約書の存在を否定されたことから、債権譲渡禁止特約も存しないことを信じたと主張した。

　しかし、①X銀行も自認する通り、A社への融資を決定する時点で甲は債権譲渡禁止特約の問題点について誤解していた段階であったこと、②平成12年11月10日及び13日にA社側にB社との取引に関する書類提出を求め、支払連絡票や入金実績等の交付を受けているが、これはB社との取引実績等を確認するためのものに過ぎず、譲渡担保を受ける債権に債権譲渡禁止特約が付されているかを確認することを目的とし、その意図を明示して協力を求めた調査だったとはとはいえないこと、③甲から提出された活動報告書によれば、平成12年11月20日から12月4日までの間、甲がA社を訪問したのは11月29日のみであり、かつ、基本契約書の確認に関する活動記録が記述されておらず、本来債権譲渡担保の対象となる売掛債権に譲渡禁止特約が付されていた場合、A社に対する多額の貸金債権の担保を喪失してしまう重大な結果をもたらしてしまうことから、乙らに対してその重要性を告げたうえで、早急に面談機会等を求めるところ、そのような形跡もなく、融資担当の銀行員の行動として著しく不自然であることなどを併せて考えると、11月10日、13日及び12月4日に譲渡禁止特約の存否を確認することを目的として基本契約書の有無を確認したとは到底考えられない、と事実認定された。

　なお、事実認定はされなかったが、X銀行はA社および乙らの言動等に関して「甲は平成12年12月4日にA社を訪問し、社長室にて乙と面談を実施し、その際にA社とB社の間における取引基本契約書を見せてほしいと依頼した。これに対して乙は、A社とB社の関係はB社が無名だったころから続

いており、A社が商品を優先して納入していた、いわば助けてあげたような関係にあり、B社の社長もA社を特別視していること、B社が小さな企業であったころから自然発生的に取引を開始しているため取引基本契約書などあるはずはないこと、商習慣によって取引を行う業界であり細かいことをいちいち気に留めていないこと、1個100円の石鹸などを取り扱う際に契約をするようなことはしない、と強い口調で一蹴された」と主張し、加えて甲はこの時点で司法書士からの指摘により基本契約書の有無を確認することの重要性を認識していたことから「甲は、重ねて乙に対して取引基本契約書の有無を確認したが、乙は何度も同じことを聞くなと言わんばかりに、B社社長とのつながりは深く、先方も契約書の締結を求めてくることはない、と再度一蹴した。代表権を有する乙がここまで明白に否認する以上、甲が取引基本契約書は存在せず、また債権譲渡禁止特約も存在しないと理解するのは当然のことである」とも主張した。

その主張に関しては「乙による強い口調での取引基本契約書の存在否定は、甲が供述する乙の言動等が具体的で迫真性があり、かつ詳細であるといえる。また、破産宣告後にYの指示によって捜索された約定書は、本来保管されるべき場所ではないところから発見されたこと、約定書が作成されたのは平成8年以前であり、約定書作成当時、A社の代表は乙の先代であり、乙自身は約定書の作成に関与していないことから、乙が取引基本契約書が存在しないと回答したことは特段不自然ではなく、十分にあり得る」との見解が示され、さらに「乙は基本契約書の存在を否定した供述について、他方で、はっきりとした記憶がないとささか曖昧な回答をしており、甲と対比して信用できず、強い口調で否定されたとする甲の供述は信頼できるものというべきである」とされた。

しかしながら、甲が乙に対して「債権譲渡を受けるB社との間に取引基本契約書はありませんか。その契約書の中に譲渡禁止の特約が付されていれば、融資はできないことになる」と質したことについては、先述の事実認定等を理由に「信用できない」と解され、甲は乙に対して債権譲渡禁止特約の確認を十分に行っていないと判断された。

3）判　旨

繰り返しにはなるが、本件債権譲渡についてX銀行は、乙らから本件債権

譲渡禁止特約が付されていることを知らされていたわけではなく、他にこれを知りうるに足りる事実等はないことから、X銀行が本件債権譲渡当時に債権譲渡禁止特約の存在を知っていたとは認められない、とされた。そのため、X銀行が本件債権譲渡禁止特約について知らなかったことについて重大な過失があるか否かが争点となる。

一般に、銀行は、独占的に銀行取引を業とする組織体として、銀行取引とりわけ融資及び担保に関して、実務上及び法律上の高度な専門知識や経験、ならびにこれらに関する高い調査能力を有すると解される。本件において、X銀行はA社に対して高額な融資を行っており、A社のB社に対する売掛債権がその唯一の担保であったことから、X銀行は売掛債権の譲渡を受けるにあたって、高度な専門知識や経験ならびに高い調査能力を駆使し、同売掛債権を担保として確実に確保しうるよう万全の措置を取る必要があった。

しかしながら、本件においては、X銀行が融資の担保とした売掛債権には本件債権譲渡禁止特約が付されており、結果的に譲渡禁止特約の存在を看過したまま本件債権譲渡を受けたことになる。譲渡の対象とされた債権に譲渡禁止特約が付されていた場合、譲受人が悪意または重大な過失がある場合にはその譲渡の効力が生じないことは民法上も判例上（最高裁昭和48年7月19日第1小法廷判決・民集27巻7号823頁参照）も自明のことであり、X銀行が担保として債権譲渡を受けるに際し当然注意しなければならない基本的な事項であるといえる。また、特例法が所定する債権譲渡登記は法人がする債権譲渡の対抗要件に関して民法の特例を定めたものに過ぎず、譲渡禁止特約がある場合の債権譲渡の効力について、特則を定めたものではないことも同法の趣旨や法文に照らし合わせても明らかであり、債権譲渡登記の方法により債権譲渡を受ける場合でもX銀行は当然に認識、理解しておくべきことである。

X銀行の担当者である甲は少なくとも司法書士に指摘されるまで、特例法に基づく債権譲渡登記をすれば譲渡禁止特約の問題も生じないという極めて初歩的な誤解をしており、A社に対する多額の融資を決裁したX銀行の融資審査部門についてもまた譲渡禁止特約の有無を確認するという極めて初歩的、かつ基本的な事項について検討したり、甲に対して調査検討させるなどの措置を取った形跡もなかった。甲も司法書士からの指摘以降に、譲渡禁止特約の有無を確認することの重大性を正しく理解し、そのための確認等調査を実施したとは言い難く、X銀行としてもその指示をすることはなかった。

よって、X銀行及び甲は融資銀行として当然になすべき譲渡禁止特約の調査を十分に行ったとはいえず、A社やB社に対しても十分な指示を与えたりしていないと判断される。仮に平成12年12月4日に甲が乙に対して口頭にて基本契約書の有無を確認したところ、それを強い口調で否定された事実が認められるとしても、それをもって直ちに譲渡禁止特約が存在しないと即断することは甚だ軽率であると解された。

X銀行は、銀行として要求される高度な専門知識経験及び調査能力に照らして、譲渡禁止特約の有無について確認調査することが容易であるにもかかわらず、債権譲渡担保に関する正しい理解を欠いたために必要な確認調査を怠り、本件債権譲渡を受けるに至った。よって、X銀行には債権譲渡の際に譲渡禁止特約の存在を知らなかったことについて、悪意と同視しうる重大な過失があるとされ、X銀行の求めを棄却した原判決は相当であり、控訴も棄却された。

Ⅲ．第2判例

判決　大阪高判平成16年2月6日　判時1851号120頁、金法1711号35頁
（平成15年（ネ）第2037号　供託金還付請求権確認、同反訴、独立当事者参加請求控訴事件）

1）事件の概要

　文房具・事務用品等の小売業をしていたA社は、平成14年6月24日にY1銀行と売掛債権担保融資保証制度に基づき極度額2,000万円の手形貸付契約を締結した。その際、Y2信用保証協会より売掛債権担保融資保証制度の保証を受けたうえで、A社と取引のあったB1社・B2病院・B3病院・B4病院・B5病院・B6社・B7社・B8学院（以下「B社ら」という）に対する将来にわたる売掛債権を譲渡担保とした。加えて、Y1銀行・Y2信用保証協会（以下「Y銀行ら」という）は、この債権譲渡担保契約において本件売掛債権を準共有することを合意した。また、Y銀行らは平成14年7月9日に債権譲渡の対抗要件に関する民法の特例等に関する法律（以下「特例法」という）による債権譲渡登記を行い、第三者対抗要件を具備した。なお、A社のB社らに対する売掛債権のうち、B1社とB2病院に対する売掛債権には譲渡禁

止特約が付されていた。

その後A社は、平成16年10月12日に手形の不渡りを出し、同10月29日に破産宣告を受け、Xが破産管財人として選定された。これを受け、B社らは該当する売掛金を供託したため、XはY銀行ら及び他の債権者金融機関C社と金融業者D社らが譲渡禁止特約の存在とそれを知らなかったことに重大な過失があるとして、B社らの供託金について還付請求権がXに帰属することの確認を求める訴えを提起（本訴）した。これに対し、Y銀行らは、X及びC社・D社を相手取り、供託金の還付請求権はY銀行らに帰属することを確認するための反訴を提起した。このとき、XはA社のB社らに対する売掛債権のうち、B1社およびB2病院に対する売掛債権には譲渡禁止特約が付されており、Y銀行らは債権譲渡禁止特約の存在について悪意・重過失があるため、Y銀行らに対する債権譲渡は無効であることを主張した。

2）事件の争点

売掛債権に譲渡禁止特約が付されていた場合、売掛債権担保融資保証制度の規定上、同制度の対象から除外される。したがって、本件の争点は本件売掛債権に対する譲渡禁止特約の存在とY銀行らがその譲渡禁止特約を知らなかったことに悪意・重過失があるかである。

A社とB社らとの間で締結していた基本契約書について、A社の代表者（以下「甲」とする）は、Y1銀行の担当者（以下「乙」とする）に対して契約書を開示することや譲渡禁止特約の存在を説明することは一切なかった。それどころか、甲は平成14年5月及び6月当時において、B1社との間に取引基本契約書を締結した事実自体を失念しており、同契約書作成当時から譲渡禁止特約が条項に含まれていることを認識していなかった。当然ながら、甲はB1社への売掛債権に譲渡禁止特約が付されていることもまた知らなかった。

甲は破産宣告後、Xから「受発注システムに関する契約書」に記載された文言からB1社との間に取引基本契約書を締結しているようだとの指摘を受け、当該契約書を探したが見つけることができないまま、本件訴訟が平成17年2月8日に提訴され、同7月ごろになってようやく発見された。

これらの事情に鑑み、乙が甲の説明を信用したことについて落ち度があるとは言い難く、甲自身も契約書の存在を認識していなかったことから、Y銀行らが甲の言動に関して不審な点等を見出すことは不可能であったと考えら

れた。また、甲に対し「受発注システムに関する契約書」の提示を求めなかったことの落ち度についても、指摘するには事足りず、Y銀行らにおいて、譲渡禁止特約の存在を強く疑うべき事情が存在したとはいえない、との事実認定がなされた。

3）判　旨

　本件債権譲渡にあたって、甲はY銀行らに対し、B１社との間に取引基本契約書や譲渡禁止特約が付された契約書は存在しない旨の説明を口頭及び書面で行っている。当時、A社は過去10年以上にわたって支払の遅滞がなく、経営状況が決算書類上、特に悪化していた事実もなかったことから、Y銀行らにおいて、甲があえて事実とは異なる説明を行うとは考え難い。加えて、甲の説明を信用したことについてY銀行らに落ち度があるとは言い難いし、そもそも甲の言動から不審な点を見出すことは不可能であったといってよい、と解される。

　Xは、A社と上場企業であるB１社との力関係や、一般に製造業では資材調達額ベースで53％の譲渡制限が設けられていること、A社とB１社の間に相当額の月商があったと推測されることなどを理由に、Y銀行らに譲渡禁止特約の存在を予見すべきであったと主張するが、取引基本契約書が存在しない中で譲渡禁止特約が合意されることは稀であるといえるうえに「文房具などで取引基本契約書まで締結するのかなと思っていた」という主旨の乙の判断につき、不合理があるとは言い難い。そもそも甲においてすら、取引基本契約書は作成されていないと考えていたことから、譲渡禁止特約の存在を当然予想すべき取引関係にあったとはいえない、としてXの主張を退けた。加えて、甲がその存在を一切告げてない以上、Y銀行らが「受発注システムに関する契約書」の提示を求めなかったことについても大きな落ち度があったともいえない、とした。

　また、甲はB社らに対してA社の信用不安が広がらないようにするために、あえて債権譲渡担保の通知が及ばない方法を選択し、Y銀行らと融資契約を締結したことから、Y銀行らがA社及び甲の意向に反して、B社らに対して取引基本契約書や譲渡禁止特約の有無を照会することは事実上不可能だったといえるし、中小企業の経営支援という本件制度の趣旨に反することにもなりかねず、これをすべきであったということはできない、との見解が

示された。よって、本件債権譲渡にあたってY銀行らにおいて、本件債権譲渡禁止特約の存在を特に強く疑うべき事情が存在したとは認められず、Y銀行らに、悪意はもとより重大な過失があったと認めることもできないとし、Xの請求を棄却した。

Ⅳ. 考　察

1) 序　論

　まず、債権の譲渡性を定める民法466条を確認したい。同条1項において「債権は譲り渡すことができる。ただし、その性質がこれを許さないときはこの限りでない。」と規定されており、債権の性質が譲渡を許さないものでない限り、原則として債権は譲渡性を有し、債権の同一性を変えることなく、契約によって移転することができる、としている。同条2項においては「前項の規定は、当事者が反対の意思を表示した場合には適用しない。ただし、その意思表示は善意の第三者に対抗することができない。」と規定されており、当事者による譲渡の禁止や制限する旨の意思表示が認められており、債権の譲渡性を失うと解釈することができる。しかしながら、ここにはただし書きがあり、譲渡制限の意思表示を知らなかった善意の第三者に対しては、譲渡制限の意思表示を主張することはできない、とされている。

　このただし書きの解釈については重要な判例がある。最高裁判決（最判昭和48年7月19日民集27巻7号823頁）において、重過失がある場合は悪意と同様に取り扱うべきであり、当該債権の譲受人が善意であっても、譲渡制限の意思表示について知らなかったことに重過失がある場合は債権を取得できないことを明らかにし、債権の譲受人には「善意」ではなく「善意無重過失」が必要とされた。すなわち、債権の譲受人になろうとする者は、譲渡制限の存否を十分に確認しないと安心して譲り受けることはできない。

　なお、譲渡禁止特約と重大な過失のある第三者については、別稿にて深く追究し「特に取引に精通している経験者であるからといって、安易に譲受人に調査確認義務等を課す方向へ向かうならば、近代法における債権の譲渡性の承認という大原則を揺るがせかねない危険性をはらんでおり、問題性があ

る。」という指摘をしている。

　ここで検討する大阪高裁判決（以下「第1判例」という）では、債権譲渡担保契約に基づいて売掛債権を譲り受けた金融機関に対して、譲渡禁止特約が付されていたことを知らなかったことについて重過失があった、と判断された。重過失の認定については、高度な専門知識や経験、ならびにこれらに関する高い調査能力を駆使すれば知ることができた、と解され、調査義務を「怠った」ことに重大な過失があると判断された。この譲受人に「調査義務」を課すことに疑問を持つ有力な意見も存在する。

　一方、大阪地裁判決（以下「第2判例」という）では、第1判例と類似した事案でありながら、全く反対の結論が出された。第1判例と第2判例は、①融資取引における債権譲渡担保として金融機関が売掛債権を譲り受けたこと、②譲り受けた債権に譲渡禁止特約が付されていたこと、③譲渡禁止特約が付されていたことを知らなかったことについて重過失の有無を問われたこと、④譲受人である金融機関が特例法による第三者対抗要件を具備していたこと、⑤譲り受けた売掛金に譲渡禁止特約が付されていることが全く認められない公知性の低い売掛金債権であること、⑥譲受人である金融機関の担当者が譲渡人代表者に譲渡禁止特約の存否を確認していること、⑦譲渡人代表者がともに譲渡禁止特約の存在を失念していたこと、など共通点は相当数ある。

　しかし、第1判例については、調査義務を怠ったとして重過失が認められ、第2判例においては調査義務にすら触れられていない判決となっている。この差異は何か、についてこれより追究していくこととする。

2）最判昭和48年7月19日の概略

　A社は、Y銀行との間で手形割引、手形借取引について手形取引契約を締結し、その中でA社が支払う債務がある約束手形および為替手形が不渡となり、銀行取引停止となった場合は期限の利益を失う旨の特約を交わしていた。加えて、A社はY銀行に対して昭和36年1月31日現在において、譲渡禁止特約を付している本件預金債権も有していた。

---

1) 水野浩児「譲渡禁止特約と譲受人の重過失」追手門経営論集15号1巻205頁（2009年）。
2) 池田真朗「債権譲渡禁止特約の存在を知らなかった譲受人たる銀行に重過失があるとした原判決について上告棄却・不受理の決定がなされた事例」金法1748号35頁（2005年）。

Y銀行は、昭和36年1月31日現在において、A社から為替手形及び約束手形を合計11通（以下「本件手形」という）取得し、これを割引き、割引債権3,431,734円（以下「本件手形割引債権」という）を有していたところ、同年2月4日に、Y銀行はA社との間で本件手形割引債権とその他将来発生する債権を担保とするため、本件預金債権に対し根質権を設定し、同日確定日付のある質権設定契約書を作成し、本件預金債権証書の差し入れを受けた。

　ところが、同年2月2日にA社は手形の不渡を出し倒産したため、Y銀行は質権の実行として、同年2月10日および16日の二回にわたって本件預金債権の一部を自ら取り立て、これを本件手形割引債権の弁済に充当し、かつ本件手形をA社に返還交付した。

　他方、A者の倒産をうけ、A社と取引関係にあったX1社ら債権者がその善後策を講じた結果、同年2月2日に本件預金債権をX1社が譲り受けることとなった。その点に異存のないA社は、同年2月8日に本件預金債権をX1社の代表であるXに譲渡し、A社はその譲渡通知を同年2月8日に内容証明郵便にて発出し、Y銀行が質権を実行する前日である同年2月9日に郵便が到着した。

　このことから、X1社はY銀行に対して、本件預金債権の譲受人として本件預金債権の支払いを請求した。また、予備的請求として本件手形はY銀行の質権実行によってその目的物である本件預金債権と定期積金債権を失ったため、法定代位したXに返還されるべきところ、Y銀行の故意・過失によってA社に返還されたことを主張した。そして、担保目的物の第三者（質権が設定された本件預金債権の譲渡人）として、Y銀行に法定代位したX1社に返還されるべきところ、Y銀行がA社に本件手形を返還交付したため、A社に対する求償権を満足に受けることができなくなり、Xに損害を与えたとして、XはY銀行を相手に不法行為に基づく損害賠償を請求し、訴えを提起した。

　原審（東京高裁昭和46年9月30日判時647号46頁）は、本件預金債権について譲渡禁止特約が付されていたことを認め「当時A社が手形の不渡を出して倒産したため、これと取引関係にあったX1社ら債権者が集まってその善後策を講じ、本件預金債権をX1社ら債権者の取引代金の代物弁済として譲渡を受けることにA社としても異存なく、またその預金証書等はY銀行の手中にあったことから、X1社の代表であるXは譲渡禁止特約の存在を知らずに譲

渡を受けたものであることが明らかであるから、Y銀行の主張は失当である」とし、譲渡は有効であると判断した。

それに対しY銀行は、Xは譲渡禁止特約があったことを十分承知で本件預金債権をA社から受けたものであり、それが事実だとすれば、原判決の判断は民法466条2項の解釈を誤り、同条項に違背するものである、と主張し上告した。それに対し、民法466条2項は債権の譲渡を禁止する特約は善意の第三者に対抗することができない旨を規定しており、「その文言上は第三者の過失の有無を問わないかのようであるが、重大な過失は悪意と同様に取り扱うべきものであるから、譲渡禁止の特約の存在を知らずに債権を譲り受けた場合であっても、これについて譲受人に重大な過失があるときは、悪意の譲受人と同様、譲渡によってその債権を取得し得ないものと解するのを相当とする。」とした。そして、銀行を債務者とする各種の預金債権は一般的に譲渡禁止特約が付されていて、預金の種類によっては特約の明示がなくともその性質上から特約が付されているものと解されるため、本件の事実関係だけでいえば、Xは善意の第三者であったと言えそうだが、Y銀行が譲渡禁止特約をもってXに対抗できるかどうかを判断するには「Xに重大な過失があったかどうかについての主張立証を尽くさせるべきであったのである。」としたうえで「原審はこの点についてなんら判示するところがないのであるから、原判決には民法466条2項の解釈を誤り、ひいて審理不尽の違法があるのを免れない。」とし、原判決を破棄し、原審に差し戻す判決を下した。

差戻審では、銀行預金に譲渡禁止特約が付されていることを銀行取引経験者が知らなかったことについて「本件の如き商人の銀行預金については、質権設定の外、通常相殺予約等の約定が為され、これらが譲渡禁止特約と相俟ち、銀行の有する債権の担保の役割を果していることは、少なくとも商取引経験のある者ならば周知の事柄というべきであるから、商人たる第三者が、他の商人からその銀行預金債権を譲受けるような場合には、特にかかる特約の有無等を充分に調査したうえこれを取得すべき取引上の注意義務があるものというべく、これを著しく怠り、軽々に特約の不存在等を信頼した者については、前示法条による保護は与えられないものと解するのが相当である。」とし、民法466条2項における第三者は「善意無重過失」であることを求める判決となった。

本事案における債権の譲渡人であるA社は、2月2日に不渡りを出してお

り倒産に瀕した状況にあった。X1社は、2月8日に預金債権を譲り受けている。通常、倒産に瀕した状況にある者に預金債権があれば、不渡りを回避するための資金として充当すると考えられる。もしくは、そのような預金債権があれば必ず銀行の担保に供されていることは、商取引経験者であれば当然に予見できることである。

また、本事案においては、預金証書を銀行に質入れしていたため、手元に預金証書は存在しなかった。さらに、今回であればX1社もまた倒産に瀕していたため、新たな信用不安が起こることもなく、預金証書が存在しなければ、取引銀行に問い合わせても何ら問題のないケースであった。加えて、債権の譲受人が銀行取引に精通していたことや債権の譲渡人が倒産に瀕していたこと、銀行の預金債権に譲渡禁止特約が付されていることに高度の公知性があること等の状況に鑑みれば、債権の譲受人には悪意と同視すべき重大な過失があったと解されるのは当然の結果といえるだろう。

3）民法466条2項の趣旨

繰り返しにはなるが、民法466条1項は「債権は譲り渡すことができる」と規定し、原則として債権の譲渡性を認めている。同項ただし書きでは「その性質がこれを許さないときは、この限りではない」とし、同条2項において「前項の規定は、当事者が反対の意思を表示した場合には、適用しない。ただし、その意思表示は、善意の第三者に対抗することができない」と定め、原則として認められている債権の譲渡性について、一定の条件下においては、その譲渡性を排除することにしている。ただ、譲渡の制限を知らない「善意の第三者」には対抗できないとした。これは同条2項の規定が、原則である債権の譲渡性について例外を規定したものと考えられている。[3]

先の最高裁判決について、池田教授は「善意の譲受人であっても、譲渡禁止特約の存在を知らないことにつき重過失のある者は、債権を取得できないとし（『重大な過失は悪意と同様に取り扱うべきものであるから』という）、この『善意・無重過失』が判例上確立した要件となっている。[4]」と述べている。

民法466条2項のただし書きの要件については、過失の有無を問わず、善

---

3) 鈴木禄弥『債権法講義（三訂版）』487頁（創文社、1995年）。
4) 池田真朗『債権譲渡法理の展開』317頁（弘文堂、2001年）。

意でありさえすればよいという条文の文言に忠実な考え方が古くからあるが、昭和48年の最高裁判決以降は「善意無重過失」が多数派となっている。この考えについても池田教授は「債権の譲渡性は原則であり、できるだけ広く認めるべきであるから善意に限り無過失は要しないが、重過失は悪意と同視すべきものであるから、というのがほぼ一般の理由付けである[6]。」と解しておられ、加えて「預金債権を譲り受けたり担保に取ったりしても、金融機関には勝てないことを示したものである。一般論としては、金融機関が自行への預金を自行からの融資の回収の引当にする手法の確実性を法的に保障したものといえるが、個別事案からみると、銀行にそれ以上の『権限』を与えている感もある。…（中略）…この結論は、金融機関の業務遂行を保証するという政策論には合致するが、逆にいえば、預金者たる企業等にとっては、銀行預金を担保にする資金調達の道は完全に閉ざされたということになり、客観的に見れば、銀行預金債権だけが（禁止特約の存在が公知の債権として）一般の貸金債権や売掛金債権とは異なる性質を持つことを認められたということになるのである。しかもこの結論は、先に見た世界の趨勢からすれば、かなり突出した特異な結論ということになるのではなかろうか[7]。」と論じ、金融機関にとって優位すぎる結論であることを問題視した。

4）重過失の認定

民法446条2項における第三者対抗要件として、「悪意と同視する重大な過失」の有無を基準とするようになったのは、先例となった最高裁判決（昭和48年判決）によるものである。

この判決に「銀行取引につき経験のあるものにとっては周知の事柄に属する」とあるように、銀行預金における譲渡禁止特約の「公知性の高さ」を重過失認定判断の根幹にしているように見てとれる。この点に関して、池田教授は「本来、この重大な過失を裁判所が認定するにあたっては、その立証責任が譲受人と債務者のいずれにあるかが問題となるはずであるところ、ここでは、公知性を理由に裁判所が重過失を認定し、それをもって悪意としてい

---

5) 近藤英吉＝柚木馨『注釈 日本民法 債権篇総則 中巻』357頁（厳松堂、1935年）。
6) 池田・前掲注4）317頁。
7) 池田・前掲注4）324頁。

るのである。」と指摘している。

　たしかに「公知性があること」を理由に重過失が判断されるのであれば、第1判例において、譲渡禁止特約が付されている全く公知性のない日用雑貨品の売掛債権について、判例を引用して指摘することには違和感を覚える。その点についても池田教授は「一般の売掛債権の場合は、最近の経済産業省（中小企業庁）の報告書で公表されている調査では、社数にして約18％の企業が、また調達額に換算して約45％の取引について、譲渡禁止特約を用いたことがあると答えている。卸売業に限定した場合は、譲渡禁止特約を用いている会社は社数にして12％、金額ベースで14％に過ぎない。これでは、本判決の扱う売掛債権についての公知性はもちろんなく、上記の推定プロセスは働かないはずである。そうすると、単純な推定ができない以上、問題は重過失の立証責任の問題になるはずである。」と指摘しており、悪意と同視しうる「重過失」の立証責任は譲渡禁止特約を付した債務者側にあると考えられる。なお、悪意に関しては、その立証責任は譲渡の効力を争う債務者側にあるとする古い判例があり、その観点からも債務者に立証責任を求めることについては妥当性があるといえるだろう。

　また、第1判例では「X銀行は、銀行として要求される高度な専門知識経験及び調査能力に照らして、譲渡禁止特約の有無について確認調査することが容易であるにもかかわらず、債権譲渡担保に関する正しい理解を欠いたために必要な確認調査を怠り、本件債権譲渡を受けるに至った。よって、X銀行には債権譲渡の際に譲渡禁止特約の存在を知らなかったことについて、悪意と同視しうる重大な過失がある」と判断されており、ここでは譲受人が負うべき「調査義務」を尽くさなかったことを理由に、重過失が判断されている。

　最高裁判決（昭和48年判決）では、「公知性」の観点から重過失を認定しており、その際は譲受人の「調査義務」を問題視していない。この点に関して

8）　池田真朗「譲渡禁止特約の存在と譲受人の重過失の有無」判タ1150号89頁（2004年）。
9）　池田・前掲注8）89頁。
10）　同判決の判旨では「民法第四百六十六条第二項但書ノ規定ハ其明文ノ示スカ如ク性質上譲渡シ得ヘキ債権ハ縦令当事者ニ於テ譲渡ヲ禁スル特約ヲ為スモ之ヲ以テ善意ノ第三者ニ対抗シ得サル旨ヲ規定シタルモノナレハ第三者自ラ進テ其特約ヲ認メサル限ハ債権者カ之ヲ以テ第三者ニ対抗スルニハタダニ其特約ノ存在ヲ証明スルコトヲ要スルノミナラス第三者ノ悪意ナリシコトヲモ証明スヘキハ当然ナリ」としている。

も池田教授は「466条の規定の構造からしても、1項で債権の譲渡性を一般的に承認し、2項でそれを奪う当事者の特約を定め、かつその特約は善意の第三者に対抗できないというのであるから、本来当事者はその内部的特約を第三者に知らしめて（悪意者に対して）対抗するという筋合いのものであって、譲受人たる第三者のほうから、禁止特約の有無を『調べなければならない』ものではないはずである。したがって、少なくとも、（公知性を理由とする悪意推定プロセスが働かないのであれば）譲受人の悪意の証明責任は特約を定めた当事者側にあるはずであるし、その場合に『悪意と同視しうる重過失』を認定する場合の判断基準として、譲受人側の『調査義務』が当然の前提として指定されるのは不当であるというべきである。」[11]と解している。これはまさに卓見であり、本稿としても賛同するところである。[12]

5）比較検討

　第1判例および第2判例において、「・公・知・性」の低い売掛債権を金融機関が譲り受けた点は同様である。後々になって存在が明らかになった取引基本契約書に関しても、その保管方法や当事者間の認識等について、多少の違いがあるとはいえるものの、異なる判決が下されるほどの決定的な違いを見出すことはできない。むしろ、第1判例においては池田教授が「結局譲渡人の管財人が債務者のところから譲渡禁止特約の書かれた基本契約書を見つけ出してきたというもので、債務者自身は早々に当該債務を供託している。なんのための、また誰のための譲渡禁止特約かという基本的なところで、大きな疑問を禁じえない使われ方をしたものである。」[13]と指摘するように、根本的

11）　池田真朗「判例評釈」判タ1241号40頁（2007年）。
12）　銀行取引に精通している筆者の経験に照らして付言するならば、銀行が融資取引の引当として、売掛金を譲り受ける際に、売掛金の支払人（譲渡人の取引先）には、銀行側から売掛金の譲渡の事実が伝わらないようにするのが一般的である。その理由は、売掛金を譲渡した事実をもって、譲渡人の財務状態が悪化したとの風評が流れる可能性が高いからである。譲渡人が不渡を出すなど、事実上倒産の危機に貧している場合は、さらなる風評の心配はないが、売掛金の譲受人が業務を通常どおり遂行している場合は、風評により業務に大きな影響が出る可能性がある。一般的に、自己破産した企業の清算配当率は数％である（日本公認会計士協会　経営研究調査会報告書第31号「財産評定等に関するQ&Aと事例分析」平成19年5月16日110頁）。しかし、関係者からの聞き取り調査によれば、第1判例における破産清算配当率は30％を超える高い配当率であったようである。この高い配当率から、第1判例の譲渡人であるA社は、売掛金債権を譲渡した際は、全く経営危機などには瀕していなかったことは明らかである。
13）　池田・前掲注8）94頁。

な部分でも疑念を抱くところがあるところは、妥当な見解ともいえる。

しかし、第１判例では、Ｘ銀行とその担当者甲が「調査義務」を果たしていないことやＡ社代表の乙による取引基本契約書が存在しないとの回答をもって直ちに譲渡禁止特約も存在しないと「即断することは甚だ軽率である」と断定され、必要な調査を怠ったことについて重大な過失があるとされた。一方、第２判例では、Ｙ銀行らにおいて、甲があえて事実と異なる説明をするとは考え難い状況にあり、甲の説明を信用したＹ銀行には「落ち度があるとは言い難い」としたうえに、甲の言動から「不審な点を見出すことは不可能であったといってよい」と判断され、譲渡禁止特約の「調査義務」についてまったく反対の見解が示されている。

とりわけ、第１判例については、第一審において「甲が乙と面談した際、譲渡禁止特約の存否の確認を意図し、これを目的として明示した上で取引基本契約書の有無を確認したとは到底考えられない」という主旨の判示があった。この点について池田教授は「本判決の裁判官は、契約書がなくて譲渡禁止特約だけがある、という事態も存在すると想定しているのであろうか。」[14] と批判している。

事実認定されている通り、第１判例における甲は手続きを担当した司法書士から譲渡禁止特約を確認するようＦＡＸを送付され、乙のもとを訪ねた日は、譲渡禁止特約の有無を確認することを主目的にしている。また、乙に対して「譲渡禁止特約」という言葉で直接説明しても理解が及ばない可能性を考慮し、譲渡禁止特約の意味まで説明し、通常は取引基本契約書に記載されていることを説明したうえで、契約書の有無を確認している。証人尋問調書においても、甲は乙に対してＢ社へも取引基本契約書の有無を確認するよう促しているが、それでもなお乙は契約書の存在を否定していることがうかがわれる。一般に、銀行員が多額の融資を行うにあたって、司法書士からＦＡＸで指示を受けたことについて無視するとは想定できず、本件において譲渡禁止特約の確認を行っていない、と判断されるのは極めて不自然であると考えられる。

その上、第一審判決では「Ｂ社との取引基本契約書の存在を強い口調で否定されたとの部分は、信用できるものというべきである」とされながらも、

---

14) 池田・前掲注11) 40頁。

控訴審では「甲が乙に対して取引基本契約書の有無を口頭で確認したところ、乙がこれを強く否定したことは極めて疑わしいといわざるを得ない」とし、第一審では事実認定された箇所について、あらためて証人尋問することなく、判断が覆ったことに大いに疑問を感じる。

さらに、A社とB社との間における取引基本契約書は、A社が破産した際、通常契約書を保管すべき場所には保管されておらず、別の場所から発見されており、その契約書にはB社の押印があるのみでA社は調印していないものであった。そのことは事実認定されているため、これをもってA社の代表である乙が取引基本契約書の存在を知らないことは明らかといえそうだが、この点については判示にて触れられていない。

今回取り上げた2つの判例を並べてみるに、民法466条2項ただし書きにおいて通説となっている「善意無重過失」の具体的な判断軸として、「譲渡禁止特約の公知性」や「譲受人の調査義務」といった要素に着目することができたものの、無重過失の条件充足のための決定的な要素としては明らかになるところはなかった。譲渡禁止特約が付された売掛債権を取り巻く当事者間の関係性などによっても「公知性」や「調査義務」に関する捉えられ方に差異が生じていることからも判例法理として成り立つ部分を見出すことは難しいといわざるをえない。

V. 結び

民法466条2項における債権の譲受人には「善意」ではなく、「善意無重過失」を要するとされている現状がある。それは、先にも触れた通り最高裁判決（昭和48年判決）の存在が大きく、譲渡禁止特約が付された債権の譲渡には、譲受人が善意であっても重過失があるときは債権を取得することができない、としたことに起因する。この判例の存在は、後の債権譲渡にかかる実際の取引などに大きな影響を及ぼしており、実際に譲受人になろうとする者は、譲渡禁止特約の存否を十分に確認し明らかにしなければ、安心して譲り受けることができない環境を生み出した。

しかし、最高裁判決（昭和48年判決）では「銀行預金については、質権設定の外、通常相殺予約等の約定が為され、これらが譲渡禁止特約と相俟ち、銀行の有する債権の担保の役割を果たしていることは、少なくとも商取引経

験のある者ならば周知の事柄というべきであるから、商人たる第三者が、他の商人からその銀行預金債権を譲受けるような場合には、特にかかる特約の有無等を充分に調査したうえこれを取得すべき取引上の注意義務があるものというべく、これを著しく怠り、軽々に特約の不存在等を信頼した者については、前示法条による保護は与えられないものと解するのが相当である。」と判断しているように、譲渡禁止特約の「公知性」を重要な判断要素としているところから、一般の取引における考慮をうかがい知ることができるといえよう。

ところが、本稿にて取り扱った第1判例においては、最高裁判決（昭和48年判決）の考えを引用しているものの、公知性が低いと思われる日用雑貨の取引における売掛債権にもそれを求めている。加えて、譲受人である金融機関に対して譲渡禁止特約の有無に関する「調査義務」があることを明示的に表現し、調査義務が尽くされていないことについて重過失があると認定している。ただ、池田教授も指摘するように、民法466条の構造から、本来であれば、当事者はその内部的特約を第三者に知らしめて対抗するという筋合いのものであり、譲受人である第三者が禁止特約の有無を調査すべきものとして企図していないと考えられ、「悪意と同視しうる重過失」を認定する場合の判断基準として、譲受人側の「調査義務」が当然とされることには疑問を呈する。

ところで、今回比較検討した2つの事案において、いずれも債務者は支払義務を供託している。この点から、そもそも譲渡禁止特約とは誰のための特約といえるのか、について触れておきたい。

本来、譲渡性がある債権に対してわざわざ特約を付すことにより制限をすることについて、池田教授は「例外を規定することは今日の立法として稀である（主要国ではドイツとスイスぐらいである）。起草当時は、取立屋の跋扈を防ぐ等の意図はあったようであるが、今日この特約は、特に銀行取引などで行われ、この機能も、立法当時とは異なり、むしろ経済的強者たる債務者としての銀行が、事務の繁雑化や過誤払を回避し、銀行からの相殺可能性を確保するところに置かれている。」と債権譲渡の実情を整理されている。そう考えると、とりわけ第1判例における判断については、経済の実態から乖離

---

15) 池田・前掲注11) 94頁。

し法理の解釈に寄ったところが大きいといわざるをえない。

　また、譲渡禁止特約が付された債権の譲受人に重大な過失があった場合には、債権譲渡契約そのものが無効になるとされている。譲渡禁止特約により、その債権は当然に譲渡性が失われているのだから、その譲渡は無効となるという、いわゆる物権的効力説が通説となっている。これを債権的効力説でとらえると、譲渡禁止特約は特約を交わした当事者間で相対的に譲渡しえない債権を創出するにとどまり、特約違反の譲渡も対外的には有効と解される[16]。つまり、仮に譲受人に重過失があった場合であっても、債権的効力説であれば、その債権は譲受人に帰属することになる。

　すると、本稿で取り上げた2つの事案は、双方とも譲受人と債務者との間での争いではなく、譲渡人に準ずる破産管財人と譲受人との争いであった。本来、譲渡禁止特約は債務者の利益のために付されるものであることから、破産管財人や他の債権者に望外な利益を与える必要はない。譲渡禁止特約の付された債権が譲渡された際における譲受人と破産管財人やその他債権者との間での争いは、債権譲渡の対抗要件で決着をつける問題であるといえよう。したがって、通説となっている物権的効力説は、債権譲渡の禁止特約に行き過ぎた効力を与えてしまう考え方といえる。池田教授も「現行法の解釈論としては、字句通りならば禁止特約に反する譲渡は物権的に無効とするのが素直であろうが、考察した起草趣旨（立法趣旨）の時代的限界を考え、現行規定においても説明の仕方としてはあえて債権的効力説に賛成したい[17]。」との見解を示しており、そもそも誰のための譲渡禁止特約かという本質的な意義に立ち返って考えれば、物権的効力説には疑問を感じざるを得ず、債権的効力説を支持することは自然であると考えられる。

　実務においては、譲渡禁止特約が中小企業の売掛金債権を担保とする資金調達の妨げになっていることが問題視されている。経済産業省中小企業庁も売掛債権の利用促進のため、譲渡禁止特約の解除を呼びかけている[18]ところだ。第1判例も、中小企業の資金調達を円滑にしようとする観点から施行された債権譲渡特例法を活用して第三者対抗要件を具備しようと企図したもの

---

16)　甲斐道太郎編『債権総論（第2版）』281頁（法律文化社、2001年）。
17)　池田・前掲注4）363頁。
18)　中小企業庁「売掛債権の利用促進について」(https://www.chusho.meti.go.jp/kinyu/urikake_panhu2.htm、2009年10月最終閲覧)。

である[19]。今後、債権譲渡に関する裁判規範において、実態に即したものが構築されることを期待する。

---

19) 池田真朗「民法と債権譲渡特例法－指名債権譲渡法理の新展開」みんけん500号21頁（1998年）。

【第1章 第4節】

金融円滑化法期限到来から考察する
債権譲渡の実相

【前注：本節は、「追手門経済・経営研究」No.21（2014年3月）に掲載したものに加筆・修正を加えたものである。脚注にて記載しているWeb上の参考資料や政策文書については、当時の参照資料から加筆・修正・変更・削除・更新等が行われているものが含まれることをあらかじめご留意いただきたい。】

Ⅰ．資金調達の多様化と金融円滑化

1）現代社会の金融情勢と課題

　安倍政権に交代して以降、日本銀行による異例の金融緩和策により、デフレ脱却にはずみが出始めているが、残念ながら日本経済が回復したと言い切れるほどの起爆剤にはなっていない。再び日本が経済成長するためには、例えば、中小企業への貸出金増加に向けた施策を検討する必要があると考える。

　バブル崩壊後、約20年の間で銀行全体における法人向け貸出金は激減した。とりわけ、中小企業向け貸出金はほぼ半減している状況にある。その理由は、もちろん景気悪化による資金需要が減退したこともあるが、長期にわたるデフレにより不動産価格の下落、ひいては土地などの担保価値が大きく減少したことが大きな要因として考えられる。加えて、金融危機以降の金融庁検査厳格化の影響により、金融機関が担保不足の企業に対して積極的な支

援をしにくくなってしまったことも考えられる。

　中小企業等への貸出金の主たる源泉は、預金である。銀行法1条1項には「銀行の業務の公共性にかんがみ、信用を維持し、預金者等の保護を確保するとともに金融の円滑を図るため、銀行の業務の健全かつ適切な運営を期し、もって国民経済の健全な発展に資すること」が金融機関の目的として定められている。すなわち、金融機関は預金者の保護と金融の円滑化の両立が課されているため、金融機関の活動そのものが活性化されなければ、日本経済の立て直しにはつながらないといえるだろう。

　不動産価格の下落や金融庁検査の厳格化といった状況下だが、実際に金融機関が資金供給を行う際に頼っているのは「担保」である。担保があれば、見合いの融資については貸倒リスクが軽減され、預金者の保護と金融の円滑化を同時に満たすことが本来はできるわけである。しかし、担保不足が恒常化し積極的な支援ができない状態が続いており、金融機関の活動に制約がかかってしまっている。

　そのような中、金融庁は平成25年9月に平成25事務年度の監督方針および金融モニタリング基本方針を発表した。[1] 不良債権処理を主眼としてきたところから、積極的な金融仲介機能の発揮を促す方向へと大きくシフトした。これまで金融機関にとって金融庁の動きは「規制」を助長するものが多く、金融庁検査に抵触しないような活動実態が少なからず存在していたが、このモニタリング基本方針では「金融機関が適切なリスク管理の下で、適切な金融仲介機能を発揮することで、経済がデフレから脱却し、企業・経済の持続的な成長につなげ、これによって、金融機関の経営の健全性も持続的に維持される」との記載があり、本来金融機関が果たすべき役割を支援する姿勢が垣間見える。この姿勢は、我妻博士が論じられた「銀行の金銭債権の仲介者たる作用」に通じるものを感じる。

　さらに金融庁は、不動産の担保価値の限界に鑑み、担保や保証に過度に依存しない融資の手法の一つとして、売掛金や動産を担保とする貸出金であるABL融資を促進している。金融円滑化法の期限到来を機に、金融検査マニュ

---

1)「金融モニタリング基本方針の概要」（平成25年9月6日金融庁）にて、検査・監督の課題として金融システムを取り巻く経済金融情勢の変化に的確に対応することなどを発表した。

アル[2]の改訂も行っており、金融行政のあり方に大きな変化をもたらしている。本稿では金融庁検査の変化などにともなう金融実務への影響をとらえ、債権譲渡の実相に焦点をあてて論じていく。

2）資金調達の多様性と債権譲渡

　ABL融資の必要性について池田教授は「ABLは、動産債権担保融資とか、流動資産一体型担保融資などと呼ばれるが、企業の生産活動から生み出される流動資産を担保に、運転資金等を融資する取引であり、在庫動産について集合動産譲渡担保を設定し、売掛債権については将来の将来債権譲渡担保を設定する（さらには、売掛金が入金される預金口座に質権を設定することもある）という形で融資を行うものである。これらは、不動産担保融資が行き詰まったあとの運転資金の調達に有効であり、優良な製品を生み出し、優良な売掛先をもちながら、仕入資金の調達に苦労して業務規模の拡大ができなかったような中小企業には非常に利用価値の高い取引形態であるといえる。」と述べている[3]。

　中小企業の資金調達を円滑にするために様々な施策が打ち出されることは、実力のある中小企業を破綻させないためだと考えられるが、広義の意味では間接金融を担う銀行の金融機能の本質として債権譲渡の実相が見いだせる。預金者と銀行の間で発生した預金債権を中小企業等に貸金債権として債権譲渡をしていることをイメージするとわかりよいだろうか。

　金融庁検査において銀行の貸出金（資産）を厳格に検査する目的は、預金者等一般の利用者の保護、すなわち銀行の保有する債権の健全性を吟味することにある[4]。銀行は預金者から預かった預金債権を原資として、中小企業

---

2) 金融庁の中小・地域監督指針Ⅰ-3-5-1に、検査マニュアルは、検査官が金融機関を検査する際に用いる手引書として位置づけられるものであるが、監督上も有効な着眼点を示すと明記されている。
3) 池田真朗『債権譲渡と電子化・国際化 債権譲渡の研究 第4巻』6頁（弘文堂、2010年）。
4) 金融検査に関する基本方針（金検第369号、平成17年7月1日）に「国民から負託された権利の行使である検査等は、あくまで、預金者等一般の利用者の保護、金融システムの安定及び国民経済の健全な発展のために、各金融機関の経営実態を検証するものであり、直接に、金融機関の経営者、株主等の利益を図る目的でこれを行うものではない。検査等の実施に当たっては、預金者等一般の利用者及び国民経済の立場に立ち、その利益が保護されることを第一の目的とし、各金融機関の経営実態を検証しなければならない。」と記されている。

などに貸出金（金銭債権）を支出している。これは、マクロ的な観点から考えれば、銀行は債権と債権をつなげる役割を担っているといえる。このことについて、我妻博士は「資本主義の更に高度なる発達は、銀行をして社会に散在する金銭債権を自己の手に集中せしめ、金銭による全経済組織の統制を実現せしめる。蓋し、銀行は他人の金銭債権を金銭債権として利用するものであって、この制度によって、金銭債権は、無限に集中せられ統一的に活動せしめられるに至るからである。しかし、銀行の金銭債権の仲介者たる作用は、このいわゆる投資信用の他に、いわゆる流通信用においても顕著なものがある。」と論じている[5]。

それゆえ、金融仲介機能を担う銀行は信用力のない中小企業に対し、少なからず「担保」に頼らなくてはならないことは否定できないと考えられる。池田教授は「信用力のない中小企業にとっては、新株発行に市場から資本性資金を調達することがまず不可能であることは勿論、社債発行による資金調達も同様に困難であり、伝統的な不動産担保融資が手持ち不動産に限界までの抵当権を設定して行き詰った後は、端的に言って残された資産の中では売掛債権と動産在庫しか活用の対象はないのである。担保対象資産が、債権と在庫動産に広がるのは理論必然の結果なのである。」と論じており[6]、銀行が円滑な資金供給を行ううえで、ABL融資は当然の動きであると整理できる。池田教授はさらに「現実論として、わが国の動産担保融資については、先述のようにそれなりに実績は上がってきてはいるものの、この先の進展はやはり金融庁による「適格担保」の認定にかかるという声も強く、経済産業省からのその旨の希望も出されているところである。しかし、金融庁の態度では、担保評価の方法や評価額の合理性の確保が十分でないことから現時点ではなお慎重であるように報じられている。一方経済産業省では、在庫評価に関して不動産における不動産鑑定士と同様な役割を果たす「動産鑑定士」の資格制度を検討している。しかしながら取引の現場では、「動産まで担保に取る」ということに対するネガティブな印象も強いようである。」との考え[7]を示しており、この点について筆者も同感している。

---

5) 我妻榮『近代法における債権の優越的地位』301頁（有斐閣、1953年）。
6) 池田真朗ほか『担保制度の現代的展開：伊藤進先生古稀記念論文集』275頁（日本評論社、2006年）。
7) 池田・前掲注6）275頁。

金融庁の態度が障壁として考えられている中、金融庁の検査マニュアルにてABL融資が明確に推進されていることは、中小企業の資金調達が円滑になるとともに、銀行の金融仲介機能の観点からも有効であると考えられる。また、ABL融資を促進することで、銀行は企業の動産や売掛金等の企業活動に直接関与する資産をモニタリングできることになるため、企業の本質を理解することにも役立ち、成長する企業を見極めて、支援することにも期待ができる。

II. 金融円滑化法期限到来の影響

1）金融円滑化法期限到来と金融検査マニュアルの改訂

　平成21年12月4日に施行された中小企業金融円滑化法は、平成25年3月末に期限が延長されずに失効した。それによって中小企業の資金調達環境に悪影響を及ぼすことが懸念されたが、金融機関の取組姿勢に大きな影響を与える金融検査マニュアルの改訂がなされた[8]。その内容は、平成25年4月以降も金融機関が、貸付条件の変更等や円滑な資金供給に努めるとともに、中小・零細企業等に対する経営支援に積極的に取り組むことを促すものであった。

　中小企業金融円滑化法の目的は、第1条に「金融機関の業務の健全かつ適切な運営の確保に配意しつつ、中小企業者及び住宅資金借入者に対する金融の円滑化を図るために必要な臨時の処置を定めることにより、中小企業者の事業活動の円滑な遂行及びこれを通じた雇用の安定並びに住宅資金借入者の生活の安定を期し、もって国民経済の健全な発展に寄与すること」と定められており、金融の円滑化と金融機関の業務の健全性・適切性とのバランスをとることが求められている。加えて、円滑化指針の中でも「金融機関においては、本監督指針を踏まえ、その業務の公共性及び社会性を自覚した上で、

8）「『金融検査マニュアル・監督指針』の一部改正、『銀行法施行規則等の一部を改正する内閣府令』等の公表について」（平成25年3月29日金融庁）を公表し、その中の「金融検査マニュアル別冊[中小企業融資編]2．検証ポイント」において、金融機関が債務者に対して貸付条件の変更等を行う場合であって、当該債務者が経営改善計画等を策定しているときは、当該計画等が中小・地域金融機関向けの総合的な監督指針III－4－9－4(2)③ハの要件を満たしていると認められるものであれば、金融機関が当該債務者に対して行う貸付条件の変更等に係る貸出金は貸出条件緩和債権には該当しないものと判断して差し支えないとしている。

業務の健全かつ適切な運営の確保に配意しつつ、適切かつ積極的な金融仲介機能を十全に発揮し、中小企業者の事業活動の円滑な遂行及びこれを通じた雇用の安定並びに住宅資金借入者の生活の安定に資することが期待される」と記載されており、公共性を有する金融機関の金融仲介機能を十分果たすように促されている。

　間接金融を担う銀行は、預金者の預金を借入人に貸付け、それが銀行の債権となるわけである[9]ことを踏まえると、金融仲介機能と健全性・適切性とのバランスについては、現実的に難しいと考えられる。実際には、その微妙な調整を「中小企業等に対する金融円滑化の総合パッケージ」等により金融庁が対応してきた経緯がある。中小企業金融円滑化法は先述の理念に基づき立法されたが、時限立法であることもあって、終了時期を懸念して取り組みが停滞することが懸念されていた。しかし、蓋を開けるとほとんどの金融機関が実行することになっていた。また、中小企業金融円滑化法の効果は大きく、出口戦略面が課題となっていた。この点について「導入後の金融円滑化法の効果であるが、これは関係者の予想以上に大きかったといえるのではないか。初年度の平成22年12月末までの条件変更の実行率は96.9％であり、その件数も累計で約75.8万件である。これは予想以上に金融機関の横並び意識が強かったのか、末端の部分における検査・監督による謝絶案件の追及が企画段階の担当者の意図に反して強いものであったのかは定かでない。しかし、9割を超える実行率はかなりの高確率であり、正常な対応であるとの保証はなく、金融庁を意識した形式的な対応（金融庁検査・監督が怖いから、金融円滑化法の終了までとりあえず条件変更を実行しておく）が行われているなどの懸念も生じ得る水準であった。」といった風刺的な論説が出るほどであっ[10]た。

　中小企業金融円滑化法による形式的な金融円滑化は呆気なく幕を閉じ、これからは実質的な金融円滑化が求められてくる。銀行を監督している金融庁が推進しようとしているABL融資は、中小企業の担保枠を増加させる効果があり、実質的な金融円滑化効果が期待できる。ただ、理想的な円滑な金融

---

9)　水野浩児「現代における債権譲渡行為の実相とその問題点」『法律行為論の諸相と展開』223頁（法律文化社、2013年）。
10)　橘一哉「金融円滑化（論説）」『金融庁からの発信情報の読み方』23頁（経済法令研究会、2013年）。

とは、担保に頼らず債務者が作成した事業計画を評価されたうえで資金調達を行うことであることは変わらず念頭に置いておきたい。

2）監督方針に係る積極的な金融仲介機能の発揮

平成25年9月に金融庁が発表した平成25年事務年度中小・地域金融機関向け監督方針[11]（以下「監督方針」という）では、①中小企業の経営支援をはじめとした積極的な金融仲介機能の発揮、②リスク管理と地域における金融システムの安定、③顧客保護と利用者利便の向上の3点を重点分野としている。

金融庁は、中小企業の経営支援をはじめとした積極的な金融仲介機能の発揮について、顧客企業と向き合い、顧客企業の経営改善や事業再生に向けた支援のみならず、適切にリスクを管理しつつ、新規融資を含む積極的な資金供給を行い、顧客企業の育成・成長を強力に後押しするという金融機関が本来果たすべき役割の一層の発揮を求めた。そのため、平成25年6月に閣議決定された「日本再興戦略」[12]等も踏まえつつ、地域金融機関における顧客企業の経営改善、事業再生、育成・成長につながる新規融資に関する積極的な取り組みを促していく、との方向性を示した。

成長可能性を重視した金融機関の新規融資の取り組みについては、「新規融資について、どのような経営方針の下で積極的に取り組んでいるか」や「貸付条件の変更等を行った債務者についても、債務者の実態を十分把握した上で、新規融資に積極的に取り組んでいるか」、「ABL（電子記録債権の活

---

11) 金融庁が中小・地域金融機関向けの監督事務の基本的考え方を体系的に整理したもので、監督に当たっての重点事項を明確化するため、事務年度毎に監督方針を策定・公表している。なお、地域金融機関とは、地方銀行、第二地方銀行、信用金庫、信用組合を指す。

12) 平成25年6月14日、日本経済の再生に向けた「3本の矢」のうち3本目の矢である、成長戦略「日本再興戦略—JAPAN is BACK—」が閣議決定した（首相官邸http://www.kantei.go.jp/jp/headline/seicho_senryaku2013）。その中で民間投資の活性化を促し、税制・予算・金融・規制改革・制度設備といったあらゆる施策を総動員することで、民間投資を喚起し、今後3年間で設備投資を約10%増加させることを目指している。
また、個人保証制度の見直しに触れ、「法人の事業資産と経営者個人の資産が明確に分離されている場合等、一定の条件を満たす場合には、保証を求めないことや、履行期において一定の資産が残るなど早期事業再生着手のインセンティブを与える等のガイドラインを、本年のできるだけ早期に策定する。停止条件付保証契約、ABL（動産・売掛金担保融資）等の代替的な融資手法の充実と利用促進を図る。また個人保証を免除又は猶予する融資制度の拡充・推進、民間金融機関との連携強化など政府系金融機関等による対応の強化を図る。」ことを明記している。

用を含む）など不動産担保や保証に依存しない融資の推進や資本性借入金の活用に当たって、具体的にどのような工夫・取組みを行っているか」をはじめとした重点的に検証するための13点の着眼点を例示し、新規融資の積極的な取り組みを促していくことが記されている。

さらに、中小企業に対する経営改善支援等についても、中小企業が真の意味で経営改善が図れるよう、他の金融機関や外部専門家等と連携・協力しつつ、コンサルティング機能を発揮して、経営改善計画の策定支援をはじめとする経営改善・事業再生の支援に、これまで以上に積極的に取り組むことが重要である、と説いた。

中小企業金融円滑化法の終了後も引き続き中小企業に対してきめ細やかな資金供給等に努めるため、例えば、「借手企業に対して積極的なコンサルティング機能を発揮しているか」や「貸付の条件の変更等を行った中小企業に対して、真に実効性のある経営計画策定の支援をしているか」などといった観点から金融機関の取り組みを確認していく旨も明記された。

この監督方針から、金融庁は金融機関に対して債務者と一体となって努力することによる「債権の良質化」に向けた積極的な取り組みを推進しようとしていることがうかがい知れる。債権は将来の回収可能性そのものに価値があり、その回収可能性（価値）は、実現可能性の高い事業計画に基づき経営を行っているか否かによって判断される、と考えている。金融機関に適切なコンサルティング能力が備わり、事業計画遂行の評価を厳しく行い、時には事業計画を一連托生で遂行することで、債権は質を維持することができる。筆者は別稿にて「金融機関は金銭債権の仲介者となり、信用創造を行うことで円滑な資金供給を果たすわけである。その円滑な資金供給を果たすために、自己査定により貸付債権の評価すなわち銀行の債務者の評価を的確に行うわけである。…（中略）…債務者の事業計画遂行能力の評価を厳しく行い、時には金融機関がコンサルティングを加えることを想定した上で、計画の実現性まで見越した計画を行うわけであり、そこに自己査定の深みがあり、債権の価値の妙味があると考えられる。幅広い観点から考察すると、預金者保護と円滑な資金供給は両立し、金融実務においては両輪の機能を持つことになる。[13]」と論じたが、この監督方針により金融庁の方針が明確にな

---

13) 水野・前掲注9) 237頁。

り、その考えをより強めることになった。

　金融仲介機能の観点からもこの監督方針は金銭債権の本質的な考えに迫るものがあり、実務においても馴染みやすいと考えられる。監督方針や日本再興戦略で示された不動産担保に頼らないABL融資等促進は、事業に直結した資産を担保とするわけであり、間接的に債務者の事業評価そのものを担保にすることと同義である。すなわち、企業評価が債権の価値につながることが期待できると考えられよう。

Ⅲ．ABL融資活用の及ぼす影響

1）ABLの積極活用と債権の良質化

　金融庁の監督指針や日本再興戦略において利用を促されているABL融資は、在庫や売掛債権等の流動資産の価値を引当とする資金調達手法である。日本の企業が保有する売掛金と棚卸資産の合計は2010年3月時点で295兆円となり、土地資産の183兆円を大幅に上回る。資金調達に利用する担保としては魅力的な資産である[14]。

　ABL融資はその担保価値の評価が難しいことなどもあり、積極的に活用されていない印象はあるが、経済産業省が発表した「ABLの普及・活用に関する調査研究報告[15]」によれば、銀行全体の約91％に取扱実績がある。しかし残高ベースでは、企業向け融資全体の0.1％水準であり、土地担保に代わる担保にはなっていない。本来であれば、ABLを普及するまたとない機会だったにもかかわらず、「ABLを通して、産業の発展、成長のために資金供給するという当初の政策目的は、現時点では、残念ながら実現していないということである。リーマンショック以降の景気の落ち込みに対しては、期待されたABLが活躍することなく、結果的に緊急融資制度や中小企業金融円滑化法等によって、政府がより強力に関与する形で、資金が供給された[16]。」など、中小企業金融円滑化法が間接的に普及を阻害していたとも考えられ、なかなか金融実務において定着するに至らなかった。中小企業金融円

14）　財務省「法人企業統計調査結果（平成24年度）」5頁（2013年9月2日）。
15）　経済産業省「平成21年度 経済産業省 ABLインフラ整備調査委託事業「ABLの普及・活用に関する調査研究」報告書」（2011年2月）https://www.meti.go.jp/policy/economy/keiei_innovation/sangyokinyu/itakuhoukoku/01.pdf.
16）　金城亜紀『事業会社のためのABL入門』（日本経済新聞出版社、2011年）29頁。

滑化法が終了したこのタイミングで、再度ABL融資が着目されるのはある意味自然なこととも考えられる。

　特に中小企業を支援する地域金融機関にとって、地域経済の下支えにもつながることが考えられることから、ABL融資の活用は今後重要な取り組みになってくる。具体的なアクションを起こしている金融機関として、八十二銀行は貸倒れのリスクが正常債権よりも高い「要注意先」の企業に対して積極的に資金を貸し出す方針を掲げ、その担保としてABLを活用している。[17]これまで不動産などの担保が不足しているために新規融資が難しかった中小製造業を中心に、機械設備などを担保の対象として拡大することで融資対象をも広げた。

　こうした取り組みは、売掛債権や動産を担保にすることで資金調達のバリエーションを増やすだけではなく、債務者の現状を把握しやすくなることにつながり、結果として金融機関の適切な支援を促すことになる。ABL融資は単なる担保ではなく、売掛金の状況や機械の稼働状況の把握など、債務者の本業の動きをモニタリングすることになるため、事業計画実現可能性の判断もしやすくなると考えられる。債権の回収可能性を的確に判断でき、適切な指導を行うことができるABL融資は、債権の良質化にもつながる。その特性を活かし、金融機関によるコンサルティング機能を発揮することを後押しするための対応として、金融検査マニュアルに変更が生じた。仮に中小企業が経営改善計画を策定していない場合であっても、金融機関がABL融資により、当該債務者の実態を把握したうえで、経営改善に関する資料を作成している場合には、金融検査マニュアル別冊の考え方に照らし、これを「実現可能性の高い抜本的な計画」とみなして、「貸出条件緩和債権」には該当しないことが明確化された。[18]

　こうした動きに鑑みても、ABLは単なる担保制度ではなく、金融機関の本来の役割を引き出すための制度として、効果を期待していることが見受けられる。中小企業金融円滑化法が終了する前の平成23年12月27日に発表された「中小企業金融円滑化法の期限の最終延長等について」でも、中小企業が

---

17)　「機械設備担保に融資　中小製造業の経営支援」日本経済新聞朝刊地方経済面、2013年10月8日、3面。
18)　経済法令研究会編著『これだけは知っておきたい金融検査マニュアルの要点Q&A』56頁（経済法令研究会、2013年）。

金融円滑化法終了後においても円滑な資金調達ができるよう「新規融資の促進を図るために、資本性借入金および動産担保融資（ABL）等の開発・普及」を掲げており、この段階から金融庁は中小企業金融円滑化法終了後の出口戦略としてABL融資の普及を推進していたと考えられる。

2）「債務者のための担保」の必要性

　ABLは単なる被担保債権保全のための担保ではなく、債権そのものを良質化させる効果を有する特性のある担保といえる。池田教授はABLについて「これまでの担保は、債務者の債務不履行があった場合に担保権を実行して債権を回収する、ということが目的であるから、もっぱら『債権者のための担保』であった。その場合、債務者の資産の中から切り出して特定したものを換価処分して、優先的により多く債権を回収できる担保が『強い担保』であり、その際の価値評価が明確でかつ安定しており、また換価処分が確実でかつ処分方法が確立しているものが『よい担保』とされるのである。そしてこの考え方は、その後の債務者の経済活動がどうなるのかということは、その後の債務者の経済活動がどうなるのかということは、ほとんど念頭においていない。まさに従来の担保は『回収、清算のための担保』なのである。しかしながら、これに対して、『債務者の担保』、より正確にいえば、『債務者の経済活動を存続させるための担保』が考えられる。これがまさに債権や動産在庫を担保に取る世界でなされるべき議論なのである。[19]」と論じている。先述した通り、ABL融資は債務者企業の事業活動実態を把握したうえで、経営改善に関する資料を作成している場合には、これを「実現可能性の高い抜本的な計画」が提出されたと見なすことができる効果を持つ。この動きはまさに「債務者の経済活動を存続させるための担保」であるといえよう。

　池田教授の指摘にもあった通り、これまで金融実務において担保とは債権者のためのものであった。金銭債権の仲介者である金融機関を対象に実施している金融庁検査では、その検査対象となる借入人（銀行の貸付）の業況を、銀行が独自に査定し、その借入人の返済能力たる返済資金獲得能力を評価している。言いかえれば、貸付債権の回収可能性の評価を債権分類ごとに

---

[19] 池田真朗『債権譲渡の発展と特例法 債権譲渡の研究 第3巻』344頁（弘文堂、2010年）。

厳しく吟味し、その評価に応じて、引当金を計上する仕組みになっている。[20]

　自己査定が導入されたころ、金融機関はバブル経済による不動産の高騰を背景に、資金需要を強めた不動産会社に対して、不動産の値上がりを見越して過度な融資を行った。その結果、金融機関の審査機能が麻痺し、いわゆる住専問題にまで発展する事態を引き起こした。これは「強い担保」や「よい担保」の意識があまりに強かったために、借入人の事業計画や事業内容を事実上評価していなかったことが要因の一つとして考えられる。「債務者の経済活動を存続させるための担保」であるABLは、担保評価を行うプロセスが事業能力等の評価と連動しているため、債務者自身も銀行から適切に評価されることが可能となる担保としても捉えることができる。「強い担保」や「よい担保」の考え方に陥らないといった点でも期待が大きいだろう。

3）債務者を活性化させる担保へ

　池田教授はABLへの期待として「借り手の中小企業側への期待として「生きている担保」という概念を強調したい。つまり、不動産担保や人的保証は、債務者企業の努力によって担保それ自体には反映されないのである。これに対して、売掛債権や在庫商品は、企業の努力によって担保の質や量が変わる。これが「生きている担保」である。質や量が変わるというのは、倉庫の中の在庫の数量が変わるというような意味ではない。原材料や仕掛品の場合は別としても、完成品については、良いものを作れば、売掛先も信用力も高い、優良な売掛先が多くなる。在庫も換価処分したときの価値が高くなる。このように価値が上がり、価値が変わる担保なのである。[21]」と表現して

20）　日本公認会計士協会銀行等監査特別委員会報告第4号「銀行等金融機関の資産の自己査定に係る内部統制の検証並びに貸倒償却及び貸倒引当金の監査に係る実務指針」（平成11年4月改正）は、冒頭部分で自己査定について以下のように定義している。「早期是正措置の導入に伴い、銀行等金融機関は、資産の自己査定基準を定めて、その有する資産を検討・分析して、回収の危険性又は価値の毀損の危険性の度合いに応じて分類区分すること（以下「自己査定」という。）が必要になった。自己査定は、貸借対照表上最も重要性の大きい信用リスク資産の保全管理の柱となるものであるが、同時に、貸倒償却及び貸倒引当金の適正な計上に資するものである。銀行等金融機関は、自己査定基準を定めて、それに準拠して適正な自己査定が可能となるような内部統制を構築することが求められる。監査人は、貸倒償却及び貸倒引当金の監査を実施する際、自己査定基準が適正に整備され、自己査定がその基準に準拠して実施されていることを確かめなければならない。」

21）　池田・前掲注19）343頁。

いる。

　中小企業に対する経営改善・体質強化支援を本格化させるため、金融庁の監督指針の中に「地域密着型金融の推進の一環として、いわゆる目利き能力を育成・発揮し、担保・保証に過度に依存することなく、借手企業の事業価値を的確に見極めるとともに、事業計画の向上に資する取組を行っていくことが期待される。[22]」との記載がある。ABL融資は、「生きている担保」として価値を高めることができることから、企業の事業価値の見極めにも寄与する効果があると考えられ、担保・保証に過度に依存しない取り組みの判断にも一定の役目を果たすことができる。

　そうした効果もあって、金融検査マニュアルの改訂においてはABL融資の積極活用が促されており、また、ABL融資によって当該債務者の実態を把握したうえで経営改善計画に関する資料を作成している場合は「実現可能性の高い抜本的な計画」とみなされるわけである。池田教授が指摘するように、価値が変わる担保として「企業を活性化させる」魅力を持った担保であるといえよう。なお、売掛債権を活用した資金調達は、間接金融による資金調達であるにもかかわらず、企業などの被融資者（譲渡人）の信用力でなく、当該債権、つまり、第三債務者の信用力を引当てにした担保であり、信用力が十分でない企業であっても資金調達環境が改善される点が特徴であり、債務者の信用力を補完する効果があるといえる。以上のように、中小企業金融円滑化法終了を一つのタイミングとして金融庁がABL融資を推進していることは、単に中小企業の資金調達環境が良くなるだけではなく、銀行にとってさらに重要な債務者の評価を向上させる効果が潜在する「企業を活性化させる担保」への具体的取組につながる画期的なことである。

Ⅳ．結び

　中小企業金融円滑化法は、当時の混沌とした経営環境も相まって、時代が落ち着くまで流動的な要素が多かった。そのため、将来の事業計画を立てることが困難であり、合理的な判断ができるまで「実現可能性の高い抜本的な計画」の策定を猶予することで、債権の回収の危険性または価値の毀損の危

22）　金融庁「平成25年事務年度　中小・地域金融機関向け監督指針」8頁（2013年9月6日）。

険性の判断をも猶予するというものであった。つまり、金融機関は、その法案を背景に、これから実現可能性の高い抜本的な経営再建計画を策定する債務者に対して、計画策定を猶予することができ、結果的に、自己査定における債務者区分を猶予することにつながった。金融検査マニュアルには、実現可能な事業計画を提出することで「貸出条件緩和債権」に該当しないことが明記されている。にもかかわらず、金融機関の横並びの対応等により中小企業金融円滑化法は何もしなくても「貸出条件緩和債権」にならないという誤解を生んでしまう可能性は否定できない状況に陥ってしまった。

　中小企業金融円滑化法の終了にともない、金融検査マニュアルが改正され、金融機関がABL融資を活用することにより、債務者の実態を把握し経営改善に関する資料を作成している場合「実現可能性の高い抜本的な計画」とみなして、「貸出条件緩和債権」には該当しないことが明確になった。これは、実質的に金融円滑化法が継続することと同様の効果を得ることができると考えられ、そうした意味合いでABL融資が推進されたと捉えた金融機関も多かっただろう。

　しかし、ABL融資が推進されたのは、それが主たる目的ではない。そもそもABL融資は、売掛債権や動産を担保とする融資手法であり、債務者企業の将来の事業計画や将来キャッシュフローを的確に把握することで担保評価を行うところに中核がある。金融機関の貸付債権の評価は、中小企業等債務者が作成した将来の事業計画の実現可能性そのものであることに鑑みれば、金融機関にとってABL融資の活用は事業計画の実現可能性の可否と被担保債権の保全の両面の効果を得ることができる利便性を有していた。それにもかかわらず、ABL融資が思うように進展しなかった背景には、金融庁の対応が要因の一つになっていたと考えられる。しかし、金融円滑化法終了のタイミングで、金融検査マニュアルに「動産・売掛金担保」の標準的な掛け目の水準が新たに記載されるなど、具体的に実務を後押しする体制が整ったことは画期的なことであり、中小企業の資金調達に影響を与えることにつながった。

　池田教授は「売掛債権担保や在庫担保に対する、「担保権者の丸取り」という批判は、当然債務者の倒産時を考えているものである。債権譲渡特例法を増補改訂して動産譲渡登記を創設した際にも、国会でも趣旨の批判があった。それに対して私は、債務者をつぶした後の議論でなくて、つぶさない配

慮のほうが重要なのではないかと答えた経験がある。喫緊の課題は、中小企業を存続させるための運転資金の供給をどう図るかである。求められるのは、それをsecureする担保なのである。担保評価はそれほど明確でなくてもよい。被融資企業がつぶれずに事業を継続していれば、担保対象たる売掛金や在庫は次々に生まれてくるのである。」と論じており、動産譲渡登記を検討していた頃から売掛債権や動産の活用の優位性について的確に主張されていた。

　中小企業金融円滑化法は中小企業向け債権の本質的評価である「実現可能性の高い抜本的な経営再建計画」の重要性を金融実務に知らしめた効果がある。その土台があったからこそABL融資の有意性が脚光を浴びることになった。また、売掛債権譲渡の活用は「企業を活性化させる担保」としての効果が期待され、企業を存続させるための積極的な取り組みとして今後金融機関に求められる行動の一つになりうると考えられる。これらの動向は中小企業の資金調達における抜本的な改善につながることが予見できる。ABL融資の実質化と債権譲渡による融資対応が金融実務にとって有益な方向に向かうことを切に願う。

---

23)　池田・前掲注19) 324頁。

【第1章　第5節】

金融円滑化における担保のあり方と債権譲渡の実相

【前注：本節は、「追手門経済・経営研究」No.22（2015年3月）に掲載したものに加筆・修正を加えたものである。脚注にて記載しているWeb上の参考資料や政策文書については、当時の参照資料から加筆・修正・変更・削除・更新等が行われているものが含まれることをあらかじめご留意いただきたい。なお、実務目線からの検討に着目しており、商工中金出身で、武蔵野大学教授であった中村廉平氏が示されたABLの考え方に共感し、参考にしていたことを示す補助資料として本書に収録する次第である。】

Ⅰ．金融の仲介機能の発揮

1）金融円滑化に向けた取り組み

　平成20年の秋以降、いわゆる「リーマン・ショック」と呼ばれる世界的な金融危機の影響により、中小企業者の業況・資金繰りは大幅に悪化した。金融庁は中小企業者等に対する金融の円滑化を図るための臨時措置として、平成21年12月に「中小企業者等に対する金融の円滑化を図るための臨時措置に関する法律（通称：中小企業金融円滑化法）」を制定した。これによって融資環境が整備され、新規融資が受けやすくなるなど中小企業等の資金繰りが安定し、一定の政策効果があったと見られている。

　その金融円滑化法は、平成25年3月末に期限を迎えたが、政府主導の下、経営支援型セーフティネット貸付や借換保証など積極的な継続支援の姿勢を見せたことにより、そこまで大きな混乱も生じることなく現在に至っている。

　金融円滑化に向けた取り組みは政府や金融庁、中小企業庁などだけではなく、各金融機関も様々な動きを見せた。メガバンクの1つである三井住友銀

行は平成26年6月に「中小企業の金融円滑化・経営支援に関する当行の取り組みについて[1]」を公表し、金融円滑化に関する基本方針に基づき、真摯かつ丁重な顧客対応、円滑な資金供給、コンサルティング機能の発揮に努め、特に金融円滑化法期限到来以降は、融資スタンスに不安を持たれることのないよう、借り手への説明責任を確実に行い、金融の円滑化に向けて全力をあげて取り組んでいくことを宣言している。特に「顧客に対する経営相談・経営指導および経営改善に向けた取組支援や顧客の事業価値の適切な見極め能力の向上に係る努力」を明確に打ち出している点は、金融庁が指し示した「銀行等が財務データや担保・保証に必要以上に依存することなく、事業の内容、成長可能性を適切に評価し、融資や助言を行うための取組[2]」に照準を合わせているとうかがい知ることができる。加えて、見極め能力の向上は、金融庁が推進しているABLの活用も視野に入れていることが推察される[3]。三井住友銀行以外にも主力銀行の多くが金融円滑化に向けた取り組みを公表しており、みずほ銀行は経営コンサルティング機能の発揮をトッププライオリティとして掲げている[4]。また、三菱東京UFJ銀行では金融円滑化の具体的な施策として資金調達ニーズへの取り組みを掲げ、その中で売掛金や在庫を担保とした資金調達手法をわかりやすく紹介している[5]。これらは、政府と金融機関が一体となって金融円滑化に取り組んでいる好事例の一つといえよう。

　これまで金融機関による資金繰り支援では、不動産など事業と直接関係のない担保に依存する傾向が強く、そうした資産を有していない企業にとっては非常に支援の受けにくい環境になっていた。中小企業金融円滑化法制定以降、担保に依存した取り組みから脱却し、理想的な事業者支援に向かっているように感じられる。とりわけ、動産・売掛金担保融資（Asset Based

---

1) 三井住友銀行「中小企業の金融円滑化・経営支援に関する当行の取り組みについて」（http://www.smbc.co.jp/kinyu_enkatsuka/pdf/009.pdf、2014年6月最終閲覧）。
2) 金融庁「平成26事務年度金融モニタリング基本方針」2014年9月11日（https://www.fsa.go.jp/news/26/20140911-1.html、2014年12月最終閲覧）。
3) 金融庁「ＡＢＬ（動産・売掛金担保融資）の積極的活用について」2013年2月5日（https://www.fsa.go.jp/news/24/ginkou/20130205-1.html、2014年12月最終閲覧）。
4) みずほ銀行「金融円滑化に向けた取り組みについて」2014年11月（改訂）（https://www.mizuhobank.co.jp/company/activity/finance/pdf/torikumi.pdf、2014年12月最終閲覧）。
5) 三菱東京UFJ銀行「金融円滑化への取組みについて」2014年5月（改訂）（https://www.bk.mufg.jp/info/kinyu_enkatsuka/pdf/new_torikumi.pdf、2014年12月最終閲覧）。

Lending，以下「ABL」という）の活用は企業の事業価値そのものを評価することにつながり、債務者を活性化させる効果を有すると考えられている[6]。金融円滑化の実質化に向けて最も着目すべき取り組みであるといえよう。

2）金融の仲介機能の発揮

　金融庁が発表する方針は、各金融機関にとって実務に影響が及ぶこともあり、常に注目されている。平成26事務年度金融モニタリング基本方針では「金融の仲介機能の発揮」がキーワードとして大きく取り上げられた。金融庁が定める金融仲介機能とは「金融機関は、中小企業（小規模事業者を含む）や住宅ローン借入者など個々の借り手の状況をきめ細かく把握し、他業態も含め関係する他の金融機関等と十分連携を図りながら、円滑な資金供給（新規の信用供与を含む）や貸付けの条件の変更等に努めることが求められる。特に、金融機関は、株式会社地域経済活性化支援機構法（平成21年法律第63号）第64条の規定の趣旨を十分に踏まえ、地域経済の活性化及び地域における金融の円滑化などについて、適切かつ積極的な取組みが求められることに留意する必要がある。このような観点から、金融機関は、資金供給者としての役割のみならず、顧客企業に対するコンサルティング機能の発揮を通じて、中小企業をはじめとする顧客企業の経営改善等に向けた取組みを最大限支援していくことも求められる。特に、急激な経営環境の変化により資本の充実が必要となった企業に対する支援においては、貸付けの条件の変更等だけでなく、資本性借入金や出資等も活用し、顧客企業の経営改善等につなげていくことが強く求められる。また、『経営者保証に関するガイドライン』の趣旨を踏まえ、経営者保証に依存しない融資の一層の促進を図るとともに、『経営者保証に関するガイドライン』で示された合理性が認められる保証契約の在り方に基づく対応を行っていくことが必要である[7]。」と基本的役割を定義づけている。

　借り手の状況を把握することは債権の中身を検証する本質的なことである。また、他の金融機関と連携を図ることで債務者を復活させ、弁済する力

---

[6]　水野浩児「金融円滑化法期限到来から考察する債権譲渡の実相」追手門経済・経営研究21号、50頁（2014年）。
[7]　金融庁「主要行等向けの総合的な監督指針」（https://www.fsa.go.jp/common/law/guide/city/03d1.html#03_04、2014年12月最終閲覧）。

を蓄えさせる活動は、債権の価値を蘇らせることにつながる。将来に向けて、債権を確実に回収するための活動を「金融仲介機能の発揮」と端的に表現したところに金融庁の鋭い視線を感じる。

　ここでポイントとなるのが、債権を確実に回収するということは決して債権の回収率の高さを意識することではなく、預金保護を意識した行動である、という点であろう。金融機関が中小企業等に融資する際の原資は預金である。銀行法1条1項には「銀行の業務の公共性にかんがみ、信用を維持し、預金者等の保護を確保するとともに金融の円滑を図るため、銀行の業務の健全かつ適切な運営を期し、もつて国民経済の健全な発展に資すること」と定められており、金融機関は企業等への資金供給だけではなく、預金保護が求められている。預金者から預かった資金（債務）を企業等の借り手に融資（債権）としてつなげていくことが活動の原理であることからも「仲介機能の発揮」は、原点回帰や基本に立ち返る意味でもあらためて重要視されている、と解される。

　ところで、銀行等金融機関が担う「仲介機能」とは、債権と債務をつなげる役割として奥深さがある。我妻博士はそれを「資本主義の更に高度なる発達は、銀行をして社会に散在する金銭債権を自己の手に集中せしめ、金銭債権による全経済組織の統制を實現せしめる。蓋し、銀行は他人の金銭債権を金銭債権として利用するものであって、この制度によって、金銭債権は、無限に集中せられ統一的に活動せしめられるに至るからである。しかし、銀行の金銭債権の仲介者たる作用は、このいわゆる投資信用の他に、いわゆる流通信用においても顕著なものがある。[8]」と表現した。つまり、金融機関は、信用補完の担い手としての役割を担う必要がある。その観点から見ても、借り手の状況を把握し、他の金融機関と連携を図ることを期待する金融庁の考えは、債権者間の調整を企図しており、まさに金融の仲介機能の発揮を求めるところになる。

　繰り返しになるが、金融機関は事業資金を中小企業等へ供給する金融円滑化の側面も担うべき重要な役割であるが、一方では預金者の大切な資産を守る使命がある。平成26事務年度金融モニタリング基本方針には重点施策の一つとして「顧客の信頼・安心感の確保等」が掲げられている。ここでは、近

---

[8]　我妻榮『近代法における債権の優越的地位』301頁（有斐閣、1953年）。

年の問題から情報セキュリティの確保やサイバー攻撃等の対策、不正利用の防止などの観点から金融サービスの適正かつ安定的な提供を謳うものとして取り上げられているが、そもそも大前提として、金融機関の活動はすべからく「信頼」のもとに成り立っている。資金供給も預金保護も当然に、これから金融機関が求められる仲介機能やコンサルティング機能の発揮も、顧客の信頼や安心感がそこになければ発揮すらままならない。これからの金融機関は、デフレ脱却と経済の好循環を実現するためのリスク管理と同時に、金融機関そのものの健全性維持・向上のための適切な管理が求められることになっていくだろう。

3）金融の仲介機能と担保

　金融機関が資金供給を行う際「担保」に頼る傾向にあるのは、ある意味自然といえる。担保があれば、その見合いの融資については貸倒リスクが軽減され、結果的に金融の円滑化と預金者の保護を同時に満たしやすいからである。ただ、これまで長らくの間、金融機関が事業に直接関係のない不動産担保に頼りすぎたことで、金融実務において問題が表面化している。バブル崩壊以降、20年以上にわたって不動産価値が下落し、所有する不動産では担保として不足するケースが恒常化した。その結果、金融機関は企業等に積極的な資金供給をしたくてもできない状態が続いてしまったのだ。

　そのような中、金融庁は平成25年9月に、これまでの不良債権処理を主眼とした金融検査から、中小企業向けの貸出金を積極的に促す監督方針を発表した。同年2月には、企業が保有する「在庫」や「売掛金」などを担保として融資を推進するABLの活用についても方針を示しており、担保に頼りすぎない、もしくは、不動産担保ではなく新しい担保のあり方に活路を見出す動きを見せた。しかし、実情としてはまだまだ「不動産担保」偏重の融資手法が主流のままであり、ABLの普及には課題感が残ったままである。とはいえ、不動産担保に頼りきりの融資には限界を感じることもまた事実であるため、ABLの活用による資金確保は必要であると考えられている。

---

9) 金融庁「平成25事務年度監督方針及び金融モニタリング基本方針等について」2013年9月6日（https://www.fsa.go.jp/news/25/20130906-3.html、2014年12月最終閲覧）。
10) 金融庁・前掲注3）。
11) 「財政金融統計月報738号」（財務総合政策研究所、2013年）によると、地域金融機関における融資の担保の約9割が「不動産担保」という実情がある。しかし、平成24年度

そのため、金融庁は金融検査マニュアル[12]において「動産・売掛金担保」が客観的な処分可能性のある担保であれば「一般担保」とすることを認め、別編[13]にて「一般担保」とするうえでの具体的な担保管理手法が例示されるなど、ABL活用を後押しするような変化が出始めている。特に着目すべき点として、新たに「動産・売掛金担保」の標準的な掛け目の水準が記載[14]されるようになった。担保の具体的評価手法にまで踏み込んだ金融検査マニュアルの改訂は覚悟ともとらえられ、金融庁が中小企業の資金調達環境の改善に本格的に取り組んでいる何よりもの証拠である。債権の本質的意義を考えるとともに、担保のあり方を考えるタイミングが到来しているのである。

担保のあり方、ひいては中小企業の資金調達支援のあり方の変化が金融検査マニュアルの改訂につながった。つまり、そのマニュアルに応じて実施されている金融庁検査もまた変化することになる。

金融庁検査は、銀行経営に影響を与える可能性のある重要な検査である。各金融機関は金融庁の方針には敏感に反応し、適宜柔軟に対応してきた経緯がある[15]。そのため、金融検査マニュアルにおいて不動産担保の限界を明示し、事業を直接評価しようとするABLの推進が内容に盛り込まれたことは、制度浸透に大きな期待ができる。モニタリング基本方針においても「金融機関が適切なリスク管理の下、積極的な金融仲介機能の発揮」を求めており、これは我妻博士が論じた「銀行の金銭債権の仲介者たる作用」の考えに通ずるものがある。動産や売掛金を担保にすることで、事業性を評価することにつながり、ひいては各金融機関に求められる総合的リスク管理の実現も視野に入れることができるようになる。こうした副次的な効果も有するABLについてもう少し詳しく見ていくこととする。

　　時点で「在庫」105兆円、「売掛金」189兆円の合計294兆円に対し、不動産等土地の価値は174兆円と大きく開きが出ている。法人が保有する土地の価値はさらに減少傾向にあるいま、「在庫」や「売掛金」を担保にする融資手法の活用に視線が向けられている。
12）　金融庁の中小・地域監督指針Ⅰ－3－5－1に、検査マニュアルは、検査官が金融機関を検査する際に用いる手引書として位置づけられるものである旨が明記されている。
13）　金融庁「金融検査マニュアルに関するよくある質問（FAQ）別編＜ABL編＞」（金融庁、2013年6月4日）7頁には、「動産担保」が「一般担保」として取り扱われるには、対抗要件が具備されていることや、数量および品質等が継続的にモニタリングされていることなどが具体的に記載されている。
14）　金融庁・前掲注3）動産担保：評価額の70％、売掛金担保：評価額の80％と定めた。
15）　水野浩児「現代における債権譲渡行為の実相とその問題点」髙森八四郎先生古希記念論文集『法律行為論の諸相と展開』233頁（法律文化社、2013年）。

Ⅱ．ABLの観点から考察する債権譲渡の実相

1）動産債権譲渡特例法の制定と「担保」の考え方

　中小企業金融円滑化法が平成25年3月末に期限を迎えたことで、これからは実質的な金融円滑化に向けた取り組みが求められるようになる。実質的な円滑化を図るための一施策として「担保」に対する考え方の変化には着目すべきであろう。先述した通り、金融庁はABL融資の推進を企図しており、ABLが普及することで「担保」のあり方にパラダイムシフトを生み出そうとしていることが垣間見える。

　池田教授は動産債権譲渡特例法が誕生した際、担保について「担保というのは、結局、金融機関等からの借り入れという間接金融を達成する手段である。しかし、これは企業会計の見地から見ると、貸借対照表の右側（相手方からみる呼称を使うので「貸方」）の負債部分を単純に増やすことになり、企業の自己資本比率を下げる。したがって、左側にくる資産を用いて直接金融をする方法が企業の健全経営のためにも今後益々開発されていくことが想定されるのである。…（中略）…動産の流動化は、在庫の価値評価技術の開発とその市場の形成が進めば、近い将来、米国の例に見られるように、それなりの規模で行われるようになっていこう。つまり、債権や動産の流動化取引は、債権や動産を用いた資金調達が、めぼしい不動産がないから債権や動産『まで』担保に取るという、いわゆる最終手段とか添え担保という世界から脱却して、企業の自立した能動的資金調達手段として発達していくことを示唆するものに他ならない。そのような観点からすれば、実体法学者の対応としても、今後は『担保』という法形式のみに拘泥するのではなく、金融手法の多様化に即応する多様な契約法理の研究開発が望まれるのではないだろうか。」[16]との考えを示し、金融庁が推進するABLの本当の必要性を動産担保特例法が制定された当時より主張されていた。

　ABLは、債権や動産『まで』担保に取るものではなく、在庫や売掛金を介することで債権者が債務者の状況を把握できる、信用リスク管理に直結する担保である。その点は、金融庁もABLの効果として明記している[17]ところ

---

16)　池田真朗『債権譲渡の発展と特例法　債権譲渡の研究　第3巻』283頁（弘文堂、2010年）。
17)　金融庁・前掲注3）ABLの効果として借り手である企業は、これまで担保としてあ

だ。金融庁の検査体制等における取り組みは、金融機関のコンサルティング機能の発揮と信用リスク管理を両立させようとしているとも評価できる。預金者の預金保護すなわちリスク管理と、企業等へ円滑な資金供給を両立させる取り組みであり、まさに金融仲介機能の発揮に直結すると考えられる。ABLは、これまでの不動産担保中心で融資回収のための担保という考え方から担保概念を根本的に覆すような新しい着想のものであるといえよう。

2）ABLの新しい担保概念

　不動産担保が中心の状況下において、担保は融資金の引当として債権回収のために設定され、債務不履行があれば、担保権を行使して債権を回収することが目的とされていた。つまり、担保は回収可能性を中心に考えられており、換価処分価値が評価され、債務者の事業とは断絶された評価がなされていた。そのため、路線価等の評価は当然に高く、利便性の高い地域にある換価処分価値が高い不動産等が優良担保として位置づけられていた。この考え方においては、担保権行使後における債務者の経済活動については一切考慮がされず、ただただ債権回収のために特化したものとして担保が存在していた。

　一方で、ABLは金融機関がコンサルティング機能を発揮できる、債務者の経済活動を支援する担保として登場した。池田教授はABLによる新しい担保の考え方を「まさに従来の担保は『回収、清算のための担保』なのである。しかしながら、これに対して、『債務者のための担保』、より正確にいえば、『債務者の経済活動を存続させるための担保』が考えられる（あらかじめ誤解のないように述べておくと、ここで筆者が言おうとしているのは、『債務者保護』の話ではない。あくまでも債権者を利するための担保が、債務者のためにもなるという話である。しかし、議論の方向としては、債権者［融資者］側からみる『融資』の観点ではなく、債務者［被融資者］側から見る『資金調達』の観点に立つものであることは明らかにしておきたい）。これがまさに債権や動産在庫を担保に取る世界でなされるべき議論なのである。」[18]と表現し、本来金融

　　まり活用してこなかった「動産・売掛金担保」を活用することにより、資金調達枠が拡大し、金融機関は、企業の経営実態をより深く把握することが可能になり、信用リスク管理が強化される、と明記している。

18）　池田・前掲注16）321頁。

機関が講じるべき担保制度の理想的な形と考え方であるといえよう。

　ABLは、債務者側から見る資金調達の観点と金融機関の持つノウハウを生かした展開が期待されているモニタリング機能の発揮を両立するものとして期待され、今後この新しい担保概念が金融実務の場で認知され、広く普及していくことが望まれる。池田教授は、回収可能性が高く、確実に債権回収が図れる担保は「強い担保」であって「良い担保」ではないと指摘している。債権者を潰すことなく、その企業活動を存続させるため、適切に機能できる担保を「良い担保」と解している。ABLの持つ担保機能には、金融仲介機能の発揮を具現化できる要素が含まれていることもあり、大いに期待が持てる制度として注目されていくことだろう。

3）ABLの潜在的機能

　ABLの持つ潜在的な機能は、平成25年9月に金融庁が発表した「平成25年事務年度　中小・地域金融機関向け監督方針」[19]における①中小企業の経営支援をはじめとした積極的な金融仲介機能の発揮、②リスク管理と地域における金融システムの安定を両立すること、の二点につながると考えられる。

　債務者が債務不履行に陥った場合、ABLでは動産などの担保を売却し、融資金の弁済に充当するという点において、不動産担保と大きな違いはない。しかし、不動産担保と最も大きく異なり、また、ABLの最も魅力的な点として、対象とする在庫や売掛債権が、企業活動を形成する「事業収益資産である」ということが挙げられる。在庫や売掛債権を担保にすることで、企業の実態を債権者が的確に把握できることが可能となる。言い換えれば、金融機関がABLにより動産を担保にした場合、事業の内容を把握することで、ABLの担保価値が露呈してくる、ともいえる。実態としては、事業を把握するために積極的なヒアリングを経営者に対して行うことで、ひいては事業のモニタリングが日常的かつ恒常的に行われることになる。

　そのうえ、事業資産を担保にしていることから、在庫の状況や売掛債権の状況を日々管理できるメリットもある。その管理プロセスで、経営者に的確なアドバイスを行うことも可能となり、図らずもコンサルティング機能を発

---

19)　金融庁・前掲注9）。

揮できる状況になると考えられる。ABLはコミュニケーションツールにもなり得る潜在性を有しており、債務者が窮境に陥る前段階で様々な対応を可能にする効果をも有すると考えられる。

池田教授は「ABLは、動産債権担保融資とか、流動資産一体型担保融資などと呼ばれるが、企業の生産活動から生み出される流動資産を担保に、運転資金等を融資する取引であり、在庫動産について集合動産譲渡担保を設定し、売掛債権については将来の将来債権譲渡担保を設定する（さらには、売掛金が入金される預金口座に質権を設定することもある）という形で融資を行うものである。これらは、不動産担保融資が行き詰まったあとの運転資金の調達に有効であり、優良な製品を生み出し、優良な売掛先をもちながら、仕入資金の調達に苦労して業務規模の拡大ができなかったような中小企業には非常に利用価値の高い取引形態であるといえる。[20]」と論じている。ABLは金融機関のコンサルティング機能を強化し、中小企業における資金調達のバリエーションを増やし、円滑な事業継続の選択肢となり得る。ABLが有する効果は、直接的には実力のある中小企業を破綻させないことにつながるが、広義の意味では間接金融を担う銀行の金融機能における債権譲渡の実相を見出すことができる。

間接金融を担う銀行の業務は、預金者と銀行間で発生した預金債権を、中小企業等に貸金債権として債権譲渡を行っていると言い表すことができる。そのため、金融庁検査において銀行の貸出金（資産）を厳格に検査する目的は、預金者から預かった債権（預金者からみた預金債権）を守るために銀行の保有する資産（債権）の健全性を吟味するためである、といえる。

銀行は債権と債権をつなげる役割を担っていると解されており、我妻博士は「銀行は他人の金銭債権を金銭債権として利用するものであって、この制度によって、金銭債権は、無限に集中せられ統一的に活動せしめられるに至るからである。しかし、銀行の金銭債権の仲介者たる作用は、このいわゆる投資信用の他に、いわゆる流通信用においても顕著なものがある。[21]」と論じている。それゆえに金融仲介機能を担う銀行は、債務者である中小企業の事

---

20) 池田真朗『債権譲渡と電子化・国際化 債権譲渡の研究 第4巻』6頁（弘文堂、2010年）。
21) 我妻榮『近代法における債権の優越的地位』301頁（有斐閣、2006年）。

業内容を把握しモニタリングを行う義務がある[22]ともいえ、事業そのものを評価できるABLは「生きた担保」とも呼ばれている。

Ⅲ．運転資金ファイナンスと在庫評価の確立

1) 在庫評価の確立とABLの普及

　池田教授は「信用力のない中小企業にとっては、新株発行に市場から資本性資金を調達することがまず不可能であることは勿論、社債発行による資金調達も同様に困難であり、伝統的な不動産担保融資が手持ち不動産に限界までの抵当権を設定して行き詰った後は、端的に言って残された資産の中では売掛債権と動産在庫しか活用の対象はないのである。担保対象資産が、債権と在庫動産に広がるのは理論必然の結果なのである。[23]」と指摘する通り、金融の仲介機能を発揮することを使命として担う金融機関が、円滑な資金供給を行ううえで、債務者のための担保であるABLを必要とすることは、最早自然の流れであり、少しずつ時間をかけて実務界にも浸透していくことが予想される。

　実際に中小企業基盤整備機構連携アドバイザーとして各金融機関にヒアリングを行うと、債権譲渡の感覚が変化していることを実感する。その背景には、担保の具体的評価手法にまで踏み込んだ金融検査マニュアルの改訂など金融庁の対応が大きい。ただ、その点について池田教授は「現実論として、わが国の動産担保融資については、先述のようにそれなりに実績は上がってきてはいるものの、この先の進展はやはり金融庁による『適格担保』の認定にかかるという声も強く、経済産業省からのその旨の希望も出されているところである。しかし、金融庁の態度では、担保評価の方法や評価額の合理性の確保が十分でないことから現時点ではなお慎重であるように報じられている。一方経済産業省では、在庫評価に関して不動産における不動産鑑定士と

---

[22] 今井和雄他「中小企業融資と保全・管理」銀行法務21 777号35頁（2014年9月）において、信用悪化時に確実に担保権の実行ができるためには、そもそも提供を受けている債権や動産が存在することが大前提であり、そのためには正常時におけるモニタリングがABLの生命線ともいえる、と表している。

[23] 池田真朗「ABL等に見る動産・債権担保の展開と課題－新しい担保概念の認知に向けて」伊藤進先生古稀記念論文集『担保制度の現代的展開』275頁（日本評論社、2006年）。

同様な役割を果たす『動産鑑定士』の資格制度を検討している。しかしながら取引の現場では、『動産まで担保に取る』ということに対するネガティブな印象も強いようである。[24]」と指摘しており、たしかに取引の現場では期待と不安が入り交じる様子は垣間見られた。動産債権譲渡特例法が2005年に施行され、法的基盤が整備されたものの、運用面で金融庁の態度が障壁になっている様子は否定できない。

　しかしながら、中小企業金融円滑化法が終了する前の平成23年12月27日に発表された「中小企業金融円滑化法の期限の最終延長等について」において、中小企業が金融円滑化法終了後においても円滑な資金調達ができるように「新規融資の促進を図るために、資本性借入金および動産担保融資（ABL）等の開発・普及」することを掲げており、中小企業金融円滑化法終了の出口戦略としてABL融資の普及を推進するなど、前向きな姿勢は示している。平成25年6月4日に金融庁検査局が発表した資料の中でも「中小企業等が経営改善計画等を策定していない場合であっても、『債務者の技術力、販売力や成長性等を総合的に勘案し、債務者の実態に即して金融機関が作成した経営改善に関する資料がある場合には、貸出条件緩和債権に該当しない』こととしています。[25]」と記載し、金融機関の経営に直結する自己査定に大きな影響を及ぼす貸出条件緩和債権に該当しない具体的内容を明示する、といった動きを見せている。さらに、「ABLについては、担保資産の管理等を通じて、債務者の事業の流れやキャッシュフロー等の継続的なモニタリングを行うこととなるから、債務者の経営実態の把握に資するという特質があります。こうしたABLの特質を踏まえると、中小企業等が経営改善計画等を策定していない場合であっても、金融機関が、ABLにより、当該企業の経営実態を把握した上で、当該企業等の経営改善に関する資料を作成している場合については、原則として、これを『実現可能性の高い抜本的な計画』とみなして、『貸出条件緩和債権』に該当しないこととして差し支えありません。」とも記載しており、ABLの活用については殊更に主張している様子がうかがい知れる。

　金融庁がABLの位置づけを明確にし、ABLを活用することによって金融機関の自己査定に影響を及ぼす「実現可能性の高い抜本的な計画」を有する

24）　池田真朗・前掲注23）275頁。
25）　金融庁・前掲注13）27頁。

とみなすことを公言したことは、これまで形式的ともいえた中小企業金融円滑化法を具体化し、真の金融円滑化に向けた取組姿勢を示した点は大いに評価できる。実際にこれを契機として、積極的にABLを採用する金融機関が増えていることを肌で感じている。最近のニュースにおいても、動産や債権の評価を行う企業が取り上げられる機会は増えてきており、着実にABLが身近な存在になりつつある[26]。

2）在庫担保の問題点と今後のABLのあり方

　平成16年11月25日に債権譲渡特例法が動産債権譲渡特例法に増補修正されるかたちで成立した背景には、資金調達の多様化や企業活動の円滑化に資する期待が込められて立法された、とみている。このあたりから、実務界の反応も堅調で、売掛債権等を担保に資金調達を行う企業が増えはじめた。しかし、将来債権の特定や譲渡禁止特約等の問題に加え、金融庁検査における一般担保の問題が顕在化したことで、金融機関が積極的に取り組むまでには至らなかった。

　中小企業金融円滑化法が終了して以降の金融庁の動きは積極的で、特に在庫担保に対する動きは大きな変化があり、これからABLによる運転資金ファイナンスが本格的に活発化することが期待される。在庫を担保にしやすくなった背景には、金融庁が積極的に推進したことと在庫評価の担保掛け率を70％としたこと[27]とが合わさって、在庫評価を手掛ける機関のノウハウが蓄積されたこと[28]で、担保資産としての「客観的処分可能性」が確保されていったことも大きい[29]。

　今後の問題として危惧されることは、在庫評価に着眼しすぎるとABLが不動産担保融資と変わらない状況に陥ることである。資金調達を行う中小企

---

26) ABLをはじめとした動産や債権を活用したサービス提供を行うトゥルーバグループホールディングス株式会社の発行する「ABL・動産担保ニュース」によると、2014年には商工中金が米担保、三井住友銀行が新車担保、日本公庫が和牛担保を活用しはじめるなど各企業が積極的な活用を試みていることがわかる。
27) 金融庁・前掲注3）。
28) 特定非営利活動法人日本動産鑑定が2007年に設立されるなど、動産鑑定の環境は着実に整備され、ノウハウの蓄積も図られた。
29) 金融検査マニュアルにおいて、金融機関の債権について、将来の予想損失額を適正に見積もる観点から、担保資産の「客観的な処分可能性」を確保することが要求されてきた経緯がある。

業にとってABL最大のメリットは、資金調達を円滑にすることに加え、金融機関にモニタリングをしてもらいながら難局を乗り越え、経営を継続することにある、といえる。そのため、担保権行使のための在庫処分という事態はあってはならず、在庫評価を行う目的は、あくまで前向きな資金調達のためであり、破綻することを想定した評価であってはならない。在庫の評価は、企業が存続していることを前提に行うケースと企業が破綻して清算することを想定するケースではその価格に変化が出てしまう。この点について池田教授は「在庫評価は、融資額ないし融資枠の設定のためにされるべきものであって、清算のためにされるべきものではない。さらにいえば、ABLでは、在庫動産が売掛債権に変わり、売掛債権が口座預金に変わる一連の流れに着目して融資するものであるから、売掛に変わらないような動きのない在庫は、そもそもABLの対象としては適当ではなく、逆に動く在庫は（早晩売掛金に変わるのであるから）在庫のみで把握する意味は小さい。したがって、いささか極論すればABLの融資者は在庫動産がどれだけ正確に評価できるかは二の次で、それはあくまでも売掛金その他トータルな担保評価をする際の一要素という姿勢で臨むべきである。」と評価と対象について警鐘を鳴らしている。それは、ABLの本質的機能に、企業をモニタリングすることがあり、担保のためではなく、コンサルティング機能の発揮するためのツールとしての活用を見出している側面があるからだ。

　ABLは固定化した担保ではなく、モニタリングしながら債権者が債務者と一体になって価値を見出す循環型の担保だといえる。ABLの第一人者で、積極的にABLの活用に取り組んでいる商工中金の中村廉平氏も「ABLにおいて設定される譲渡担保権や質権の対象となる在庫や売掛金は『原材料の仕入→商品（在庫）の製造→在庫販売による売掛金取得→売掛金の回収→回収金による原材料の仕入』という事業のライフサイクルに伴って絶えず循環・流動していくことが想定されている。したがって、動産譲渡担保の担保目的物はいわゆる集合動産であって、債務者の倉庫から通常の事業活動の一環として搬出された個別動産は担保目的物から除外される一方、新たに加工・製造されて倉庫に搬入された在庫は担保目的物にその都度加えられることになる。」と論じている。[30]

---

30) 中村廉平「再建型法的倒産手続きにおけるABLの取扱いに関する考察－いわゆる「固定化」問題を中心として－」30頁（NBL908号、2009年）。

ABLの原則として、循環している担保を常にモニタリングする必要性がある。そのため、その本質を踏まえると、評価に固執することは疑問が残るところである。金融庁がマニュアルによりABLの積極的な活用を推進し、在庫評価についても具体的な手法を明示し、ABLの活用環境は整いつつあるだけに、金融機関による運用面でうまく機能してもらわなければならない。

Ⅳ．結び

中小企業金融円滑化法が終了して1年以上経過し、金融庁や金融機関が本気で金融円滑化に取り組んだ結果、大きな混乱が生じることなく現在に至っている。全てのメガバンクが2014年に中小企業の金融円滑化に対する取り組みを公表したことは、真の金融円滑化に向けた取り組みを表現しているものととらえることができ、中小企業サイドにおいても事業計画の策定に対する協力体制が強くなったことが感じられる。

実現可能な事業計画を策定することで「貸出条件緩和債権」には該当しないことが、金融検査マニュアルに明記されたことも金融実務にとっては大きな進歩といえる。しかし、筆者が金融機関などでヒアリングを重ねる中で感じる懸念点として、ABLに対する知識レベルに統一感がなく、濃淡があまりにも大きいことは声を大にしていいたい。中には、いまだに動産担保と不動産担保を債権回収の観点で同一視している銀行員も実在し、むしろそれが少数ではなく散見された事実からは目を背けることができないと感じている。

地域金融機関が取り組むべきとされるリレーションシップバンキングの観点からも、債務者と一体となって取り組むことができるABLは、活用を推進して然るべきであり、多くの金融機関が活用できるようになってほしい取り組みの一つである。金融庁監督指針においても「地域密着型金融の推進の一環として、いわゆる目利き能力を育成・発揮し、担保・保証に過度に依存することなく、借手企業の事業価値を的確に見極めるとともに、事業計画の向上に資する取組を行っていくことが期待される。[31]」と記されている通り、

---

31) 金融庁・前掲注9）8頁。

ABLには企業の事業価値の見極めに寄与する効果もあり、ここでいう担保・保証への過度な依存には該当しない取り組みにもなるわけである。
　池田教授は「不動産担保や人的保証は、債務者企業の努力によって担保それ自体には反映されないのである。これに対して、売掛債権や在庫商品は、企業の努力によって担保の質や量が変わる。これが『生きている担保』である。質や量が変わるというのは、倉庫の中の在庫の数量が変わるというような意味ではない。原材料や仕掛品の場合は別としても、完成品については、良いものを作れば、売掛先も信用力も高い、優良な売掛先が多くなる。在庫も換価処分したときの価値が高くなる。このように価値が上がり、価値が変わる担保なのである。」[32]と、今後のABLに期待を寄せており、従来の債権回収のための担保ではなく、債務者たる企業をモニタリングしながらコンサルティング機能も発揮できる「生きた担保」としての有効活用が求められていくだろう。
　ただ、ABLを積極的に活用しようとするあまり、在庫評価に強くこだわってしまい、債権回収のための担保に成り下がってしまうケースに陥らないことには注意しなければならない。必要以上に譲渡担保の幅を広げようとする動きもまた注意が必要だ。この点について伊藤眞教授は「貸付を行う金融機関の立場からすれば、担保の目的物の範囲は、広ければ広いほど、また、目的物の価値に対する支配は、強ければ強いほどよいともいえますが、合理的限界を超えてしまうことは、かえって、担保としての利用価値を狭めてしまう結果になるように思います。」と論じており、非常に共感するところである。
　これから円滑な金融を推進するためには、企業融資に携わる銀行員が、ABLの本質的意義を理解し、その恩恵を正しく取引先企業に説明し、メリットを感じてもらう必要がある。それをより具体的に推進するための取り組みとして、金融庁では自身のホームページ上に金融モニタリング情報収集窓口を設置し、金融機関を利用する顧客に対して、金融機関に関する情報提供を呼びかけるといった活動を行っている。情報収集は匿名性が担保され、クリック方式で簡単に回答できるようになっているが、こうした取り組みはこれまで見たことのない動きであり、姿勢の変化の現れともいえる。

---

[32] 池田真朗・前掲注16) 343頁。

債権譲渡の取り組みがABLの推進によって身近なものになりつつある。これからの金融円滑化の実質化に向け、「担保」そのものの正しい理解が進み、有益な債権譲渡の取り組みが活性化することを願い、本論の結びとする。

第2章

ビジネス法務学につながる事業性評価と債権の本質的意義

第 2 章の概要

　第 2 章は、掲題として「ビジネス法務学につながる事業性評価と債権の本質的意義」と冠した。筆者が金融機関に勤務していた頃に債権・債務の論考や記事に触れる機会は多くあったが、どうしても債権者である金融機関の視点で語られるものが一定数を占め「金融機関にとって評価できる債権」を目にすることが多かった。

　しかし、債権とは債権者と債務者による協働によって共通の目的を達成すべきものであるという債権の本質的意義に立ち返る機会を得たことで、債務者である取引先企業側の事情を把握しつつ、双方の目的達成に向けて真摯に向き合うことが債権の良質化につながるという一つの結論に至った。あとはそれを実行・実践・実現するための環境を整えることが必要であった。

　池田眞朗教授は、法律学とビジネス法務学の対比について、法律学は「出来上がったルールを分析し教授すること」が目的であり、ビジネス法務学は、「現状を分析し、将来展望との融合を果たすこと」や「ルールを創造すること」が目的であるため、似て非なるものであることを説いた。ビジネス法務学は、法律学から派生した「おまけ」や「亜流」ではない、との見解も示している。

　筆者の研究の方向性は、まさにビジネス法務学に直結するところがある。債権の良質化を実現するための考え方や方法、環境整備のためにどのような法律・制度・組織等が必要かを突き詰め、いかに現場である地域金融機関職員一人ひとりに理念を浸透させていくかに注力してきた。この章はそうした活動をアウトプットとして記すことができたものを中心に掲出している。

　第 1 節の「現代における債権譲渡行為の実相とその問題点」では、金融機関の持つ債権の仲介機能について、マクロ的な観点から考察し、預金者（資金余剰主体）の資金が、借入人（資金不足主体）に届くプロセスにおいて債権譲渡行為が自然と行われていることを確認したうえで、債権譲渡を活用した資金繰り支援の実態について説いた。また、金融庁が当時厳しく行っていた金融検査マニュアルに基づく検査体制の課題などについて論じ、金融機関の存在意義や債権の本質的意義から見た際に、様々な法律や制度の在り方について検証したものである。

　第 2 節の「企業経営における事業性評価のポイント」は、金融庁の指導も

あり、金融機関の融資姿勢において不動産担保や保証に頼らず、企業の将来性を評価して取り組む方向に転換した時期に公表した論考である。全体としては、金融庁が管理・監督に注力していた姿勢から、地域金融機関等を指導・育成する立場に変化したことに触れつつ、前半では事業性評価に基づく融資の概念が公表され、事業の将来性を評価する事業性評価は、ABLの考え方と非常に親和性の高いものであることを整理した。後半では、事業性評価に基づく融資を行ううえで非常に重要なツールであるローカルベンチマークに触れ、ローカルベンチマークが、債権の質向上につながる仕組みを有していることを示している。

後に、筆者は経済産業省が公表した「ローカルベンチマーク・ガイドブック」の編集委員として同ツールの普及に寄与することになるが、かねてから債権の良質化とローカルベンチマークの機能との牽連性と積極的な活用を訴えてきたことがお声がけいただいた理由であると推察している。どう現場に浸透させていくかを検討する契機となったガイドブック編集委員の活動は、まさにビジネス法務学の真髄を肌で感じながら実践する取り組みであったといえる。

第3節の「中小企業金融における事業性評価の本質的意義」は、ABLに対して積極的に取り組んでいる商工中金の研究機関である商工総合研究所が発行している『商工金融』に掲載された論考である。

前半は、金融庁の組織や各種制度が変遷していったことの歴史的背景を紐解き、何を目的として各種取り組みが展開するに至ったかをあらためて整理した。後半では、金融機関が注力する事業性評価にローカルベンチマークやABLを活用することの効果を説きつつも、ABLが実務において迎えた限界について触れ、金融実務にとって「使いやすいこと」も制度設計において重要であることを示唆する内容としている。最後には、金融検査マニュアルが廃止された直後の論考であったことから、筆者が金融機関での講演や研修を行う中で感じたことやその影響について、経営者および金融機関職員へのメッセージも記した。

以上の通り、第2章では現在金融機関が最も注力している取り組みのひとつである事業性評価の考え方を主軸としつつ、債権の良質化に向けて金融機関のみならず、取引先企業の行動変容の必要性について触れたものを多く選択した。また、事業性評価には先行して存在していたABLに通じるものが

あり、後に記す包括担保法制へもつながる考え方として筆者は重要視している。ABLの魅力を再発見する契機としても重要な章となる。

【第2章　第1節】

現代における債権譲渡行為の実相と
その問題点

【前注：本節は、『髙森八四郎先生古希記念論文集　法律行為論の諸相と展開』（2013年10月）に執筆したものを加筆・修正したものである。脚注にて記載しているWeb上の参考資料や政策文書については、当時の参照資料から加筆・修正・変更・削除・更新等が行われているものが含まれることをあらかじめご留意いただきたい。】

Ⅰ．はじめに

1）複雑化する資金調達手法

　現代社会において債権譲渡行為は頻繁に行われ、金融実務においては、なくてはならない存在になっている。資金調達手段に様々なかたちで債権が関与するようになり、金融実務はより一層複雑なものになってきている。平成14年頃より売掛債権担保による資金調達が本格化し、平成17年頃からは動産債権担保融資、いわゆるABL（Asset Based Lending）による資金調達がはじまった[1]。さらには平成20年に電子記録債権法が施行され、従来の手形割引などによる取引に変化が生じるなど、約10年の間に資金調達手法のバリエーションも多様化している。

　ABL取引の導入について池田教授は「ABLは、動産債権担保融資とか、

---

[1]　「売掛債権担保融資制度」の創設により本格的な売掛金担保による資金調達が始まった。「売掛債権担保融資制度」とは、経済産業省が、平成13年の臨時国会にて中小企業信用保険法を改正し、中小企業が取引先に対して保有する売掛債権を担保として金融機関が融資を行う場合に、信用保証協会が保証を行う制度である。

流動資産一体型担保融資などと呼ばれるが、企業の生産活動から生み出される流動資産を担保に、運転資金等を融資する取引であり、在庫動産について集合動産譲渡担保を設定し、売掛債権については将来の将来債権譲渡担保を設定する（さらには、売掛金が入金される預金口座に質権を設定することもある）という形で融資を行うものである。これらは、不動産担保融資が行き詰まったあとの運転資金の調達に有効であり、優良な製品を生み出し、優良な売掛先をもちながら、仕入資金の調達に苦労して業務規模の拡大ができなかったような中小企業には非常に利用価値の高い取引形態であるといえる。」と評している。[2]

　資金調達手法が多様化する背景には、実力のある中小企業を破綻させないために円滑な資金調達を可能にしていると考えられるが、間接金融を担う銀行が金融機能を発揮するために債権譲渡を実質化する意図があると見ることができる。

　金融機関が保有する資産（貸金債権）の源泉となるものの多くは預金であり、預金者からみた債権である。よって、金融機関の融資とは、預金者と金融機関の間で発生した預金債権を、中小企業等に貸金債権として債権譲渡をしている、ということができる。金融庁検査においてとりわけ厳格に検査される項目の中に資産査定がある。その目的は、預金者から預かった資産（預金者からみた預金債権）を守るために銀行の保有する資産（貸金債権）の健全性を吟味することにある。[3] 預金者を保護しつつ、中小企業をはじめとした地域経済の担い手を融資等によって支援する金融機関の役割は、マクロ的な観点から考えると、債権と債権をつなげる役割を担っているともいえる。この点について、我妻博士は「資本主義の更に高度なる発達は、銀行をして社会に散在する金銭債権を自己の手に集中せしめ、金銭債権による全経済組織の統制を實現せしめる。蓋し、銀行は他人の金銭債権を金銭債権として利用

---

2) 池田真朗『債権譲渡と電子化・国際化　債権譲渡の研究　第4巻』6頁（弘文堂、2010年）。
3) 金融検査に関する基本方針（金検第369号）平成17年7月1日3頁に「国民から負託された権利の行使である検査等は、あくまで、預金者等一般の利用者の保護、金融システムの安定及び国民経済の健全な発展のために、各金融機関の経営実態を検証するものであり、直接に、金融機関の経営者、株主等の利益を図る目的でこれを行うものではない。検査等の実施に当たっては、預金者等一般の利用者及び国民経済の立場に立ち、その利益が保護されることを第一の目的とし、各金融機関の経営実態を検証しなければならない。」と記されている。

するものであって、この制度によって、金銭債権は、無限に集中せられ統一的に活動せしめられるに至るからである。しかし、銀行の金銭債権の仲介者たる作用は、このいわゆる投資信用の他に、いわゆる流通信用においても顕著なものがある。」と論じており、銀行は債権の仲介人として債権同士をつなぐ、すなわち債権譲渡の連続により機能していること示唆している。

2）金銭債権の実相と問題認識

　我妻博士が「銀行は他人の金銭債権を金銭債権として利用するもの」と表したのは、半世紀以上前のことであり、当時から金融システムの本質を見極めていたと考えられる。繰り返しにはなるが、現在、金融機関で最も注視されている金融庁検査は、預金者保護と中小企業などへの円滑な資金供給の確保という、一見相反する観点について検査している。預金を原資として中小企業等へ融資を行うわけであるから、融資の際における厳格的な審査は預金者保護に寄与する行為であるが、一方で中小企業等を支援するための円滑な資金供給という面では阻害する行為とも見てとれる。いわば矛盾した活動ともいえる金融機関の役割・機能であるが、我妻博士のいう「銀行の金銭債権の仲介者たる作用」から見れば、この矛盾した行為は銀行の使命であり、それを金融庁が検査することもまた当然の行為といえよう。

　金融検査に関する基本方針（金検第369号）には「我々の役割は、金融機関のリスクを最小限度にしてしまうことではない。検査等に求められるのは、各金融機関の経営環境、経営実態等に応じた適切なリスク管理体制が整備されているかについて、メリハリのある検証を行うことである。」との表現がある。それを補完するように毎年度ごとに監督方針が打ち出され、経済動向や社会の変容を踏まえた金融機関の役割・期待を示している。平成23事務年度では「東日本大震災の発生等を受けて、本事務年度は、金融仲介機能の真価が問われる一年との認識の下、『円滑な金融仲介機能』に係る記述を充実したほか、システムの自主点検や業務継続体制の再検証についても強調。また、金融機関は公共性が高く信頼のある機関として、金融商品の提供等に

---

4)　我妻榮『近代法における債権の優越的地位』301頁（有斐閣、1953年）。
5)　監督方針とは「金融庁においては、毎年、事務年度（7月1日から翌年の6月30日まで）当初に、監督に当たっての重要事項を明確化するため、金融機関向けの監督方針を制定し、公表している。」とされている。

当たっては、顧客保護に配慮し、その期待に応えていく必要がある旨を強調。」との言及があり、その時代に応じて金融機関が担うべき重点施策を明示し、この場合においては積極的な融資を促進している。

このように、金銭債権の仲介者である金融機関にとっての金融庁検査は、金銭債権の仲介業務の根幹にかかる検査であり、監督方針を踏まえたバランス感覚のよい役割・機能を果たしていることを確認するものといえる。金融庁検査の前段階として行われるのが慣例となっている金融機関による自己査定では、その検査対象となる借入人（銀行の貸付）の業況を銀行が独自に査定し、その借入人の返済能力たる返済資金獲得能力を評価する。実際のところ、自己査定によって貸付債権の回収可能性の評価を債権分類ごとに厳しく吟味し、その評価に応じて、引当金を計上している。

この自己査定がスタートしたのは1997年であり、その後金融検査マニュアルが策定され、資産査定（銀行の貸付債権の査定）がスタートし、当初は預金保護の考え方が重視されていた。当時、バブル経済による不動産の高騰を背景に、バブルで資金需要を強めた不動産会社に対して、不動産の値上がりを見越した過度な融資が横行した。その結果、金融機関の審査機能は麻痺し、いわゆる住専問題にまで発展する事態を引き起こした。本来であれば、金融機関は借入人の事業に対する取り組みや将来の事業計画に基づく貸付債

---

6) 日本公認会計士協会銀行等監査特別委員会報告第4号「銀行等金融機関の資産の自己査定に係る内部統制の検証並びに貸倒償却及び貸倒引当金の監査に係る実務指針」（平成9年4月・平成11年4月改正）には、冒頭部分で自己査定について以下の通り定義している。「早期是正措置の導入に伴い、銀行等金融機関は、資産の自己査定基準を定めて、その有する資産を検討・分析して、回収の危険性又は価値の毀損の危険性の度合いに応じて分類区分すること（以下「自己査定」という。）が必要になった。自己査定は、貸借対照表上最も重要性の大きい信用リスク資産の保全管理の柱となるものであると同時に、貸倒償却及び貸倒引当金の適正な計上に資するものである。銀行等金融機関は、自己査定基準を定めて、それに準拠して適正な自己査定が可能となるような内部統制を構築することが求められる。監査人は、貸倒償却及び貸倒引当金の監査を実施する際、自己査定基準が適正に整備され、自己査定がその基準に準拠して実施されていることを確かめなければならない。」
7) 金融庁「中小企業者等に対する金融の円滑化を図るための臨時措置に関する法律に基づく金融監督に関する指針、金融検査マニュアル等の公表について」（http://www.fsa.go.jp/news/21/ginkou/20091204-1.html、2012年12月最終閲覧）。
　金融検査マニュアルにおいては、中小・零細企業等の債務者区分の判断について「当該企業の財務状況のみならず、当該企業の技術力、販売力や成長性、代表者等の役員に対する収入状況や資産内容、保証状況と保証能力等を総合的に勘案し、当該企業の経営実態を踏まえて判断するものとする。」としている。
8) 1998年頃から金融機関の破綻が相次ぎ、預金保護の考え方はより強まった。

権の評価を行うべきところ、過度な不動産担保融資に傾斜し、借入人の事業能力等の評価は、事実上行われていなかった。

　金融検査マニュアルが制定され、自己査定が始まったことにより、本格的な金融業務がスタートしたといえよう。もしくは「銀行の金銭債権の仲介者たる作用」を金融機関が実務として認識したともいえるだろう。事実、1997年の自己査定の開始を機に、貸付債権（金銭債権）の捉え方に大きな変化が生じた。以降では、実務における金銭債権の捉え方を、マクロ金融的な視点と、金融庁検査および自己査定の本質から検証することで、債権譲渡行為の実相および問題点を深く探究する次第である。

Ⅱ．現在における債権譲渡の実相

1）金融実務における実相
(1) 債権の仲介者たる銀行の位置づけ

　銀行の大きな役割のひとつに、間接金融を担うことが挙げられる。間接金融とは、自らの資金調達のために固有の金融商品を用いて資金供給者から資金を吸収し、主として融資によって資金需要者に対して資金供給を行う金融仲介のあり方をいい、間接金融を担う金融機関を間接金融機関という[9]。言い換えれば、資金余剰主体から預金を集め、資金不足主体に対して貸付を行うこと[10]である。

　銀行に預けられた資金を借入人に貸し付けることで、それは銀行の債権となる。すなわち、この銀行を仲介者とした債権の移動をマクロ的な観点から見ると、預金者の預金債権を銀行が仲介し、中小企業等借入人への貸付債権として譲渡している、といえよう。そう考えると、銀行の仲介機能そのものが、金融債権譲渡を構成していることとなる。

---

9) 大垣尚司『金融と法』269頁（有斐閣、2010年）。
10) 大阪市立大学経済研究所編『経済学辞典　第3版』（岩波書店、1992年）によると、直接金融は、主として有価証券を用い市場を介して資金余剰主体から資金不足主体へ資金が直接流れることを指し、間接金融は、金融機関が一方で資金余剰主体から受信を行い自らの発行する間接的証券により資金調達し、他方で資金不足主体に対し与信を行うかたちで間接的に資金の仲介を行うことと定義している。

【図】預金者（資金余剰主体）の銀行預金部門に対する預金債権

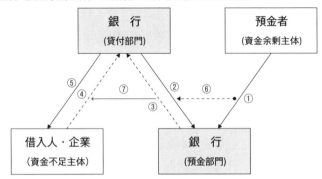

① 預金者（資金余剰主体）の銀行預金部門に対する預金債権
② ⑥により預金者の預金債権の譲渡が銀行貸付部門に行われている
③ ②の反対債務を負っている
④ ⑦により③の債務を履行引受している（債務引受）
⑤ ④の反対債権すなわち貸付債権

(2) マクロ的に見た銀行実務における**債権譲渡**

銀行業は、銀行法に基づく免許が必要である。銀行法では、銀行業務を①預金または定期積金の受入と資金の貸付けまたは手形の割引を行うこと、②為替取引（内国為替・外国為替といった決済業務）を行うことの、いずれかを行う営業と定義している[11]。つまり、銀行は余剰資金や決済資金を預かる預金部門と当該預金を利用して企業等へ信用創造を行う貸付部門の2つの顔を持っている[12]と整理することができる。

預金債権が貸付債権になるプロセスを法律的に考察すると次の通りである。

資金余剰主体である預金者は、銀行に預金を行うことで、銀行（預金部門）に対して預金債権を有することとなる（図の①）が、その預金債権は、預金者の承諾のもと銀行（貸付部門）に譲渡される[13]（図の⑥）。これにより、銀行

---

11) 銀行法2条2項に定められている。
12) 銀行取引を法的に考察する前提として、銀行には預金を受け入れる機能（顔）と、企業等に融資（貸付）を行う機能（顔）の二面性があり、預金者は銀行預金部門と取引を行い、借入人は銀行貸付部門と取引を行うと考えると理解しやすい。
13) 銀行法に定められている銀行業務を預金者は知っているため、預金者の預金債権は、

（預金部門）が銀行（貸付部門）に対して預金債務を負っている状態となる（図の③）。資金不足主体である借入人は、銀行からの融資金と引換に、銀行（貸付部門）の債務（図の③）に対し履行引受（図の⑦）を行っている状態となる。その結果、銀行の貸付部門は、借入人に対して（図の④）の反対債権として貸付債権（図の⑤）を有する状況となる。

　マクロ的に考察すれば、資金余剰主体である預金者の預金債権は、銀行を介し、資金不足主体である借入人が、その預金債務の履行を引受けたと考えることができる。見方を変えれば、預金者が銀行を介して、借入人に対する貸付債権を保有しているともいえる。この一連の流れが、我妻博士が述べられている「銀行の金銭債権の仲介者たる作用」[14]の考え方であり、金融実務における債権譲渡の実相としてとらえることができる。なお、上記を裏付ける事実として、⑥の対価として、預金者は預金相当額を受取ることができ、⑦の前提として、借入人・企業は、融資金相当額の払込を受けている。

2）金融庁検査の本質的意義（自己査定導入の経緯）

　銀行が金融検査マニュアルに基づく自己査定を行うことは当たり前になりつつあるが、自己査定が導入されたのはごく最近のことである。バブル崩壊までは、大蔵省が金融機関の経営について事細かく指導を行う一方で、金融機関の健全性を業態内の優劣にかかわらず事実上保証する、いわゆる護送船団方式の体制となっていた。[15]そのため、預金は事実上全額元本保証された状態となっており、実務上も貸付金債権の回収可能性を的確に見積もる必要性はなかった。

　しかし、平成7年頃からの金融機関の破綻が相次ぎ、金融システムの安定が重要課題となったことで、資産の内容を的確に把握する機運が高まり、自己査定制度が導入されることとなった。[16]平成9年3月に旧大蔵省金融検査

　　貸付金債権になることは承諾している状態であることは、銀行へ預金を預ける段階での前提条件として考えられている。
14)　我妻榮・前掲注4）300頁。
15)　大垣尚司・前掲注9）272頁。
16)　整理回収機構「RCC（東京共同銀行・整理回収銀行時代を含む）が資産を譲受けた破綻金融機関一覧」(http://www.kaisyukikou.co.jp/intro/intro_004_5.html、2012年12月最終閲覧)。
　　平成7年3月に東京協和信用組合と安全信用組合が破綻したことを皮切りに、平成8年3月にコスモ信用組合、同年11月に山陽信用組合、けんみん大和信用組合、平成9年

部長から金融証券検査官宛に「早期是正措置制度導入後の金融検査における資産査定について」との通達が発出された。その中で金融機関における自己責任原則の徹底を前提とし、資産査定の正確性及び償却・引当の適切性について実態を把握することや、法令等のルール遵守状況に主眼を置くこと[17]ならびに資産査定に係る分類も示され、平成10年3月期決算より、自己査定が本格的にスタートした。さらに、回収不能債権について、その回収不能見込額を貸借対照表の資産項目から直接控除（償却）を行うか、回収不能見込額を貸借対照表の負債項目である貸倒引当金に繰入れることを要請されることとなり、BIS基準による自己資本比率の判断が厳格に行われるようになった。

また、平成10年6月には、金融の円滑化および証券取引の公平を確保する目的で金融監督庁が誕生し[18]、平成11年には、金融監督庁検査部長名で「預金等受入機関に係る検査マニュアルについて」との通達が発出され、新たな金融検査マニュアルが誕生した。平成12年7月には、金融監督庁と大蔵省金融企画局が統合し、安定的で活力ある金融システムの効率と金融市場の効率性・公平性の確保を理念に掲げた金融庁が発足した[19]。金融機関の相次ぐ破綻を受け、約5年もの間に立て続けに新たな施策や動向が見られるのは後にも先にもこの時期しかなく、それほど金融システムが危機的状況にあったことがよく理解できる。

1月に大阪信用組合、同年2月に木津信用組合等の破綻が相次いだ。平成10年は都市銀行の北海道拓殖銀行の大型破綻があり、更に阪和銀行、なにわ銀行、福徳銀行など19金融機関が破綻した。平成11年はみどり銀行など15金融機関が破綻し、平成11年度は8月16日に日本長期信用銀行、11月22日に日本債券信用銀行の超大型の破綻を含む、19金融機関が破綻した。その後も、平成12年度に19金融機関、13年度に37金融機関、平成14年度に51金融機関が破綻し、金融機関の破綻は落ち着いた。

17) 財務省「早期是正措置導入後の新検査方式」（http://www.mof.go.jp/about_mof/zaimu/50years/020403.htm、2012年12月最終閲覧）。
早期是正措置導入後の新検査方式の基本的な考え方が示され、検査における実態把握を主眼とするなどについて示されている。

18) 金融監督庁設置法3条には「金融監督庁は、法令の定めるところにより、預金者、保険契約者、有価証券の投資者等を保護するとともに金融及び有価証券の流通の円滑を図るため、銀行業、保険業、証券業その他の金融業を営む民間事業者等の業務の適切な運営又は経営の健全性が確保されるようこれらの民間事業者等について検査その他の監督をし、及び証券取引等の公正が確保されるようその監視をすることを主たる任務とする。」と定義されている。

19) 金融庁「金融庁発足に当たって－金融庁大臣談話」（2000年7月3日）。

3）金融機関における貸付債権の保全

金融機関が中小企業等に資金を供給する際、預金者から預かった資金を原資とする。そのため、銀行法1条には「この法律は銀行業務の公共性にかんがみ、信用を維持し、預金者等の保護を確保するとともに金融の円滑を図るため、銀行の業務の健全かつ適切な運営を期し、もって国民経済の健全な発展に資することを目的とする。」と記されており、預金者の保護が謳われている。その一方で、金融の円滑化も重要課題とされ、実務上では両立が極めて難しいことがここでは規定されている。

そうした実態がある中で金融機関が頼りにしているのは「担保」制度である。担保があれば、その見合いの融資については貸倒リスクが軽減され、金融の円滑化と預金者の保護を同時に満たしやすい。そうした理由から、資金調達においては常に担保が注目されてきたといえるだろう。不動産担保による資金調達は、バブル崩壊により不動産の価値が大幅に下落し、限界を迎えたが、それまでは不動産担保に依存した融資は往々にして存在していた。不動産担保融資が行き詰まりはじめたことで、「担保」の対象は中小企業が保有する残された資産である「売掛債権」と「動産在庫」に目が向けられ、現在の活用へとつながっている。

4）担保的機能としての債権譲渡の変遷

繰り返しにはなるが、バブル崩壊によって不動産価格が大幅に下落し、担保価値は縮小した。以降もデフレ経済などの影響もあり、中小企業等における不動産担保による資金調達は限界を迎えている現状がある。一方で、平成22年度の法人企業統計調査結果[20]によると、企業が保有している資産は、土地が187兆円、売掛金（受取手形を含む）が206兆円となっており、売掛債権は土地を上回る資産となっている。そうした背景から、近年は国の施策で売掛金担保融資制度等が導入され、売掛債権等を活用した資金調達が積極的に行われるようになった。池田教授は「伝統的な不動産担保融資が手持ち不動産に限界までの抵当権を設定して行き詰った後は、端的に言って残された資産の中では売掛債権と動産在庫しか活用の対象はないのである。担保対象資

---

20) 財務省「法人企業統計調査結果（平成22年度）」（2011年10月31日発表）我が国の営利法人等の決算計数を取りまとめたものである。

産が、債権と在庫動産に広がるのは理論必然の結果なのである[21]。」と解し、担保重視の銀行取引において、債権を担保とすることは自然の流れであるとの考えを示した。

売掛債権を担保にする資金調達は、間接金融ではあるものの、企業などの被融資者(譲渡人)の信用力ではなく、当該債権つまり第三債務者の信用力を引当にした担保であり、信用力が十分ではない企業であっても資金調達環境が改善される点が特徴として挙げられる。また、金融実務において、債権譲渡取引が、緊急事態による保全のための取引から通常の資金調達にも利用が拡大され、大きな変化が生まれている。この点についても池田教授は「転換期の取引法判例として債権譲渡が重要なのは、債権譲渡という取引自体が、企業の危急時の取引から、正常業務の中の資金調達取引に変わってきたからである。そこでは、実務当事者も、分析する研究者側も、債権譲渡取引についての認識や評価を大きく転換させることが必要であると思われる[22]。」と述べている。

資金調達における債権譲渡担保を利用した取引の変化は、金融取引の実相を反映していると考えられる。売掛債権を担保として資金調達を行う取引でも、将来債権の取扱が担保としての幅を拡大することとなり、調達方法の多角化が期待できる。しかしながら、将来債権は特定や発生可能性の判断が非常に難しく、将来債権譲渡契約の有効性等については判例法理が変遷し続けている真っ只中でもあり、実務上の取扱が定着するのは、もう少し先のこととなるだろう。

Ⅲ．債権譲渡をめぐる判例法理の検証

1) 将来債権譲渡に関する判例法理の進展

(1) 将来の債権を譲渡することの意義

売掛債権等の債権譲渡は、既発生の債権の価値(金額)が限定的であるため、将来にわたって発生する債権の見通しが立てやすいことから対象に含むことができ、資金調達取引における担保の効果は大きい。そのような観点か

---

21) 池田真朗「ABL等に見る動産・債権担保の展開と課題－新しい担保概念の認知に向けて」『債権譲渡の発展と特例法　債権譲渡の研究　第3巻』321頁(弘文堂、2010年)。
22) 池田真朗・前掲注21)20頁。

ら、将来債権の有効性を法的観点から明確にすることが実務において強く望まれており、それが将来債権に関する判例法理の進展の原動力になっている。

我が国の判例法理において、大審院時代は、将来債権譲渡の有効性は広く認められていた（大判昭和9・12・28民集13巻2261頁）が、昭和53・12・15（最判集民事125号839頁）の判決で、将来債権の有効期間は向こう1年以内とする旨が判断され、将来債権譲渡は1年以内の債権を対象とする慣行がしばらく続いていた。最三小判平成11・1・29判決により、ようやく複数年の将来債権譲渡契約が認められることになったが、その対象となった債権は診療報酬債権であった。一見、医師の診療報酬債権は将来的にも発生が確実な債権である印象を受けるが、医師が病気になり診療を中止せざるを得ないなど、診療を継続できない事態に陥れば、診療報酬債権は発生しないことになる。その可能性は、医師の健康状態やその医療機関の経営状態など、医師本人ならびに当人を取り巻く環境等から将来にわたる信用力の評価を行わなければならない、との見解が示された。本判例においては、これらを総合的に検証し、将来債権譲渡契約の有効性に問題はないと判断された、と考えられる。

しばらくの間、顕在化した債権の譲渡しか認められていなかった慣習に対して、この判決によって潜在的な債権の譲渡が認められたことに大きな意義と進展があったと見ることができる。

(2) 将来債権の実現可能性

将来債権の譲渡契約が有効に取り扱われることは、金融実務において大きな進展となりうる。これまで将来債権の譲渡契約に問題があると考えられていた要因の一つに、給付の観点が挙げられる。そもそも債権・債務の関係が成立するためには、債務者がなすべき給付に実現可能があることが前提条件となっている[23]。そのため、当然に将来発生する債権についても譲渡契約を有効にするためには、将来発生する債権の実現可能性を担保しなければならない。

医師の診療報酬債権について複数年の将来債権譲渡契約を認めた平成11年

---

23) 池田真朗『民法債権総論』16頁（慶應義塾大学出版会、2009年）。

の最高裁判決は「将来発生すべき債権を目的とする債権譲渡契約にあっては、契約当事者は、譲渡の目的とされる債権の発生の基礎をなす事情をしんしゃくし、右事情の下における債権発生の可能性の程度を考慮した上、右債権が見込みどおり発生しなかった場合に譲受人に生ずる不利益については譲渡人の契約上の責任の追及により清算することとして、契約を締結するものと見るべきであるから、右契約の締結時において右債権発生の可能性が低かったことは、右契約の効力を当然に左右するものではないと解するのが相当である。」と判示した。

　この判示からは、譲渡の目的とする債権の発生可能性が極めて低くても、将来債権譲渡契約は有効であると読むこともできる。しかしながら、同判決は昭和53年判決について「当該事案の事実関係の下においてはこれを肯定すべきものと判断したにとどまり、将来発生すべき債権を目的とする債権譲渡契約の有効性に関する一般的な基準を明らかにしたものとは解し難い」として、昭和53年判決がいう「将来発生すべき診療報酬債権を目的とする債権譲渡契約について、一定額以上が<u>安定して発生することが確実に期待される</u>それほど遠い将来のものではないものを目的とする限りにおいて有効とすべきもの（下線部筆者）」という判例法理を真っ向から否定しているわけではなく、また、将来債権の発生可能性が相当程度低くても債権譲渡は有効である、と解したものではない。なぜなら、同判決においても、「譲渡の目的とされる債権の発生の基礎をなす事情をしんしゃくし、右事情の下における債権発生の可能性の程度を考慮」することは必要と解しているため、「右医師の経済的な信用状況が当時既に悪化していたと見ることができないのはもとより、将来において右状態の悪化を招来することを免れないと見ることもできない。」としているからである。

　さらに「医師に融資をする側からすれば、現に担保物件が存在しなくても、この融資により整備される診療施設によって医師が将来にわたり診療による収益を上げる見込みが高ければ、これを担保として右融資を実行することには十分な合理性がある」と、判断しており、譲渡の目的となる診療債権の発生可能性を判断していると解されるからである。加えて、「このような融資形態が認められることによって、能力があり、将来有望でありながら、現在は十分な資産を有していない者に対する金融的支援が可能になる」とも解しており、譲渡の目的となる将来発生する診療債権の譲渡契約には担保価

値があることも示唆している。この判断が、後述する金融機関が融資金の審査の際に行う信用力の判断に大きな影響を与えたといえる所以である。

2）譲渡禁止特約に関する判例法理の進展

　銀行の「金銭債権の仲介者たる作用」の観点から見ると、将来債権譲渡の有効性について評価を示した平成11年最高裁判決は画期的といえる。しかし、その一方で債権の譲渡担保の円滑化を阻害していた要因の一つに、譲渡禁止特約の問題があった。

　譲渡禁止特約に関してこれまでの判例法理を整理すると、銀行預金債権のケースではあるが、昭和48年7月19日最高裁判決（民集27巻7号823頁）において、重過失は悪意と同視しうるとして、譲受人に「善意」ではなく「善意無重過失」を必要とした判示がある。この判例によって、債権を譲り受けようとする者は、譲渡禁止特約の存在を確認しなければ、善意の主張について重過失があると判断される可能性があり、安心して債権を譲り受けることができない状況となった。この昭和48年最高裁判決は、重大な過失は悪意と同様に取扱うべきとした点と、銀行預金債権に譲渡禁止特約が付されていることは銀行取引経験者にとって周知の事実である公知性を理由にした点が金融実務において大きな影響を与えることになった。

　その後、平成16年6月24日最高裁決定（金法1723号41頁）では、債権譲渡担保契約に基づき売掛債権の譲り受けた金融機関が譲渡禁止特約を知らなかったことについて重過失があったため債権譲渡は無効であるとされた。この決定の原審判決となる平成16年2月6日大阪高判（金法1711号35頁）では、明示的に「原告の譲渡禁止特約の有無に関する調査義務」という表現が用いられ、譲受人が譲渡禁止特約の有無について調査義務を尽くさなかったことを重過失と判断している。民法466条1項では「債権は譲り渡すことができる」として債権には譲渡性があることを原則とし、2項では「前項の規定は、当時者が反対の意思を表示した場合には適用しない」として債権の譲渡性を当事者の譲渡禁止特約で排除しているが、善意の第三者には対抗できないとして、再び債権の譲渡性の原則に考慮しているものと解することができる。つまるところ、譲渡禁止特約の有無に関して調査義務を課す判断は、債権の譲渡性の原則から考察しても違和感があり、ましてや金融機関が取り組

む売掛債権担保融資の進展を妨げることにつながっていった[24]。

この点に関して池田教授は「容易に知りえたものを知ろうとしなかったという意味で重過失が認定される場合があるとしても、この譲渡禁止特約の場合の重過失判断の基礎に、一般論として譲受人の積極的な『調査義務』が措定されるのは不当と言わざる得ない[25]」とし、「重過失を認めた原判決の、譲受人に『調査義務』を課すごとき理論には、実務への影響の問題はもちろん、それに措いて学理的に見た場合にも重大な疑問がある[26]」と見解を示している。

そもそも、譲渡担保の対象となる債権に譲渡禁止特約が付されることが、融資における債権譲渡の担保価値を毀損することに事実上つながっている実態がある。資金調達実務における譲渡禁止特約についても池田教授は「現在の資金調達実務では、この譲渡禁止特約が大きな阻害要因になっている。しかも、このような特約が世界的スタンダードであるならば、ある意味でそれも仕方ない（合理的な理由がある）ということになろうが、実はこのような譲渡禁止特約を明文で認める民法は世界中でごく少数なのである。主要国ではドイツ、スイスくらいであり、実はドイツも他の法律で民法の譲渡禁止特約を実質外しているという実情がある。したがって、現在、売掛債権を活用する金融取引においては、なるべくこの譲渡禁止特約を外す合意をとりつけようとしたり、そもそも譲渡禁止特約付き債権はスキームに入れないことにしたり、官から指導して特約を付けない運動をしているのである（経済産業省、日本銀行。調達省庁として防衛庁なども自主的にこの特約を外すようにしているという）[27]」と実務上の問題点について指摘している。さらに「今後も、債権譲渡関係の判決は、将来債権譲渡、債権譲渡担保、債権流動化、等でなお発展を続けると予測される。譲渡禁止特約についても、立法と判例の競合状態が出現するかもしれない。[28]」との指摘をしており、債権譲渡について正常業務における資金調達手法として変貌した判例法理の展望を期待しつつ、研究者側にも分析視点を変えることの必要性を唱えられている。

---

24) 池田真朗・前掲注21）20頁。
25) 池田真朗・前掲注21）230頁。
26) 池田真朗・前掲注21）232頁。
27) 池田真朗・前掲注21）36頁。
28) 池田真朗・前掲注21）39頁。

Ⅳ．金融庁検査における債権譲渡担保の実相

1）金融庁「金融検査マニュアル」及び自己査定と債権償却

　銀行は、金融検査マニュアルに基づき自己査定を実施し、銀行の資産（貸付金債権）を個別に検討し、債権の回収の危険性または価値の毀損の危険性の度合いに応じて債務者を区分し、信用リスクの程度に応じた十分な水準の償却・引当を行っている。貸出等の債権の自己査定においては、まず、債務者をその財務内容や返済能力に応じて、①正常先、②要注意先、③破綻懸念先、④実質破綻先、⑤破綻先の５つに区分する。次に債務者ごとに個々の債権の担保・保障等の状況を勘案し、分類区分と分類金額を確定する。その結果に基づき、貸倒等の実態を踏まえ、債権等の将来の予想損失額等を適宜かつ適正に見積もることを行っている。

2）資産自己査定と貸倒償却に関する日本公認会計士協会の実務指針

　自己査定の結果は、会計上の貸倒償却及び貸倒引当金の合理的な計上につながる。日本公認会計士協会が制定した「銀行等金融機関の資産の自己査定並びに貸倒償却及び貸倒引当金の監査に関する実務指針」には、「自己査定は、貸借対照表上最も重要性の大きい信用リスク資産の保全管理の柱となるものであるが、同時に貸倒償却及び貸倒引当金の適正な計上に資するものである。銀行等金融機関は、自己査定基準を定めて、それに準拠して適正な自己査定が可能となるような内部統制を構築することが求められる。監査人は、貸倒償却及び貸倒引当金の監査を実施する際、自己査定基準が適正に整備され、自己査定がその基準に準拠して実施されていることを確かめなければならない。[29]」と、自己査定の重要性及び基準の整備について明記した。そして、債務者の区分を以下のように取扱うことを定めた。

①正常先…業況が良好であり、かつ財務内容にも特段の問題がないと認められる債務者
②要注意先…金利減免・棚上げを行っているなど貸出条件に問題のある

---

[29] 日本公認会計士協会「銀行等金融機関の資産の自己査定に係る内部統制の検証並びに貸倒償却及び貸倒引当金の監査に関する実務指針」（1999年改訂）。

債務者、元本返済若しくは利息支払が事実上延滞しているなど履行状況に問題のある債務者のほか、業況が低調ないしは不安定な債務者又は財務内容に問題がある債務者など今後の管理に注意を要する債務者

③破綻懸念先…現状、経営破綻の状況にないが、経営難の状態にあり、経営改善計画等の進捗状況が芳しくなく、今後、経営破綻に陥る可能性が大きいと認められる債務者

④実質破綻先…法的・形式的な経営破綻の事実が発生していないものの、深刻な経営難の状態にあり、再建の見通しがない状況にあると認められるなど実質的に経営破綻に陥っている債務者

⑤破綻先…法的・形式的な経営破綻の事実が発生している先をいい、例えば、破産、清算、会社整理、会社更生、手形交換所の取引停止処分などの事由により経営破綻に陥っている債務者

3）債権償却及び貸倒引当金計上と債権譲渡の関連性

　銀行の実務では、自己査定の結果に応じて債権償却及び貸倒引当金計上を行うことになるが、担保の取扱いが巧みに関与してくる。まず、区分された債権が正常先と判断された場合は、個別に貸倒引当金を計上する必要はなく、担保の考え方は不要となる。次に、破綻懸念先や実質破綻先に区分された場合、不動産などの担保によりカバーされている部分を除外した部分に対して、個別に貸倒引当金を計上することが必要になり、債権の回収可能性の判断に、不動産など顕在化した担保の換金性が直接影響してくる。担保の取扱いについて複雑な判断を要するのが、要注意先である。要注意先は、問題の程度が軽い場合は、正常先と同様に、個別に貸倒引当金を計上する必要はないが、貸出条件に問題があるなど、今後の管理に特に注意が必要な貸付先（要管理先）の場合は、原則として債権の元本の回収及び利息の受取に係るキャッシュ・フローを合理的に見積もり、当該キャッシュ・フローを当初の約定利子率で割り引いた金額と債権の帳簿価格との差額について貸倒引当金を計上することとなる[30]。これは、当該債権の債務者（借入人）が、当該債権にかかわる事業において将来稼得するキャッシュ・フローを担保として取り

30）　高橋俊樹『金融機関の債権償却－自己査定における実務対応』20頁（金融財政事情研究会、2012年）。

入れる考えを採用していることに基づく。なぜなら、当該キャッシュ・フローは、貸付債権の返済に充当されるため、この分の貸倒引当金の計上は不要と規定しているからである。

ところで、当該債権の債務者（借入人）が、当該債権にかかわる事業において将来稼得するキャッシュ・フローを担保とすることは、法律的に見れば、将来債権譲渡担保と同義になると考えられる。すると、債務者が将来稼得するキャッシュ・フローが、将来債権譲渡担保と同義になる程度まで実現可能性のあるものなのか、という懸念が生まれる。この点については、金融庁検査において、要管理先に陥った（あるいは陥りそうな）金融機関の取引先（中小企業等）が実現可能性の高い事業計画に基づいて経営を行っているか否か、を厳しく査定している。また、中小企業の経営改善・事業再生の促進等を図るため、金融機関に対し、抜本的な事業再生等の支援が必要な場合には、判断を先送りせず公認会計士や中小企業診断士などの外部機関等の第三者的な視点や専門的な知見を積極的に活用することを求める[31]などとして、実現可能性が高いものであることを判断している。

4）金融円滑化法の本質

近年の経済金融情勢ならびに雇用環境の悪化などに鑑みて、平成21年12月に中小企業者等に対する金融の円滑化を図るための臨時措置に関する法案（中小企業金融円滑化法）が、平成24年3月までの時限立法として制定された。現在の日本が直面している「雇用の確保」という至上命題を達成するために、中小企業の倒産回避の見地から立法化されたものである。

金融円滑化法は、現在の混沌とした経営環境においては、時代が落ち着くまで流動的な要素が多く、中小企業等において将来の事業計画を企てることが困難な状態であることを考慮し、合理的な判断ができる環境が整うまで実現可能性の高い抜本的な計画の策定を猶予することで、債権の回収の危険性または価値の毀損の危険性の判断も猶予するというものである。これによって、金融機関は自己査定における債務者区分を猶予することができる。それに加えて、金融円滑化法の施行にともない、金融検査に係る監督指針が改定

---

31) 内閣府・金融庁・中小企業庁「中小企業金融円滑化法の最終延長を踏まえた中小企業の経営支援のための政策パッケージ（平成24年4月20日）」（https://www.fsa.go.jp/news/23/ginkou/20120420-2/01.pdf、2012年12月最終閲覧）。

され、自己査定における債務者区分を緩和させることとなったが、金融検査の目的である預金者保護を阻害するものではないため、実務上においても足かせになるようなことはないといえる。[32]

　時限的措置である金融円滑化法がなくなったとしても、債務者が実現可能性の高い抜本的な経営再建計画を策定すれば、特例法が適用されている期間と実務上は大きな変化は起きないため、時限法解消後の影響はそこまで大きなものはないと考えられる。ただ、平成23年12月時点で、当初想定していた金融円滑化法の期限の最終延長等に関する金融担当大臣談話が公表され、金融機関に対してコンサルタント機能の一層の発揮や、実現性の高い抜本的な経営再建計画の策定・進捗状況の適切なフォローアップの推進を講じるように指示が出されるなど、まだまだ金融実務を取り巻く環境が改善したとはいえない状況にある。その一方で、金融機関の貸付債権の評価は、中小企業等債務者が作成した将来の事業計画の実現結果そのものとする考え方も明示されるようになった。まさに、将来債権の実現可能性を検証する動きが明確になり、中小企業等を支援する金融円滑化が進みつつあるといえよう。

Ⅳ．結び

　我妻博士の論じた「銀行は他人の金銭債権を金銭債権として利用するもの」が意味するものは、銀行業務の本質として自然と債権譲渡行為が繰り返されているところに、如実に現れているといえる。金融機関は、金融債権の仲介者として信用創造という名の円滑な資金供給を果たすわけである。そして、その円滑な資金供給を果たすためには、自己査定による貸付債権の評価、すなわち債務者の評価を的確に行うことが欠かせない。

　現代における債権譲渡行為の実相を一口にいうと、預金債権は債権譲渡により貸金債権に変容しているととらえられ、将来債権譲渡についても明確な

---

32)　「中小企業者等に対する金融の円滑化を図るための臨時措置に関する法案要綱」（金融庁）には、その目的として、「この法律は、最近の経済金融情勢及び雇用環境の下における我が国の中小企業者及び住宅資金借入者の債務の負担の状況にかんがみ、金融機関の業務の健全かつ適切な運営の確保に配意しつつ、中小企業者及び住宅資金借入者に対する金融の円滑化を図るために必要な臨時の措置を定めることにより、中小企業者の事業活動の円滑な遂行及びこれを通じた雇用の安定並びに住宅資金借入者の生活の安定を期し、もって国民生活の安定向上及び国民生活の健全な発展に寄与することを目的とする。」と記載されている。

担保評価基準ができあがっているということである。金融庁検査の目的には、預金者保護と円滑な資金供給の2点が挙げられる。預金者保護の観点から厳しい資産査定を行うと、その姿勢は貸し渋りのような印象を与えてしまうかもしれない。しかしその姿勢は、債務者の事業計画遂行能力の評価を可能な限り的確に行い、時には金融機関がコンサルティングを加えることを想定した上で、計画の実現可能性を見越した評価が行われているわけであり、そこに自己査定の深みと債権価値の妙味があると考えられる。よって、預金者保護と円滑な資金供給は相反する理念ではなく、両輪の機能を持つものであることが理解できるだろう。

　実務面から見ても、預金者が有する預金債権と銀行の貸付債権は、金銭債権の仲介機能で結ばれ、金融検査マニュアルに基づく自己査定等による銀行の努力そのものが、現代社会における債権譲渡行為の実相ともいえる。また、企業が事業計画等にしたがって経営努力によって生み出す将来キャッシュ・フローは、将来の金銭債権の価値につながり、譲渡担保の価値評価につながることになる。金融検査マニュアルが、将来の金銭債権の価値評価手法を取り入れていることも債権譲渡の実相と捉えることができるのではないだろうか。

【第 2 章　第 2 節】

企業経営における事業性評価のポイント
―ローカルベンチマークの活用―

【前注：本節は、追手門学院大学ベンチャービジネス研究所が発行する「ベンチャービジネスレビュー」Vol.9（2017年3月）に掲載したものを加筆・修正したものである。脚注にて記載しているWeb上の参考資料や政策文書については、当時の参照資料から加筆・修正・変更・削除・更新等が行われているものが含まれることをあらかじめご留意いただきたい。】

Ⅰ．金融行政の変遷と事業性評価

　近年、金融機関の融資姿勢に変化が出てきているとの声を企業経営者から聞く機会が増えてきた。その背景には、大きく2つの要因があると考えられる。ひとつは、不動産担保や経営者保証に過度に頼らない融資姿勢が金融機関担当者内で浸透してきたことが挙げられる。もうひとつは、金融庁が発表する金融行政方針や経済産業省が提供するローカルベンチマークなどにより、これまで財務諸表などを基に実施していた定量的な分析・評価に加え、企業の定性的な情報を加味し、企業の将来性を分析・評価する姿勢が定着してきたことである。

　金融庁は、中小企業金融実務の円滑化による中小企業の活性化等を目的とする「経営者保証に関するガイドライン」[1]を公表した。同ガイドラインは、日本商工会議所及び全国銀行協会を事務局とする「経営者保証に関するガイドライン研究会」が検討し、経営者保証に関する中小企業、経営者及び金融

---
1) 金融庁「『経営者保証に関するガイドライン』の公表について」2013年12月9日（https://www.fsa.go.jp/news/25/ginkou/20131209-1.html、2016年12月最終閲覧）。

機関による対応について自主的かつ自律的な準則として公表され、金融庁が同ガイドラインを融資慣行として浸透・定着させるべく、各金融機関に積極的な活用を促すかたちで全国に広まっていった。発表当初こそ金融機関によって取組状況に温度差が生じていたが、『「日本再興戦略」改訂2015』などにおいて、政府から同ガイドラインの活用促進のため必要な措置を講じるよう指示が出され、また、金融庁が活用実績を公表する動きを見せたことも相まって、利用促進につながった。

経営者保証に頼らない融資を行うには、債務者である企業の事業性を評価して融資判断をしなければならない。不動産担保に頼らない融資手法においてもABL（動産・売掛金担保融資）の利用促進が打ち出されており、ABLもまた事業性を評価する融資手法といえるものであった。事業性を評価して融資を行う手法が推進されたのには、金融庁が公表した金融行政方針の存在が大きい。金融庁は平成25年度および平成26年度に公表していた「金融モニタリング基本方針」に変わるものとして、金融庁の基本姿勢を示す「金融行政方針」を公表するようになった。金融行政方針を公表するようになって以降、金融庁の取組方針は変化が感じられるようになっており、例えば、過去の不良債権処理に着目した資産査定の考え方から決別し、地域金融機関の本質的な存在意義を自主的に考えさせるような指針を示したり、金融機関を検査・監督する立場から自らが困難な課題に立ち向かいつつ、地域金融機関を支援する立場へと変貌を遂げた。

---

2) 日本商工会議所「『経営者保証に関するガイドライン』について」2013年12月5日（https://www.jcci.or.jp/sme/assurance.html、2016年12月最終閲覧）、一般社団法人全国銀行協会「経営者保証ガイドライン」2013年12月5日（https://www.zenginkyo.or.jp/adr/sme/guideline/、2016年12月最終閲覧）。

3) 首相官邸「『日本再興戦略』改訂 2015」2015年6月30日（https://www.kantei.go.jp/jp/singi/keizaisaisei/pdf/dai1jp.pdf、2016年12月最終閲覧）。

4) 金融庁「『経営者保証に関するガイドライン』の活用実績等について」2015年12月25日（2017年1月20日訂正）（https://www.fsa.go.jp/news/27/ginkou/20151225-7.html、2016年12月最終閲覧）。

5) 金融庁「平成25事務年度監督方針及び金融モニタリング基本方針等について」2013年9月6日（https://www.fsa.go.jp/news/25/20130906-3.html、2016年12月最終閲覧）、金融庁「平成26事務年度金融モニタリング基本方針（監督・検査基本方針）について」2014年9月11日（https://www.fsa.go.jp/news/26/20140911-1.html、2016年12月最終閲覧）。

6) 金融庁「平成27事務年度金融行政方針について」2015年9月18日（https://www.fsa.go.jp/news/27/20150918-1.html、2016年12月最終閲覧）。

7) 平成27事務年度金融行政方針の冒頭で「本方針については、PDCAサイクルを強く意

金融行政方針には、金融庁から地域金融機関に対して、地域における存在意義をあらためて認識し、地域経済を支える地元企業の事業継続・発展を本気で支援することを要請するメッセージ性の強い内容が記載されている。とりわけ、これまでの財務諸表分析をはじめとした定量的な分析による企業診断に留まらず、企業の将来性を定性的な情報も含めて分析し、その事業性を評価するかたちで融資を行う支援に注力することを強く押し出している。企業の将来性を加味し、事業の継続性や発展可能性を見据えて融資判断をするためには、金融機関担当者と企業経営者が綿密なコミュニケーションを重ね、信頼関係が構築されている必要がある。

しかしながら、金融機関担当者と企業経営者とでは視座の違いや経験差などから対等な関係でのコミュニケーションがままならず、理念や知識としては理解できていてもうまく実践できていない事例が現場では多数生じた。その現場の問題を解決するためのツールとして経済産業省が発表したのが、ローカルベンチマークである。ローカルベンチマークは、地域金融機関や支援機関と企業の経営者等が、対話を通じて、同じ目線で企業の経営状況を客観的に把握し、経営改善に向けた課題の発見と解決を模索するためのツールとして公表され、その機能・効果から「企業の健康診断ツール」や金融機関職員と経営者をつなぐ「対話ツール」としても位置づけられている。[8]

金融庁が行政方針を発表し、経済産業省が支援ツールを提供するなど、複数の官公庁が協力し、一体となって事業性を評価する体制構築に向けた取り組みを行っていることから、地域金融機関が地域経済の中核として将来を担う存在であり、その期待が大なるものであることがうかがい知れる。さらに金融庁に関しては、行政方針の発表に留まらず、組織再編を行い、事業性評価等の取り組みを主導する部署として地域金融企画室を創設し[9]、その初代

識し、その進捗状況や実績等を継続的に評価し、平成28年6月を目途に「金融レポート（仮称）」として公表するとともに、その評価を翌事務年度の金融行政方針に反映させることとする。」と明記し、自ら主体的に課題に取り組む姿勢を示している。

8) 経済産業省「ローカルベンチマーク（通称：ロカベン）」2016年3月（https://www.meti.go.jp/policy/economy/keiei_innovation/sangyokinyu/locaben/、2016年12月最終閲覧）。

9) 金融庁「地域金融企画室の設置について」2015年11月2日（https://www.fsa.go.jp/news/27/sonota/20151102-1.html、2016年12月最終閲覧）。
  地域金融企画室設置について「日本の地域金融機関については、営業地域における顧客層のニーズを的確に捉えた商品・サービスの提供を行うとともに、地域の経済・産業を支えていくことが求められています。また、担保・保証に依存する融資姿勢を改め、取引先企業の事業の内容や成長可能性等を適切に評価（事業性評価）し、融資や本業支

室長として地方銀行の第一線で活躍していた日下智晴氏を抜擢した。日下氏は地域金融機関の存在意義や本質について「金融庁はかねてより、『事業性評価に基づく融資』を要請している。これは担保・保証に依存してきた融資姿勢からの転換を求めるものであり、それによって、地域金融機関の法人向け貸出には劇的な変化が生じる。貸出において担保・保証を取得すると、その最終的なリスクは、担保や保証人の弁済能力となり、担保の時価や保証人の財産で計算されうるものとなる。ところが担保・保証を取得せずに貸すと、リスクは貸出先の財産や事業キャッシュフローそのものに変容する。そのことは、地域金融機関が当該法人の事業リスクを丸抱えし、あたかもその事業を営んでいるかのようになることを意味する。法人向け貸出が事業性評価に基づいたものばかりになると、地域金融機関のバランスシートには、実質的には製造業や卸小売業など、多くの事業が混載された状態になる。そうなると、法人向け貸出の本質的なリスクは、貸出先の信用格付に基づく自己査定では測れなくなっていくことが分かる。」[10]との見解を示しており、地域経済の価値は、地域金融機関の価値そのものが体現するところであり、事業性評価を的確に行い、地域企業を活性化させることができなければ、もはや地域金融機関の存在意義はないとでも言うような強い姿勢を示している。

　金融行政は急速に変化しており、特にこの数年間の変化は、過去の数倍以上もの速さで変化している。その流れを以下の通りまとめて記載する。[11]

平成10年　金融監督庁発足時の長官発言

平成11年　金融検査マニュアル策定

平成12年　金融庁発足時の長官談話

平成14年　金融再生プログラム策定

　　　－　「主要行の不良債権比率を現状の半分程度に低下」と目標設定

援等を通じて、地域産業・企業の生産性向上や円滑な新陳代謝の促進を図り、地方創生に貢献していくことが期待されています。こうした観点から、地域における金融仲介機能に関して、必要な企画、立案、調整、情報収集及び情報分析を行うため、今般、監督局総務課に『地域金融企画室』を設置し、室長として日下智晴を任命しました。」と公表している。

10)　日下智晴「今、地域金融機関を考える」事業再生と債権管理153号 8 頁（金融財政事情研究会、2016年）。

11)　金融庁「第 2 回金融モニタリング有識者会議資料」2016年 9 月30日（https://www.fsa.go.jp/singi/monitoring/siryou/20160930/02.pdf、2016年12月最終閲覧）。

平成15年	リレーションシップバンキングの機能強化に関するアクションプログラム策定
平成21年	中小企業等に対する金融円滑化のための総合的なパッケージの公表
平成25年	金融モニタリング基本方針の策定
	－ 小口の資産査定については金融機関の判断を極力尊重
	－ オンサイトとオフサイトが一体となった新しい金融モニタリング
	－ 事業性評価モニタリングの開始
平成26年	金融モニタリングレポートの公表
平成27年	金融行政方針の策定
	－ 金融行政モニターの設置
平成28年	金融レポートの公表

Ⅱ．担保保証から事業性評価へ（債権の質向上への取り組み）

　経営者保証に関するガイドラインや金融行政方針が現場に浸透し、事業性評価に基づく融資を推進するための取り組みに各金融機関がシフトしていくことで、取引先企業の支援方法は多様化し、事業の継続・発展の可能性は高まっていくものと見られる。平成28事務年度金融行政方針では、これまで形式的に取り組んでいた内容をより実質的にしていくことに主眼が置かれた内容になっており、その基本的な考え方として、以下の通り整理されている。

---

(1) 形式から実質へ
　規制の形式的な遵守（ミニマム・スタンダード）のチェックより、実質的に良質な金融サービスの提供（ベスト・プラクティス）に重点を置いたモニタリングが重要ではないか。
(2) 過去から未来へ
　過去の一時点の健全性の確認より、将来に向けたビジネスモデルの持続可能性等に重点を置いたモニタリングが重要ではないか。
(3) 部分から全体へ

特定の個別問題への対応に集中するより、真に重要な問題への対応ができているか等に重点を置いたモニタリングが重要ではないか。

　これらの考え方は、すべて債権の質向上につながるものであると考えられる。質の高い債権とは、これまで回収可能性の高い債権ととらえられてきた。その最たるものとして不動産担保が挙げられる。不動産担保があれば、有事の際に担保不動産を処分して被担保債権の弁済に充当することができるため、債権を回収しやすい。しかし、不動産担保は有限であり、保全額にも限界がある。加えて、債務者企業の財務内容改善には何ら影響がないものである。すなわち、債権を回収する金融機関にとって回収可能性の高いことが優先的に考えられており、債権自体が取引先企業を支援することにつながらない結末をもたらせているのである。

　これからの債権は、将来的に確実に弁済できる債権こそが質の高い債権である、と考えられるべきであろう。それは回収可能性ではなく、債務者たる取引先企業の本業による収益によって弁済を可能とする、という意味合いで質を問う必要がある。そのためにも、金融機関は、取引先企業の事業内容を正確に把握し、将来性を評価することが定着していかなければならない。財務諸表（決算書）に基づき企業の財務状況を評価することは、過去の実績を分析し評価しているに過ぎず、これからの事業継続や将来的な展望については評価の対象として加味されていない。極端にいえば、過去の結果を如実に表した数値のみで評価を行うのであれば、人間が行うよりコンピューターのほうが的確に評価することが可能である。定性的な要素が判断に影響しないため、ある意味客観的な判断が担保され、公平性は確保しやすいかもしれない。

　しかしながら、金融機関に求められているのは、正確で公平な分析・評価ではなく、取引先企業を支援し、事業を継続・発展させることに寄与することである。財務諸表の分析のみで債務者や債権そのものを評価しているのであれば、将来性がそこには含まれておらず、回収可能性の本質的な議論から目をそむけてしまっているといえる。金融行政方針が打ち出している「過去の一時点の健全性の確認より、将来に向けたビジネスモデルの持続可能性等に重点を置いたモニタリングが重要」とした考え方は、債権の本質的な議論を行う観点からも重要である。将来に向けたビジネスモデルを把握することは、事業性評価の原点であり、担保や保証に頼る債権との向き合い方から事

業性評価による債権の質向上を意識した行動につなげる時代に変化していかなければならない。

ところで、債権者たる金融機関は、債務者に対して潜在的な強制力を有していると考えられ、金融機関の優越的地位の濫用がときに社会的問題になることがあるほどである。そうした強制力を擁する立場にある金融機関が、債務者たる取引先企業を支援するためにその強力なエネルギーを費やして、事業の将来性を担保しようとする取り組みは、非常に心強いものがある。これまでは、取引先企業の支援は金融支援が中心であり、融資できる根拠さえ明確であれば、その企業の事業性に頓着する必要はなかった。そのため、取引先企業を知ろうとする必要がなく、むしろ「知らなすぎる」ケースも多かったため、それによって企業価値評価が下がることさえあっただろう。事業性評価は、債務者を知ることがスタートラインになるため、債権の評価を必要以上に下げることは、理念上生じ得ないという観点からも債権の質向上につながるものと考えられる。

さらに平成28年度金融行政方針には、金融庁自身が金融行政運営の基本方針を抜本的に見直すとの内容が記載されており、担保や保証に過度に依存せず、事業性評価による融資を推進することへの転換を行う中で、モニタリングの考え方や手法の見直しが的確であるか否かを外部の有識者を交えて議論および整理をすることを目的とした「金融モニタリング有識者会議」を設置している。会議のメンバーには金融法務に精通した教授や、現役の金融機関の役員、地域金融に精通した有識者が名を連ねており、ほぼ毎月のペースで実施していることからも、金融庁自身が先進して改革に取り組んでいることがわかり、今後の発展に期待が持てる。

Ⅲ．ローカルベンチマークの活用

事業性評価を行う上で最も重要なことは、金融機関と債務者である取引先企業、ひいては経営者との対話である。経済産業省は、双方の円滑な対話を促すツールとして平成28年3月にローカルベンチマークを公表した。これまで監督行政といえば、縦割りの考え方が横行し、なかなか交わることの少ない印象にあったが、金融庁による金融行政方針と経済産業省によるローカルベンチマークの公表が、縦割り行政を打破し、同じ方向で事業者支援に注力

しようとしている点に画期的な印象を抱いた。

　このローカルベンチマークだが、対話ツールという要素も持ち合わせながら、企業の健康診断ツールと呼ばれる要素も含んでいる。金融機関と企業の関係を、医師と患者の関係になぞらえて、企業が病気（経営困難な状態）になる前に金融機関が処方箋（本業支援）を作るためのツールであると紹介されている。この点について、金融庁地域金融企画室長の日下氏は「貸出先の事業再生は、自らのバランスシートの修復と同義であり、かつ、貸出先の事業への関与において、最も即効的な行動である。それもそのはず、地域金融機関を医療機関に例え、事業再生を必要とする貸出先を患者に例えるならば、当面の対処に必要な輸血や、あらゆる患者に効果のある"債務免除"という薬など、強力な治療手段を有しているからだ。企業にとっての医療機関は、金融機関のみならず様々な支援機関も存在するが、あらゆる治療手段を持ち得るのは金融機関だけなのだ。[12]」と論じ、金融機関が持つ潜在的な力を債務者である取引先企業の経営改革に活用することの期待が垣間見える。金融機関が潜在的に有している優越的地位を「濫用」するのではなく、「活用」することで、債権者および債務者双方にメリットが生じる仕組みになっている。

　また、ローカルベンチマークが健康診断ツールと呼ばれる所以として、「病気になる前」に対処する流れを取っていることも触れておきたい。これまで金融機関は債務者が危機に陥って初めて動き始めるイメージが先行しており、実際にもそのような傾向があったことは否定しにくい。医師に注意されることで、生活習慣を見直し、病気の進行を留めたり、健康維持を意識する人が多いように、ローカルベンチマークも普段の経営が安定している時期などに活用することで、病気（経営困難な状態）を未然に防いだり、悪化を抑止することができる。一度病気にかかると元には戻れないことがあるように、事業再生が必要な状態に陥ることでどうしても企業として動きが鈍化してしまう。そうした状態に陥ることを未然に防ぐことは、債権の質向上の観点からも有益なことである。日下氏も「事業再生に至らないようにすることこそが、地域金融機関の日常業務なのである。経済産業省が今年（平成28年）３月に公表したローカルベンチマークでは、普及のためのロゴマークが作成

---

12)　日下智晴・前掲注10）７頁。

されており、そのマークは企業をイメージする建物に聴診器が当てられている絵柄となっている。さらに専用のサイトを開くと『会社が病気になる前に』と書かれていて、法人にも医療機関が必要であることが示唆されている。」と述べており、事業再生の局面に陥らないために日頃から事業者支援に注力することが重要であることを説いている。

しかしながら、ローカルベンチマークの活用について、現場では運用面で苦慮している様子がうかがえる。平成28年11月18日に実施された第6回金融仲介の改善に向けた検討会議の議事要旨によると、有識者委員より「事業性評価を重視する以外のビジネスモデルについて、積極的な代替案を提起している銀行はあるのか。事業性評価ができない理由は、銀行に対する規制が多いことによるものなのか、それとも能力的にできないのか、銀行が不満を抱えて変革に踏み出せない理由について、聞いていることがあれば、教えて欲しい。」や「担保・保証に依存した融資姿勢が変わらないのは、担保や保証の水準が高いことにより、金融機関がモニタリングを十分にやらなくなるという"怠け者銀行（Lazy Bank）仮説"に陥っている可能性がある。したがって、この状態を解きほぐす必要がある。金融行政方針には、この点を記載しており、非常に評価している。」との意見が出されている。これから、事業性評価に基づく融資が浸透し、金融機関の業務が大きく変革していくことが予想される一方で、有識者委員より具体的な指摘があったように、まだまだ適用に際しての課題が現場には残っていることが懸念材料とされる。ただ、このように様々な取り組みや状況が公表されていることに、金融行政の変化を感じることができる。

Ⅳ．ABLを活用した事業性評価

ローカルベンチマークを活用しながら、債務者である取引先企業と効果的な対話を行い、事業性評価に基づく融資を推し進めていくことは、債権保全の観点からも非常に重要なことであることは既述の通りである。さらに別の

13）　日下智晴・前掲注10）9頁。
14）　金融庁「金融仲介の改善に向けた検討会議（第6回）議事要旨及び配付資料」2016年11月18日（https://www.fsa.go.jp/singi/kinyuchukai/siryou/20161118.html、2016年12月最終閲覧）。

取り組みとして、経営者保証に関するガイドラインにも不動産担保や保証の代替メニューとして挙げられていたABL（動産・売掛金担保融資）に着目しておきたい。

　ABLとは、企業が保有する原材料や商品をはじめとした動産や売掛金を担保にするものである。不動産担保の代わりに動産・売掛金を担保にするだけのように見えるかもしれないが、理論的に考えるとABLにも事業性評価とほぼ同じ効用がある。動産や売掛金を担保として取得することは、動産や売掛金の換価価値を目的として債権保全を行うこともできるが、当該債務者の事業そのものを把握できなければ、担保対象とすることはできない。対象となる資産が、商品や設備、取引先への売掛金であるため、取引先企業の事業そのものを担保としている、ともいえるのである。故に、事業の動きが担保の価値に直結するため、事業内容を的確に把握し続けなければならないことから、ABLにはモニタリング機能があるとも考えられている。しかもそのモニタリングは、定期的かつ継続的に実施しなければならないため、必然的に取引先企業の経営者と日頃からコミュニケーションを図り、対話を通じて経営状況を双方が的確に把握しなければならない。事業性評価に基づく融資を行うこと以上に機敏な連携が必要であることから、ABLの有する機能は非常に期待が持てるものである。

　しかし、実態としてはABLを積極的に取り扱う金融機関はあるものの、ABLを本格的な担保として扱わない「添え担保」として対応しているケースが多く、普及しているとは言い難い状況にある[15]。現在の金融行政の動きを考えると、回収のための担保は期待されておらず、事業を的確に評価することで債権の質を向上させることが本質と考えられている。ABLが事業性評価の強力なツールであると認識され、積極的に活用されることは、企業の資金調達面からも有益であると考えられる。しかしながら、現場では使用する金融機関にとっての利便性が法的な観点から整備されておらず、積極的な活用が見込まれていない現実がある。今後、企業経営者および金融機関の職員が同じ目線に立ち、事業性評価を的確に行うことで円滑な資金調達環境が構築できることを願って結びとする。

---

15)　信金中央金庫「京都信用金庫がABLの先駆者と成り得た理由－無担保融資を厭わない目利き力による事業性評価－」5頁（金融調査情報27-6、2015年6月10日）。

【第2章　第3節】

中小企業金融における
事業性評価の本質的意義
―金融検査マニュアル廃止後における良質な債権の考え方―

【前注：本節は、一般財団法人商工総合研究所が発刊する「商工金融」（2020年5月号）に掲載したものを加筆・修正したものである。脚注にて記載しているWeb上の参考資料や政策文書については、当時の参照資料から加筆・修正・変更・削除・更新等が行われているものが含まれることをあらかじめご留意いただきたい。】

　地域金融機関は、地域経済を活性化する重要な役割を担っている。取引先企業のバランスシートは、融資を介して地域金融機関のバランスシートと結びついており、取引先企業の将来性を把握することが、ひいては地域経済の発展のみならず、地域金融機関自身の企業価値を向上させることにつながる。不動産担保や経営者保証に過度に頼る融資手法が限界を迎えていることも相まって、政府方針の下、2014年頃より本格的に事業性評価に基づく融資の推進が要請されてきた。事業性評価に基づく融資は取引先企業のみならず、地域金融機関が生き残るために必要不可欠な取り組みであることが徐々に浸透しつつある。それに加えて、よりその取り組みが実質化すべく「ローカルベンチマーク」など地域金融機関がコンサルティング機能を発揮しやすいツールが公表されるなど周辺環境も整備されてきている。
　2020年以降、金融検査マニュアルが廃止され、金融実務に大きな影響が及ぶものと考えられている。各金融機関は「良質な債権とは何か」を原点に立ち返るかたちで考えなければならない局面となる。
　事業性評価に基づく融資を実質化するには、企業経営者と地域金融機関が良好な関係を築き、本音で、かつ、同じ目線で企業の将来を構想できるコミュニケーションが図られなければならない。2019年8月に公表された「金

融仲介機能の発揮に向けたプログレスレポート」においても、取引先企業及び企業経営者は金融機関の取り組みを知ろうとし、事業性評価のポイントを把握しておくことの重要性が説かれており、それこそが企業価値評価の向上につながっていくとも説明されている。

債権の本質的意義からも債権者は債務者のことをよく知り、債権者と債務者が同じ目的を達成するために協力する必要性がある。事業性評価に基づく融資を行う上でもその考え方は原点と呼べるほど重要であり、また、ABLにおいてもその重要性の示唆を感じることができる。事業性評価にも通ずるABLの本質はあらためて認識しておくことが望ましい。

本稿は、金融検査マニュアル廃止後の令和の時代における中小企業金融のあり方について、原点に立ち返りつつ、その本質をとらえようとするものである。

Ⅰ. 地域金融機関を取り巻く環境の変化

1）地域金融機関の変革の経緯

中小企業経営者は、金融機関との関係性を維持するために相当なエネルギーを使っていると思われる。とりわけ、金融機関との借入交渉において業績が悪化した場合は、担保や有力な保証がなければ、資金調達ができないと考えてしまい、独特の緊張感に苛まれてしまうことは無理もない。

しかし、現在は地域金融機関のスタンスに大きな変革が起きている。経営者自身が事業の将来性について金融機関に的確な説明をすることができれば、金融機関は同じ目線に立って支援に取り組むような時代が到来している。これからの地域金融機関が担うべき新たな役割・機能をさらに強化するため、金融庁は、2019年8月に「金融仲介機能の発揮に向けたプログレスレポート[1]」を公表し、今後「金融育成庁」として地域金融機関の企業支援機能の向上をはじめ、地域経済の育成（生産性の向上）に向けた各施策に取り組むことを明言した。地域金融機関がコンサルティング機能と金融仲介機能を発揮できる体制を整えるため、地域企業・地域経済の実態把握にも努めるなど、より事業者支援の重要性は高まっていくものと推察される。

---

1) 金融庁「金融仲介機能の発揮に向けたプログレスレポートについて」2019年8月28日（https://www.fsa.go.jp/news/r1/ginkou/20190828.html、2020年3月最終閲覧）。

地域金融機関における変革の起点として、2014年9月に公表された「金融モニタリング基本方針」、さらには2015年9月および2016年10月に公表された「金融行政方針」に触れておきたい。まず、「平成26事務年度金融モニタリング基本方針（監督・検査基本方針）[2]」において「銀行等が財務データや担保・保証に必要以上に依存することなく、事業の内容、成長可能性を適切に評価し、融資や助言を行うための取組みを検証。」との記載があり、事業性評価に基づく融資体制の構築について明記された。重ねるように2014年10月には「地域金融機関による事業性評価について[3]」が公表され、事業性評価への取り組みを本格化することで、地域金融機関は金融仲介機能を発揮し、地域企業は成長・発展を遂げ、安定的な収益が確保されるビジネスモデルが確立していく「好循環」の実現を果たすことが方針として示された。

続いて、2015年9月に公表された「平成27事務年度金融行政方針[4]」においては、これまで「健全な金融システムの確保」を最優先してきたところ、「金融仲介機能の十分な発揮」を金融行政の目指すものとして新たに掲げられ、その最たるものとして、あらためて不動産担保や保証に過度に頼らない事業性評価への取り組みの重要性が説かれた。翌年の10月に公表した「平成28事務年度金融行政方針[5]」では、十分な担保・保証のある取引先や高い信用力のある取引先以外に対する金融機関の取り組みが十分でないために、企業価値の向上が実現できず、金融機関自身もビジネスチャンスを逃している状況を「日本型金融排除」と定義づけ、その実態把握を行う旨を公言したことは、金融実務において衝撃的な内容となった。事業性評価に基づく取り組みを推進することが、それほどまでに心血を注ぐべき取り組みであることを伝えるには十分すぎる内容であったといえよう。加えて、企業から「金融機関は、相変わらず担保・保証に依存しているなど対応は変わっていない」と

---

[2] 金融庁「平成26事務年度　金融モニタリング基本方針（監督・検査基本方針）について」2014年9月11日（https://www.fsa.go.jp/news/26/20140911-1.html、2020年3月最終閲覧）。

[3] 金融庁「地域金融機関による事業性評価について」2014年10月24日（https://www.kantei.go.jp/jp/singi/keizaisaisei/jjkaigou/dai4/siryou1.pdf、2020年3月最終閲覧）。

[4] 金融庁「平成27事務年度　金融行政方針について」2015年9月18日（https://www.fsa.go.jp/news/27/20150918-1.html、2020年3月最終閲覧）。

[5] 金融庁「平成28事務年度　金融行政方針について」2016年10月21日（https://www.fsa.go.jp/news/28/20161021-3.html、2020年3月最終閲覧）。

いった声をうけ、2016年9月に「金融仲介機能のベンチマーク[6]」が公表され、金融機関が金融仲介機能の質を一層高めていくために、自らの取組みの進捗状況や課題等について客観的に自己評価することを求めた。

　事業性評価に基づく融資推進が叫ばれている昨今において、その経緯の起点となった2014年から2016年までの金融行政の沿革を的確に把握しなければ、事業性評価の本質的意義は理解し難い。地域金融機関職員がこれから主として取り組んでいくことになる事業性評価に基づく融資は、背景から理解し実践していくことが肝要であることはこれを機にあらためて認識していただきたい。

【図1】「日本型金融排除」のイメージ図

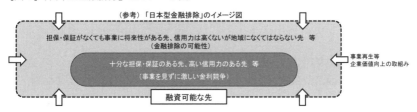

（出所）金融庁「平成28事務年度金融行政方針」

2）金融行政の組織改革

　事業性評価に基づく融資をより実質化していくため、金融庁は方針の公表のみならず、内部組織の改変にも着手し、支援体制の強化に取り組んでいる。金融庁は、2001年の発足当初から前述した通り「健全な金融システムの確保」を最優先事項として掲げ、金融機関に対して厳格な資産査定等の監督に従事していた。そのような中、不良債権問題等も収束し、金融行政が喫緊の課題として取り組むべき事項は「金融仲介機能の一層の発揮」へとシフトしていった。金融仲介機能が発揮されるには、これまでの厳しい監督姿勢ではなく、地域金融機関が取引先企業等に対してコンサルティング機能を発揮できる環境を整える必要が出てきた。地域金融機関がコンサルティング機能を発揮するには、より専門性を高め、取引先企業との対話の質も向上させな

---

[6]　金融庁「金融仲介機能のベンチマークについて〜自己点検・評価、開示、対話のツールとして〜」2016年9月（https://www.fsa.go.jp/news/28/sonota/20160915-3.html、2020年3月最終閲覧）。

ければならない。そのため、各金融機関のベスト・プラクティスを金融庁が集約し、他の金融機関へ共有し、金融機関全体のレベルアップを図る取り組みを促進するなど具体的な手法が見出されたこともあり、その活動にともなう予算要求がなされた[7]。

　その結果もあって、2018年7月には検査局の機能の大部分が監督局に統合され、「総務企画局」「検査局」「監督局」の体制から「総合政策局」「企画市場局」「監督局」に金融庁の体制が整理・再編された。総合政策局は、金融行政全体の戦略立案・総合調整機能を強化しつつ、専門分野別の対応能力を強化することを目的に新設された。企画市場局は、市場機能の強化や技術の進展等に応じた制度等の施策の企画能力を強化することを目的に新設された。そして、監督局は存続することになったが、検査局が廃止されたことにともない、金融機関との継続的な対話を効果的かつ効率的に行うためのオンサイト・モニタリング（検査）とオフサイト・モニタリング（監督）を一体化する取り組みも担うことになった。

　この組織改編が公表される少し前にあたる2018年6月には「金融検査・監督の考え方と進め方（検査・監督方針）[8]」の中で、金融検査マニュアルを2019年4月以降に廃止することが決定していた。金融検査マニュアルは、金融機関を検査する際に用いる手引書として位置付けられ、金融システムの安定を主眼に置いて導入されたものである。そのマニュアルを廃止し、組織改編によって金融機関の監督方法を変更している点に金融庁の本気度が感じられる。さらに、2019年12月に公表されたディスカッションペーパー「検査マニュアル廃止後の融資に関する検査・監督の考え方と進め方[9]」において、あらためて融資における検査・監督に関する金融庁の体制整備について言及し、新しい融資に関する検査・監督は、各金融機関の個性・特性に即したものとなるため、実態把握等において幅広い知見や高度な評価能力が必要になり、金融庁職員の人材育成を行うことまで明言するに至っている。

---

7) 金融庁「平成30年度機構・定員、予算要求について」2017年8月31日（https://www.fsa.go.jp/common/budget/yosan/30youkyuu.html、2020年3月最終閲覧）。
8) 金融庁「『金融検査・監督の考え方と進め方（検査・監督基本方針）』（案）へのパブリックコメントの結果等について」2018年6月29日（https://www.fsa.go.jp/news/30/wp/wp_revised.html、2020年3月最終閲覧）。
9) 金融庁「『検査マニュアル廃止後の融資に関する検査・監督の考え方と進め方』（案）に対するパブリックコメントの結果等について」2019年12月18日（https://www.fsa.go.jp/news/r1/yuushidp/20191218.html、2020年3月最終閲覧）。

地域金融機関が地元中小企業の将来性を評価し、事業継続・向上のための積極的な取り組みを推進するため、金融庁自らもここまでもの変革を遂げた。各地域金融機関が生き残り、地元有力企業も存続させ、地域経済を活性化させるためには、地域金融機関がコンサルティング機能を発揮し、金融仲介機能が円滑に働かなければならない。そして、金融仲介機能の発揮を実現するためには、事業性評価が実質化していくことが欠かせない。企業価値向上にも寄与することができる事業性評価は地域金融機関にとってバランスシートの改善に役立つ側面を有する。ここからは、金融検査マニュアルが廃止された現環境下における事業性評価のポイントについて論を展開していく。

Ⅱ．事業性評価と関連施策の変遷

1）事業性評価の本質的意義

取引先企業のバランスシートは、融資を介して地域金融機関の資産と直結している。すなわち、取引先企業の将来性を把握することは、地域経済の発展に寄与するのみならず、地域金融機関自身の企業価値を向上させることにつながる。これまで主として行われてきた不動産担保や保証に頼る融資は、金融検査マニュアルに基づく貸倒引当金の観点からは有益な手法だったかもしれないが、企業の将来性を評価する取り組みとはいえず、地域金融機関が取引先企業に対してコンサルティング機能を発揮するところではなかった。

この点について、金融庁監督局総務課地域金融企画室長（当時）の日下智晴氏は「金融庁はかねてより、『事業性評価に基づく融資』を要請している。これは担保・保証に依存してきた融資姿勢からの転換を求めるものであり、それによって、地域金融機関の法人向け貸出には劇的な変化が生じる。貸出において担保・保証を取得すると、その最終的なリスクは、担保や保証人の弁済能力となり、担保の時価や保証人の財産で計算されうるものとなる。ところが、担保・保証を取得せずに貸すと、リスクは貸出先の財産や事業キャッシュフローそのものに変容する。そのことは、地域金融機関が当該法人の事業リスクを丸抱えし、あたかもその事業を営んでいるかのようになることを意味する。法人向け貸出が事業性評価に基づいたものばかりになると、地域金融機関のバランスシートには製造業や卸小売業など、多くの事業

が混在された状態になる。そうなると、法人向け貸出の本質的なリスクは、貸出先の信用格付に基づく自己査定では測れなくなっていくことが分かる。会計処理としての償却・引当は、債務者区分ごとの貸倒実績率から計算するため、貸出先の財務計数という過去のデータに基づいて行われる区分に対して、貸倒実績というこれも過去のデータが紐付けされた数値に頼るしかない。本質的なリスクである貸出先の将来キャッシュフローをランク付けすることは困難であるため、自己査定による償却・引当は、会計のための形式的なものにならざるを得ない。」と説いている。金融検査マニュアルの問題点を指摘しつつ、事業性評価に基づく融資が推進されていくことで、同マニュアルが形骸化していく理由を的確に押さえている内容であると評することができ、金融検査マニュアル廃止後の在り方について大きなヒントを得られる知見であるといえる。

2）金融検査マニュアルの限界

　2019年12月に金融庁が公表したディスカッションペーパーでは、金融検査マニュアルが想定しているビジネスモデルはかなり限定され、各金融機関の経営戦略や融資方針が十分に考慮されず、画一的な検証が横行した結果、担保・保証への過度な依存や貸出先の事業の理解・目利き力の低下といった融資行動への影響が生じたこと、過去の貸倒実績のみに依拠して引当を見積もる実務が定着した結果、金融機関が認識している将来の貸倒れのリスクを引当に適切に反映させることが難しくなった、との見解が示され、実務における金融検査マニュアルの限界が指摘された。

　ここ数年間、景気回復により貸倒実績率が低下し、引当の取崩し益を計上している金融機関が増加しているが、好景気の局面で実績率に頼り過ぎることは、過少引当の問題にもつながるおそれがあり、「金融システムの安定化」のために導入された金融検査マニュアルの目的の観点に抵触してしまっている実態がある。金融庁も「金融システムの安定」の一辺倒だった時代から「金融仲介機能の発揮」へのシフトを企図しており、将来の課題を解決することにつながらない金融検査マニュアルを維持・運用することを見限らなけ

---

10)　日下智晴「今、地域金融機関を考える」事業再生と債権管理153号8頁（金融財政事情研究会、2016年）。
11)　金融庁・前掲注9）3頁。

ればならない局面になったともいえよう。

　事業性評価には、過去の実績にのみ合理性を求めた金融検査マニュアルの呪縛から抜け出す効果も副次的産物として期待されている側面があり、ひいては、金融機関の考え方を「過去」から「未来」に抜本的に変えることにも期待がかかっている。ただし、それらを実現させるためには、金融機関職員に企業の将来性（未来）を評価する力がなければ、絵に描いた餅で終わってしまう。金融検査マニュアルがあったほうがよかった、と時代に逆行するような結論が導き出されないよう一人ひとりが成長しなければならない。

3）将来キャッシュフローの把握と検査マニュアル廃止後の対応（事業性評価）

　これまで地域金融機関が取引先企業を合理的に評価できる指標は、財務諸表に基づく格付けが中心となっていた。低格付けとなった企業は、その評価からなかなか抜け出すことができず、融資を受けることができないなど救済の余地が絶たれていく実態が少なからず存在していた。そのような負のスパイラルを引き起こすことなく、むしろそういった事態に陥った企業を救済するためにも事業性評価に基づく融資は必要であり、それを実現させるため、金融機関職員には将来キャッシュフローの的確な把握を可能とするスキルアップが求められる。

　将来キャッシュフローを把握するには、財務諸表を分析するだけでは事足らず、経営者からの情報収集が必須となる。とりわけ、正常運転資金の把握は重要な要素となるが、現場レベルを見渡すと正常運転資金の把握が上手くできていない金融機関職員が多いように感じる。正常運転資金を正しく見積もるには、不良化した資産も的確に把握する必要があり、それこそ経営者にヒアリングしなければ実態を把握することはできないが、ここで難航してしまうケースが多いようだ。金融検査マニュアルの存在によって「金融システムの安定化」は保たれた側面はあるが、同時に画一的な対応を求めたことで各金融機関における目利き力の低下を招いてしまったことは否めない。将来キャッシュフローの把握に難航している現場が多いのも、その弊害の一つといえよう。

　金融庁もそうした地域金融機関の現状を立て直すべく、2019年12月に金融庁が公表したディスカションペーパーにおいて、検査・監督の方針の一つ

に、各金融機関の個性・特性に即した実態把握と対話を行う旨を示している。加えて、従前の検査・監督において求められてきた償却・引当の水準の適切性（特に前提としての自己査定の正確性）だけではなく、会計上の引当や自己資本比率規制では捕捉できない信用リスクをも勘案した実質的な自己資本の十分性の議論を展開することも求めるなど、各金融機関の独り立ちを促進しようとする動きが見られる。金融機関への改善を求める一方で、金融庁としても「評価能力の向上[12]」を自らの課題として認識して、財務局職員と連携した地域経済や競争環境の分析等についても注力していく旨が言及されている。

　また、検査マニュアル廃止後は、償却・引当の考え方が最も注目されるところであるが、過去の貸倒実績のみに依拠して引当を見積もる実務が定着しており、これから各金融機関が独自の知見や考えから将来の貸倒れのリスクを引当に適切に反映させることは、困難を極めることが予想される。本来であれば、債権ごとに回収可能性を算出すべきではあるが、金融検査マニュアルにおいては、貸出先の債務者区分が変更されることで、回収可能性とは関係なく引当額の増減を余儀なくされる仕組みになってしまっていた。特にこの取り扱いについては、会計監査人との間でも非常にデリケートな対応が要求されるところであり、金融庁の明確な方針などが打ち出されなければ、金融機関としても判断を容易にすることができないことが懸念される。今後は会計監査人との密なコミュニケーションも必須となってくるだろう。

　さらに、ディスカッションペーパーでは、原則として金融機関の経営陣の判断を尊重することを前提に、利益水準の下がる不況期に金融機関の見積りに関する恣意性が働かないことを意識しつつ、プロセスの検証を行う旨が記載されている。経営陣の判断に至るプロセスに懸念が認められる場合には、当該プロセスについてより緻密な実態把握を行い、金融機関にガバナンス・内部管理体制の是正を求め、償却・引当の見積について再考を促すこともある、と明記されている。金融仲介機能の発揮と金融システムの安定のバランスは、ひいては、引当のバランスといっても過言ではない。金融検査マニュアル廃止後、最も重要な項目の一つになるだろう。

　ところで、「経営陣の判断に至るプロセス」とは何か。債権者である金融

---

12)　金融庁・前掲注９）38頁

第3節　中小企業金融における事業性評価の本質的意義

【図2】融資に関する検査・監督のイメージ

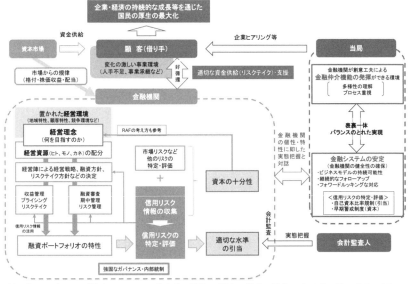

（出所）2019年12月「検査マニュアル廃止後の融資に関する検査・監督の考え方と進め方」13頁

機関が債務者である取引先企業の将来性を理解できており、それを的確に評価することができている状態を指す。日頃より取引先企業の将来性を評価する活動が継続してできているのであれば、それに基づいた判断はきっと正解といえる。会計監査人に評価プロセスを指摘されようと、自信を持って判断内容やその判断に至った経緯が説明できるのであれば、会計監査人はその判断を覆すことはできないはずである。なぜなら、会計監査人は質問をしているだけであって、指摘しているわけでない。逆に会計監査人から質問されたことに答えることができなければ、そのプロセスを認めることができない「立場」にあることを明示しているような状態に陥る。一か八かのような状況にならないよう、会計監査人の対応も念頭においた支援活動を行うことが肝要であろう。

　事業性評価に基づく融資推進が本格化し、検査マニュアルが廃止されたこのタイミングは、金融機関職員が企業経営者と「対話」を積極的に展開し、コンサルティング機能を発揮することが強く求められる。金融機関の評価プロセスを説得力あるものにすることを肝に命じて活動することが重要であろう。

Ⅲ．地域金融機関の事業性評価融資の取り組み

1）地域金融機関の事業性評価と経営者保証に関するガイドライン

　事業性評価に基づく融資の考え方の起源は、2014年6月24日に閣議決定された「『日本再興戦略』改訂2014」における「6．地域活性化・地域構造改革の実現／中堅企業・中小企業・小規模事業者の革新」に記載された「④地域金融機関に等による事業性評価の推進等」がそれに当たる。その中で「企業の経営改善や事業再生を促進する観点から、金融機関が保証や担保等に必要以上に依存することなく、企業の財務面だけでなく、企業の持続可能性を含む事業性を重視した融資や、関係者の連携による融資先の経営改善・生産性向上・体質強化支援等の取組が十分なされるよう、また、保証や担保を付した融資についても融資先の経営改善支援等に努めるよう、監督方針や金融モニタリング基本方針等の適切な運用を図る」[13]との記載があり、金融支援におけるパラダイムシフトが生じていくことになる。

　また、2013年12月5日に日本商工会議所と一般社団法人全国銀行協会が事務局となっている経営者保証に関するガイドライン研究会より「経営者保証に関するガイドライン」[14]が公表され、金融庁も本ガイドラインの積極的な活用を促す[15]に留まらず、本ガイドラインを融資慣行として浸透・定着させる取り組みを開始した。

　「経営者保証に関するガイドライン」は、経営者保証に依存する体質の改善を念頭に置きつつ、法人資産と経営者個人の資産分離や経営の透明性を高めることを要請[16]している。これは言い換えると、債権者である金融機関が債務者である地域企業等の事業性を正確に理解し、将来キャッシュフローを

---

[13]　首相官邸「『日本再興戦略』改訂2014－未来への挑戦－」2014年6月24日（https://www.kantei.go.jp/jp/singi/keizaisaisei/pdf/honbun2JP.pdf、2020年3月最終閲覧）。

[14]　日本商工会議所「『経営者保証に関するガイドライン』について」2013年12月5日（https://www.jcci.or.jp/news/jcci-news/2013/1205140000.html、2020年3月最終閲覧）、一般社団法人全国銀行協会「経営者保証ガイドライン」2013年12月5日（https://www.zenginkyo.or.jp/adr/sme/guideline/、2020年3月最終閲覧）。

[15]　金融庁「『経営者保証に関するガイドライン』の公表について」2013年12月9日（https://www.fsa.go.jp/news/25/ginkou/20131209-1.html、2020年3月最終閲覧）。

[16]　経営者保証に関するガイドライン研究会「経営者保証に関するガイドライン」2013年12月（https://www.jcci.or.jp/chusho/kinyu/guideline_keiho.pdf、2020年3月最終閲覧）。

把握することを要請することといえ、その結果が事業性評価につながるのである。先述した通り、金融庁は2014年9月に「金融モニタリング基本方針」、同年10月には「地域金融機関による事業性評価について」を公表しており、事業性評価に基づく融資の推進と経営者保証に頼った融資手法の見直しは、ある意味政府からの要請に応える取り組みなのである。

2）事業性評価に基づく融資と「対話」

　事業性評価に基づく融資を行うには、取引先企業の「情報」と経営者と対等にコミュニケーションが取れるだけの「知識」と「信頼関係」が必要である。事業性評価は「財務データや担保・保証に必要以上に依存することなく、借り手企業の事業の内容や成長可能性などを適切に評価[17]」することと定義されている。取引先企業の事業内容や成長可能性を的確に把握するには、経営者との「対話」が必要不可欠である。

　事業性評価に基づく融資のプロセスについて、金融庁地域金融生産性向上支援室長の日下智晴氏（当時）は「金融機関が、ニーズや課題を問いかけ、企業の事実情報を収集します。そのうえでそれぞれを評価情報に転換します。取引している企業、会社の経歴、提供しているプロダクトなど、企業から取得する知的資産にかかる情報は、どこまでいっても事実情報にすぎません。これらを収集したうえで、評価情報に転換するのが、事業性評価の大きな特徴です。[18]」と解されており、企業の事実情報を収集するための「対話」とその事実情報を「評価情報」に転換するスキルがポイントとなる。加えて、事実情報を評価情報に転換した結果を取引先企業にフィードバックし、経営者と課題認識を一致させなければならない。

　しかし、実際のところ経営者にフィードバックし、認識のすり合わせを行うことや目指すべき方向性を一致させることはなかなかに困難がともなう。なぜなら、経営者と金融機関職員では視座が異なり、経営に関する肌感覚に大きな乖離があることなどを理由に、聞く耳を持ってもらうこと自体ままならない実情があることやそもそも金融機関の内部情報を取引先企業とはいえ、外部に開示することに抵抗感がある職員が一定数存在するからである。

---

17)　金融庁・前掲注3）4頁。
18)　日下智晴「顧客本位の金融仲介で『事業性評価に基づく融資』実現へ」経営戦略者392号36頁（2019年）。

筆者も事業性評価に基づく融資推進の必要性が認識された当初、ある地域金融機関の担当役員から相談を受けた際にフィードバックの必要性について助言したところ、金融機関の内部資料を開示することに強い違和感がある旨を伝えられたことがある。金融機関の稟議書をはじめとした資料は、当然ながら顧客に開示することを前提には作成されておらず、元々情報管理について厳しく教育を受けていることなどから、内部情報を伝えることに抵抗感を覚えるのは無理もない。

　また、企業経営者と対等に対話をするには、定性面を評価する最低限のマーケティングに関する知識等が必要となるが、多くの金融機関職員はその基礎知識に自信がなく、経営者と対話を「しない」のではなく、「できない」状態に陥っていることも現実問題として存在する。これから事業性評価が融資手法の主たる一手にならなければいけない理念は共通認識として浸透しつつあるが、実行できるだけの人材が育っていないことが大きな課題として直面している。そこで、地域金融機関が事業性評価に基づく融資推進の阻害要因を解決するツールとして「ローカルベンチマーク」の活用をおすすめしたい。

3）事業性評価におけるローカルベンチマークの活用

　経済産業省は、金融機関と中小企業経営者の対話ツールとして「ローカルベンチマーク」[19]を公表している。ローカルベンチマーク（以下「ロカベン」という）は、金融機関職員と企業経営者などが同じ目線で対話を行うためのツールであり、ロカベンを活用することで、金融機関職員は課題となっていた経営者との対峙に臆する要素を取り除くことができ、経営者は自社の課題を自認し、それを表現する力を高めることができるため、対話の質を上げることができる。

　事業性評価に基づく融資は、企業の将来性に対して支援を行う考え方であるため、判断材料が必ずしも数値化できるとは限らない。もちろん、財務情報（定量情報）から融資の可否を判断するのは前提になるが、事業性評価においては、非財務情報（定性情報）を把握することが鍵を握る。非財務情報は決算書類から紐解くことが難しいため、経営者からのヒアリングによって

19）　経済産業省「ローカルベンチマーク（通称：ロカベン）会社が病気になる前に」2016年9月（https://www.meti.go.jp/policy/economy/keiei_innovation/sangyokinyu/locaben/、2020年3月最終閲覧）。

把握しなければならない。ロカベンには定性的な情報を取得するための対話プロセスが示されているため、取引先企業の業界事情に詳しくない金融機関職員であったとしても、ロカベンを活用することで経営者から情報を引き出すことができる。また、ロカベンは企業経営者が活用することを前提として作成されているため、企業経営者も金融機関職員のヒアリングが行われる前後に使用することで問題点や課題が視認しやすい作りとなっている。それに、ヒアリング後のフィードバックも想定した構造になっているうえに、利用マニュアル[20]まで公開されているため、取り掛かりやすいことも特徴として挙げられる。

2016年に金融庁が実施した企業ヒアリング調査結果[21]によると、企業から評価される地域金融機関の取組には、以下の共通した特徴が報告されている。

① 顧客のニーズや経営課題の把握において、独自の仕組みを構築している。
② 事業性評価を顧客に開示する等、顧客との課題共有のための対話を実施している。
③ 顧客への支援を、営業店任せではなく本部が積極的に関与・サポートしている。

この点について、金融庁監督局総務課地域金融企画室長の日下智晴氏（当時）は、「組織的な対話の仕組みを構築している金融機関が企業から評価されており、個人の努力に委ねるばかりではなく、組織的な工夫を凝らすことが重要であり、企業との『事業に関する対話』により金融機関は変化する。」と述べたうえで、「ローカルベンチマークは、企業と金融機関や支援機関との対話の入口であると明示されている。さらに、共通言語とすべく、企業に対して『財務情報』のみならず『非財務情報』も話しましょうと呼びかけている。慣れるまでは戸惑いもあると思うが、『非財務情報』は、事業を中心とする知的資産の一部なのであり、それを文字にして説明するだけでも企業

---

20) 経済産業省経済産業政策局産業資金課「ローカルベンチマーク『参考ツール』利用マニュアル」2018年4月。
21) 金融庁「企業ヒアリングを踏まえた地域銀行との対話について～財務局長からの報告より～」4頁（2016年5月23日）（https://www.fsa.go.jp/singi/kinyuchukai/siryou/20160523/02.pdf、2020年3月最終閲覧）。

は変わるはずである。金融機関は、企業がローカルベンチマークを活用して対話を求めてきたときには、全面的に受け入れ、そこに自身の視点も交えながら、大いに対話してほしい。そのことで企業の事業への関心が高まり、担保・保証に頼る意識が薄れ、事業性評価に基づく融資につながっていくことは間違いない。[22]」と説いている。

　金融機関職員は、働き方改革の名の下に、勤務時間の厳格化に加え、金融サービス充実化にともなう取扱商品の多様化などにより、以前と比して相当な時間がなくなっている。取引先企業の財務諸表を入手しても機械的な分析にとどまり、その内容を深く把握する余裕がない状態にある。そのような実情がある中で、新たなスキルを必要とするイメージが強い事業性評価に基づく融資は、「しない」のではなく、「できない」と思い込んでしまっている。ロカベンはそうした金融機関の現場事情をも解決することができるツールになりうるため、金融機関職員にとっては励みになるはずだ。

　企業経営者にとっても金融機関職員にとっても取りかかるハードルの低いロカベンは、使用する者の目線に立った非常に有用なツールであることがわかる。筆者が地域金融機関向けの研修会の講師をする際に、事業性評価を行う場合にどのような手法で実施しているかを確認すると、多くの金融機関でロカベンを活用している様子が見て取れるようになった。是非、利用マニュアルも含めてロカベンを活用し、事業性評価に基づく融資を行う環境を整えていただきたい。

4）事業性評価の実践と金融実務への影響

　先にも少し触れたが、金融庁は産業全体や取引先企業の課題やニーズを的確に把握し、事業性評価を実質化することを目的に2016年6月から4回にわたり「企業アンケート調査結果」[23]を公表している。実施方法は、地域銀行をメイン行とする中小・小規模企業を中心に約3万社にアンケートを依頼し、9,371社から回答を得たものである。そのうち、第4回目のアンケートにおける主な質問項目は次の通りである。

---

22) 日下智晴「特集 ローカルベンチマーク—中小企業診断の新機軸　企業との『事業に関する対話』で金融機関は変わる」金融財政事情67巻25号24頁（2016年）。
23) 金融庁「金融機関の取組みの評価に関する企業アンケート調査について」2019年11月8日（https://www.fsa.go.jp/common/about/research/20191108/index.html、2020年3月最終閲覧）。

- 取引金融機関は、金融機関が認識する貴社の経営上の課題や評価を伝えているか。
- 取引金融機関から伝えられた貴社の経営上の課題や評価は、どの程度納得感があるか。
- 現在の取引金融機関と、今後も取引を継続したいと考えているか。
- 過去1年間、取引先金融機関からどのような「融資」を受けたいと思ったか。
- 売上や収益、利益の改善に寄与した取引金融機関が提供した代表的な経営改善支援サービス又は融資はどのようなものか。
- 過去1年間について、取引金融機関の担当者は、貴社を訪問した際、どのようなことをしてくれたか。
- 貴社が融資を受けるに当たって、取引金融機関は、担保・保証をどの程度要求するか。
- 金融機関に対する経営者保証の提供の有無。
- 貴社において経営者保証を負うことには合理性があると考えているか。

アンケートは金融庁が直接企業に対して実施し、1地域金融機関あたり平均135社の企業から回答が得られ、地域金融機関の融資への取組姿勢が把握できる結果となった。そのアンケート結果の分析内容に「経営上の悩みをよく聞くなど企業と向かい合い、更に金融機関内部での分析結果や評価を企業に伝えている金融機関は、その内容について企業の納得感が高い（事業への理解度が高い）と考えられる。」との記載がある。事業性評価の理念に基づき、真摯に取引先企業と向き合っている金融機関が評価されているといえるだろう。アンケート結果が良くなることは、金融機関の債権の質向上につながると考えられる。金融機関の姿勢に刺激を与えることができるアンケートは効果的な取り組みであろう。

5）運転資金の借入形態の課題と債権の本質

金融庁が実施した「企業ヒアリング・アンケート調査」において、運転資

金の借入形態に関する課題が表面化した[24]。運転資金の借入形態に関する質問に対して、企業への直接ヒアリングでは51％、アンケート調査では73％の企業が証書貸付で借入を行っていることがわかった。証書貸付を選択した理由については「信用保証協会（又は金融機関）の条件」と回答した企業が大半を占める結果となった。

運転資金の借入形態を証書貸付で行うと、約定弁済により資金繰りに支障が出ることや企業経営者と金融機関職員との接点が激減し、約定金利だけ受取る関係に陥ることで「対話」の機会が得られないという弊害が生じる[25]。繰り返しになるが、事業性評価に基づく融資の出発点は「対話」による事実情報の把握である。運転資金のヒアリング機会がなければ経営実態を把握することはできず、金融機関がコンサルティング機能を発揮することは叶わない。この実態は結果的に債権の質低下につながることになりかねないため、事業性評価のみならず債権の本質的意義からしても解消に努めなければならない課題である。

6）信用保証協会の制度改革

2018年4月に信用保証協会法が改正され、保証協会の経営支援については「主業務である債務の保証を妨げない限度で行うことができる」ようになった。これまで信用保証協会は保証業務が中心であったが、保証協会が中小企業の経営支援に関与しやすい体制が整った。また、信用保証への過度な依存が進んでしまうことで、金融機関において事業性評価や経営支援への動機が失われるおそれがあるとともに、中小企業にとっても資金調達が容易になってしまう可能性があり、かえって経営改善への意欲が失われるといった副作用があるとの指摘を受けたこともあって、2018年4月1日施行の「中小企業の経営の改善発達を促進するための中小企業信用保険法等の一部を改正する法律」によって信用補完制度の見直しが図られた。これによって大規模な経済危機や災害時など信用の収縮が生じた場合における資金需要に対応できる

---

24) 金融庁「企業ヒアリング・アンケート調査の結果について～融資先企業の取引金融機関に対する評価～」2016年5月23日（https://www.fsa.go.jp/policy/chuukai/shiryou/questionnaire/160620/01.pdf、2020年3月最終閲覧）。
25) 日下智晴・前掲注18）35頁。日下氏は同様の課題を指摘しており、金融機関は融資先の企業から約定金利を受取るだけで条件変更状態を解消させるような資金繰り支援は行えておらず、融資メカニズムに齟齬が出ていると危機感を示している。

仕組みが構築され、よりきめ細やかな支援体制が整えられた。従来、保証協会による経営支援の位置付けは曖昧なところであったが、これらの見直しにより、企業・金融機関・信用保証協会の三者による経営計画の策定や取組支援が期待される。

　中小企業庁のホームページには、「仮にメインバンクが十分な融資を行えない場合には信用保証協会が他の金融機関を紹介するといった取組や、中小企業支援機関に資金繰りの相談がなされた場合には速やかに信用保証協会等に繋ぐといった取組など、信用保証協会と中小企業支援機関の連携による相談体制の強化を行います。」と明記され、保証協会の制度改革によって、これまでの中小企業金融の黒子的な存在から大きく変化しようとしていることがうかがえる。

　さらに、中小企業庁は、金融機関が信用保証に過度に依存せず、保証付き融資とプロパー融資とのリスク分担を促すため、2018年12月から各金融機関・信用保証協会の取組状況について「見える化」を促すため実績を公表している。この取り組みは、信用保証協会と金融機関の対話・連携を促進させる目的があり、信用保証協会をこれまで以上に参画させることで中小企業支援を強固なものにしようとする姿勢が垣間見える。金融機関のプロパー融資が、期中管理の強化や経営支援を行う動機になっているケースがあることも相まって、実績の公表は金融機関等にとっても効果的であるといえるだろう。

Ⅳ. 債権の本質的価値と事業性評価の牽連性

1）債権の本質と事業性評価

　我妻博士は債権の本質について「『特定の人をして特定の行為をなさしめる権利である』と言ってよい。権利者（債権者）は、これによって、特定の行為（給付）をなすべきことを請求する権利を有し、義務者（債務者）は、

26）　中小企業庁「信用補完制度の見直し（平成30年4月1日から見直し後の制度がスタート）」（https://www.chusho.meti.go.jp/kinyu/shikinguri/hokan/index.htm、2020年3月最終閲覧）。
27）　中小企業庁「保証実績の公表（信用保証協会別の金融機関別、信用保証協会別、金融機関別）」（https://www.chusho.meti.go.jp/kinyu/shikinguri/hosho/jisseki.htm、2020年3月最終閲覧）。

これに対して、その行為をなすべき義務を負う。」と説き、「債権は、常に債務者の行為を介しこれを通じて目的を達成できることができるだけである。そして債権に排他性のないことの理由の一つはここにある。」と解している。つまり、債権者である金融機関は債務者である取引先企業の事業活動等による行為によって弁済を受けるという目的を達成することができる、ということである。さらに「契約から生ずる債権者・債務者の関係をみると、あるいは当事者が相互に債権債務を有し、あるいはその債権内容は将来の進展において多くの具体的な債権を発生させるものである。しかも、両者の関係は、単にこれらの債権債務の総和に尽きるのではなく、これに伴う多くの機能と義務を包含し、それ以上に、当該契約によって企図された共同の目的に向かって互いに協力すべき緊密な、いわば一個の有機的な関係を構成する。然し、契約以外の原因によって発生する債権においても、本体たる債権に附属的な機能や義務の伴うことは決して絶無でないのみならず、当該債権発生の目的を達成させるために、両当事者がその債権の内容たる給付の実現に向かって協力すべき関係に立つということができる。要するに、債権は、単に債権者に給付を請求しこれを受領する権能を与え、債務者にこれを給付すべき義務を課する関係として孤立するものではなく、当該債権を発生させる社会的目的の達成を共同の目的とする当事者間の一個の法律関係、すなわち、債権関係の一内容として存在するものと観念することができるのである。(下線部筆者)」と論じている。

　債権者である金融機関は、債務者である取引先企業の事業について積極的に関与し、自ら債権の質向上に努める必要がある。これこそが債権の本質的意義であり、また、事業性評価に基づく融資の仕組みや企図を真正面からとらえている考え方といえる。事業性評価に基づく融資は、経営者との「対話」を重ね、共通の目的達成に向けて、双方が協力しながら取り組む体制を作ることである。先述の通り、日下氏が指摘した運転資金を証書貸付取引で行う行為は、債権者と債務者が協力関係の構築を自ら放棄し、債務者を孤立させていることにつながるため、その問題視や指摘は的確であったことがより際立つ。金融機関が取り組むべきとされているコンサルティング機能の発揮は、債権の質を向上させる行為ととらえられているが、債権の価値は双方

---

28)　我妻榮『新訂 債権総論（民法講義Ⅳ）』5頁（岩波書店、1964年）。
29)　我妻榮・前掲注28) 7頁。

の努力によって変化するものであることを、債権の本質的意義から考えることで腑に落ちるのではないだろうか。

2）ABLの活用と事業性評価の牽連性

　これまでの金融実務において、貸出債権の優良化は貸出債権を回収できる蓋然性を高めることであり、そのために債権者である金融機関がコンサルティング機能を発揮していた側面があることは否めない。不動産担保や経営者保証に頼る融資は、貸出債権を回収できる蓋然性を当然に高める選択になるため、理に適っているように思われるが、「金融システムの安定化」と「金融仲介機能の発揮」のバランスを目指す金融機関のあり方からすると、実はかけ離れる行為になってしまう。

　事業性評価の目的に「担保・保証に必要以上に依存しない」というやや消極的ともいえる表現を用いたことの背景には、金融検査マニュアルによって画一的な判断に慣れ親しんだ環境下において、各金融機関にわかりやすく落とし込むための表現であると推察される。先に述べた債権の本質的意義からとらえると、繰り返しにはなるが、事業性評価とは取引先企業との「対話」により課題を認識し、積極的に企業経営に関与して、その事業の将来性を評価して融資を行うことである。つまり、「担保・保証に必要以上に依存しない」といった表現を用いずに、当該企業のキャッシュフロー創出力（＝返済原資）に力点を置いて与信判断することととらえれば、事業性評価の本質を理解しやすい定義づけができたように思える。事業の内容や成長可能性を適切に評価することは、事業の特徴や市場動向の非財務情報（定性的な情報）をキャッシュフローの創出力の構成要素とし、財務情報と紐付けながら、財務状況の将来展望を行うことといった観点から明示できていれば、本質的理解が促されたという見解は同意するところである。[30]

　ところで、事業性評価は過去の財務諸表など係数で現れない定性面を適切に評価することがポイントであり、評価情報につながる活きた情報を入手することが肝要である。その観点から、かねてから制度として存在するABL（動産売掛金担保融資）には参考となる優れた効能があることを考察しておきたい。

30）　近藤俊明「『事業性評価』の捉え方に関する一考察」事業再生と債権管理149号6頁（金融財政事情研究会、2015年）。

3）ABLの本質的意義と事業性評価

　財務諸表のみで事業の将来性を見通すことは理論的に不可能であるが、財務諸表は企業の将来性を予兆する重要な指標であり、財務諸表を基本的な情報としてとらえることは、事業性評価においてもこれまでと何ら変わりはない。特に、売掛金や動産の動きは今後の動静を予想することができる要素が含まれており、そのデータを活用しながら、将来につながる定性面の情報を重ね合わせ、融資の要否等を検討することはこれまで通りの対応になる。

　この点について筆者は別稿にて「ABLは、企業が保有する原材料や商品などの動産や、売掛金を担保にするものであるが、理論的に考えると事業性評価そのものである。動産や売掛金を担保取得することは、動産や売掛金の換価価値を目的として債権保全を行うこともできるが、当該債務者の事業そのものを把握できることに最大の効用があると考えることができる。担保の対象となる資産が、商品や設備、取引先への売掛金であるため、企業の事業そのものを担保としていることになり、事業の動きが的確に把握することができ、モニタリング機能があると考えることができる。また、ABLにより金融機関の職員は、当該企業の事業内容を定期的に評価する必要が出てくるため、債務者と債権者が納得の上、強制的にお互いの情報交換をすることになるわけである。[31]」と説き、ABLの主な機能を担保処分の際における換価価値ではなく、モニタリング機能にあることを指摘した。

　実際に、ABLを事業性評価における動態モニタリング機能として位置付け、事業性評価融資に取り組む金融機関も存在している。池田教授はABLの機能を「ABLの融資者は、被融資者と一蓮托生なのであって、被融資企業を倒産させてしまったら、それは融資者の失敗であり、しかるべき損失も負うものと認識すべきである。たとえば、倒産段階での在庫品でどれだけ融資金を回収できるかといえば、それは必ずしも十分な結果を得られないものと想定しておくべきである。そのような事態を招かないようにするのが、被融資企業へのモニタリングや経営助言であり、つまりABLは、従来の不動産担保融資と異なり、貸しっぱなしではできない、対話継続型の動態的な融資形態と認識されなければならない。いわゆるリレーションシップバンキン

---

[31]　水野浩児「企業経営における事業性評価のポイント：ローカルベンチマークの活用」追手門学院大学ベンチャービジネスレビューVol.9、63頁（2017年3月）。

グということになる。[32]」と解しており、ABLには事業性評価に必要なモニタリング、情報取集、対話、全ての要素が包括されていることがわかる。

4）ABLの位置付けと譲渡制限特約

　2020年4月1日に改正債権法が施行され、中小企業の円滑な資金調達につながる債権譲渡取引の活性化が期待されている[33]。とりわけ、商取引の契約において、債権の譲渡を禁止する特約（いわゆる譲渡禁止特約・改正後は譲渡制限特約）が付されていても、債権譲渡を可能となる点に着目している。これまで金融機関は譲渡禁止特約が付されている債権に担保設定することを避けていたが、この改正により譲渡制限特約の有無にかかわらず担保設定が促進されると予想する。

　しかし、譲渡制限付特約が付されている債権の譲渡が有効に行われたとしても、特約違反を理由に金融機関の債務者（企業）が取引先企業（第三債務者）から取引を解消される不安は依然残ってしまう。この点について、法改正の主旨に沿って実務慣行が形成されるべく、譲渡制限特約を締結する場合であっても金融機関等に対する資金調達目的での債権譲渡を禁じない内容とすること、及び譲渡制限特約が付された債権を資金調達目的で譲渡しても契約の解除・取引停止・損害賠償の原因とはならないと考えられるため、下請事業者に対し不当に契約の解除・取引停止、損害賠償請求等を行わないことを契約において明確にすることが望ましいとの見解が示されている[34]。

　法務省も資金調達目的での債権譲渡については、契約の解除や損害賠償の原因とはならない旨を、実務を意識して踏み込んだ解釈を明示しているところではあるが、建設業界では譲渡制限特約に違反して債権譲渡した場合は発注者が契約を解除できる規定を盛り込むことを民間（旧四会）連合協定工事請負契約約款委員会が公言している。すると、建設業界では債権譲渡による資金調達は期待できず、金融機関も動きは慎重になることが予想され、ABLの持つ有益な機能も発揮できないおそれがある。

　ただ、そもそもの考え方として、金融実務において債権譲渡（ABL）の機

32）　池田真朗『債権譲渡の発展と特例法　債権譲渡の研究　第3巻』342頁（弘文堂、2010年）。
33）　経済産業省「債権法改正により資金調達が円滑になります」2019年6月（https://www.meti.go.jp/policy/economy/keiei_innovation/sangyokinyu/ABL/14_1.pdf、2020年3月最終閲覧）。
34）　経済産業省・前掲注33）2頁。

能を担保としての清算価値に重点を置きすぎていることに問題があるようにみえる。ABLの主たる重要な機能は商流そのものをモニタリングする機能であり、清算価値を重視してABLを使用することに違和感を覚える。ABLの担保概念について池田眞朗教授も「私見が目指すべきと考えているABLは、確かに、動産、債権を担保とするものであるが、それら担保物の価値のみに依存するのではなく、収益性やキャッシュフローも相変わらず考慮に入れた総合判断でなされ、しかも担保物ごとに担保在庫の『清算価値』を重視するべきではない、というものである。つまり、当該企業の活動を終息させることを前提とする発想は適切でないということである。[35)]」と見解を示している。

2017年に経済産業省が実施したABLの実態調査[36)]によると、ABLの実施方針について「一般担保とならなくても取り組むが、原則、対抗要件を具備した担保設定を行う」との回答が59.5％を占めたが、「在庫や売掛金の増減などのモニタリングを重視して対応する」との回答はわずか9.2％にとどまった。「担保設定はするが対抗要件具備は原則行わず、コベナンツの設定により対応する」や「在庫や売掛金の増減などのモニタリングを重視して対応する」と回答した金融機関に対して対抗要件を具備しない理由を質問したところ、「対抗要件具備や期中管理に多くの手間・コストがかかるから」や「対抗要件を具備した担保設定を行っても、担保価値が余りない場合が多いから」との回答が多数を占めた。

民法改正により債権譲渡による資金調達が実務において柔軟に対応できると理論上予想される一方で、まだまだ現場における課題は山積しているように感じる。事業性評価とABLの親和性に鑑みれば、ABLのモニタリング機能を重視して対応する金融機関が増えることが期待されたが、先の調査のようにそうした利用は少数にとどまっている実態がある。いくら制度上整ったものであっても、利用する現場において使用しやすい制度でなければ、その機能は形骸化してしまう。事業性評価に基づく融資が浸透し、発展していくためにもこうした課題への向き合い方は再考する必要があるだろう。[37)]

---

35) 池田真朗・前掲注32) 338頁。
36) 経済産業省（帝国データバンク委託）「ABLの課題に関する実態調査 調査報告書」2017年2月（https://www.meti.go.jp/policy/economy/keiei_innovation/sangyokinyu/ABL/12.pdf、2020年3月最終閲覧）。
37) 水野浩児「金融行政改革における事業性評価融資の意義と債権の実相：金融検査マ

Ⅴ．これからの地域金融機関への期待

　事業性評価は、地域金融機関が地域の経済・産業の現状から課題を適切に認識・分析し、様々なライフステージにある地域企業に寄り添って、事業の内容や成長可能性を評価しアドバイスをしていくことで実装されてゆく。こうした活動がそもそも本来の地域金融機関の在るべき姿なのだが、実際はかけ離れた活動が中心になっていたことは正直否定できない。

　この点について2019年8月に金融庁が公表した「金融仲介機能の発揮に向けたプログレスレポート」には「地域経済全体に目を向けると、企業数や資金需要の減少も懸念される中で、地域金融機関同士が、経営理念・戦略にそぐわない方法で顧客を奪い合っていては、やがて地域金融機関の体力が奪われることで金融仲介機能の低下を招き、結果として地域経済の発展を阻害する事態となりかねない。[38]」との記載がある。金融庁の指摘は金融実務の実態と課題を正面からとらえており、事業性評価を推進するにあたって看過できないものとして危惧していることがわかる。金融機関同士が生産性のない争いを起こしているほど地域経済に余裕はなく、全金融機関が大前提である顧客本位の活動に注力すべきであることがあらためて示されている。

　当然ながら、この前提条件が整っていなければ、事業性評価は始まらない。地域金融機関同士の過当競争を減らし、企業経営者への意識改革を働きかけ、実りある対話を重ねることで、双方の信頼関係を構築していくことが安定的な財務戦略の観点から重要となる。こうした取り組みは、特に地方で課題として表面化している事業継承においても好循環を生み出す可能性を秘めている。筆者は別稿にて事業承継の弊害として二重保証の問題が注目されていることに対し「事業承継問題の本質は、既存のビジネスモデルが厳しく、後継者が事業の将来性に魅力を感じない点にある。地域金融機関は、時代や地域に根ざした企業を育てるために、債権者の立場を活用し、取引先企

ニュアルの抜本改革におけるABLの有用性」追手門経営論集23巻2号9頁（2018年3月）。債権法改正によりABLの懸念材料は軽減され、ABLを積極的に取り組むことがこれからの金融機関におけるスタイルに変貌することなどから、ABLを推進しやすい環境が構築されていることを説いている。

[38]　金融庁・前掲注1）8頁。

業の魅力が増す取組は惜しみなく行う必要がある[39]。」と説き、事業継承問題にも事業性評価の目線が有用であるとの見解を示した。金融機関によるコンサルティング機能の発揮はこうした局面でも期待されるものであり、地域金融機関が自らの債権の質を向上しようとする取り組みが、ひいては地域経済の活性化につながることに、実体をともなった理解を促さなければならないだろう。

　最後に、事業性評価の取り組みは金融機関職員のたゆまぬ努力に委ねられる部分が大きい。それであるが故に、これからの地域金融機関の職員は取引企業からスカウトされるようなレベルの人材へと成長を遂げなければならないだろう。出向ではなく、取引先企業の経営者になるような事案が出てくることも夢物語ではない世界線にならなければ、理想とする地域経済の活性化は達成できないといっても言い過ぎではない。将来、自分自身が取引先企業の経営に携わることを現実的に考えられる人材が経営者と向き合うことで、企業価値向上に取り組む姿勢はこれまでのものと次元が異なるものになる。金融機関から見れば、取引先企業に優秀な人材が奪われたと思ってしまうかもしれないが、金融機関が持つ債権の質向上に直結するのであれば、本質的には双方にとって有益な状態といえる。やや極端な思想かもしれないが、近年、金融機関における人材派遣に関する考え方は柔軟になっており、さらには持株比率の緩和など地域商社へ関与についても、地域経済の活性化という大義があれば実現可能である体制が整いつつあり、現実味を帯びた話になってきている。

　地域金融機関が金融仲介機能の十分な発揮と金融システムの健全性を両立させるためにも、金融機関職員と企業経営者が共同で目標達成を目指す事業性評価に基づく融資が活発に行われることを願い、結びとする。

---

39)　水野浩児「事業性評価の質が債権の評価に直結する時代の到来－中小企業支援と地域金融機関の存在意義」銀行法務21第846号巻頭言（2019年9月）。

第3章

行動立法学からみる
包括担保法制（事業成長担保権）

第3章の概要

　研究者として自身の存在意義を感じられることは、幸せなことである。身の上話のようなことで恐縮だが、コロナ禍を迎えるまで、自らの研究に社会性や必要性を感じることは、恥ずかしながらそう多くはなかった。

　新型コロナウイルス感染症が猛威をふるったことで、金融機関の考え方は大きく変わった。どの金融機関も口をそろえて事業者支援を使命だといい始め、事業者支援の活動を通じて金融機関の有する債権を良質化することに疑いを持つものはいなくなった。不謹慎かもしれないが、新型コロナウイルスはゲームチェンジャー的な存在となった。そして、金融機関の行動変容をもたらした環境は、ビジネス法務学の必要性を認識させることにもつながった。金融は「技術的な要素」ではなく、目の前で苦しんでいる人を救い、「人々の幸福や生存のための手段」であることを明確にした（池田眞朗教授の論説「ビジネス法務学序説（武蔵野法学第15号）」の402頁以下に同様の趣旨が示されている）。

　金融の本質があらためて浮き彫りになったコロナ禍において、次に必要になったものは、中小企業を救済したり、金融機関の活動を支えるためのルールや仕組みであった。前章でも触れた通り、法律学とは一線を画すビジネス法務学は「出来上がったルールを分析し教授すること」であったり、「ルールを創造すること」を目的とした学問として説かれている。そして、そのルールを創造する際に必要な観点として、池田眞朗教授は「誰のためにどういう法律を創ることが最も良いのか、社会的に最適な立法をするための理念や方法論を考察する」ことを念頭に置いた「行動立法学」を提唱した。

　第3章では、新たなルールや制度、法律を制定する際にいかに「行動立法学」の知見が重要で必要であるか、について現在金融庁が中心となってルール策定を進めている「包括担保法制（事業成長担保権）」とそのベースともなる制度である「動産・債権担保融資（ABL）」を軸に考える論考等を中心に掲出している。

　第1節の「地域金融に有益な包括担保法制と行動立法学」では、これから検討が進んでいく「事業成長担保権」を考えるにあたって、ABLの理念として池田眞朗教授が提唱した「生かす担保」の考え方をベースにすることの重要性と必要性について論じている。そして、これからのルール作りにおい

て、学事的な観点（法律学の観点）ばかりに目を向けた立法には限界があり、行動立法学に着想を得た法整備が必要になってくることについて記している。

　第2節の「顧客支援と包括担保法制の牽連性」では、実務面から包括担保法制を検証した論考である。金融庁が令和2年1月に公表した「担保法制の見直しに係る問題提起」の冒頭には事業成長担保権を「事業を解体する担保」から「事業を生かす担保」へ、と掲げたことから、事業成長担保権にはABLの理念が制度思想の根底に流れていることがわかり、あらためてABLの持つ機能などに光を当てることの重要性を説いた。また、事業性評価に基づく融資の手法とABLの手法には共通点が多く、それが事業成長担保権にも活きていくことを記した。

　第3節では、2023年2月28日に武蔵野大学法学研究科中村廉平教授追悼・担保法制シンポジウム「検討！ABLから事業成長担保権へ－中小企業金融の近未来－」において、筆者が「中小企業金融の近未来と事業成長担保権の評価－ABL再考」と題して講演したものを論考のかたちに修正したものを収録した。事業成長担保権の中間試案が打ち出されたタイミングで、金融庁や経済産業省、財務省、近畿財務局などの関係省庁から核となる要人に登壇いただき、それぞれの視点から事業成長担保権の実務面での課題やニーズを検証した講演会であった。筆者が登壇したのは最後であったため、当日の他の講演者の意見を踏まえつつ、ABLの生きた担保の考え方の応用について講演したものである。

　以上の通り、第3章では「包括担保法制（事業成長担保権）」を題材の中心に据えつつ、新しい制度を制定する際の考え方として「行動立法学」の理念を用いることの必要性を整理した。「ビジネス法務学を教授する」といった観点からも本章で取り上げた3つの論考は、いずれも金融実務に従事する方々へ重要な示唆になりうるものであり、次章へのつながりが強い章となる。

【第3章　第1節】

地域金融に有益な
包括担保法制と行動立法学
―本業支援に必要な事業性評価の応用と債権の本質を考える―

【前注：本節は、経済法令研究会が発刊する「銀行法務21」No.872（2021年7月号）に掲載された特別論考に加筆・修正を加えたものである。本稿に記載している参考資料や政策文書等については、掲載当時の記載内容となるため、当時から加筆・修正・変更・削除・更新等が行われているものが含まれることをあらかじめご留意いただきたい。】

Ⅰ．はじめに　―地域金融機関が目指す方向性とは―

　コロナ禍の影響により、金融機関は従来のあり方から変化を余儀なくされ、新しいビジネスモデルを構築するなど、存在価値を変容しなければならない時代となった。コロナ禍当初は、通称ゼロゼロ融資（実質無利子・無担保融資）の推進や既往債務の条件変更などを積極的に行うことで金融機関として各地域で存在感を示し、債務者である取引先企業をサポートしてきた。しかし、資金繰り支援だけでは小手先の延命措置にすぎず、取引先企業が抱える問題の根本的な解消・改善にはつながらない。今後は「資金繰り支援」から資本性資金等も活用した「企業の経営改善・事業再生支援」に主たる取り組みをシフトし、企業を地盤から支える存在として金融機関は価値を創出しなければならない。この点は、金融行政方針にも明記されており、金融機関はコロナ禍を踏まえた経営のあり方について事業再構築・再生等を含めて、どのような選択肢が最適か、事業者としっかり対話を行い、実効的な支

---

1) 金融庁「コロナと戦い、コロナ後の新しい社会を築く　令和2事務年度金融行政方針」3頁、2020年8月31日（https://www.fsa.go.jp/news/r2/200831.pdf, 2021年4月最終閲覧）。

援策を講じることが求められている。

　また、金融庁は金融機関が地域経済の再生や地域・企業の持続可能な成長に貢献できる事業に注力できるよう環境整備にも着手し始めている。その一例として、銀行の子会社や兄弟会社の業務範囲に関する規制の見直しや銀行グループによる一般事業会社への出資に関する規制見直しの検討が行われている[2]。さらに、金融行政方針で謳っていた「金融機関が借り手を全面的に支えられる包括担保法制等を含む融資・再生実務の検討」についても「事業者を支える融資・再生実務のあり方に関する研究会」を発足させ、事業の継続や発展を支援する適切な動機付けをもたらすような包括担保法制等について具体的な検討に入っている[3]。これらの動きから、地域金融機関に対する期待の高まりと、地域金融機関をより地域に根ざした確固たる存在とすべく、金融庁が本腰を入れて取り組んでいる様がうかがえることは明らかだろう。

　今般のコロナ禍という未曾有の事態において、地域金融機関は事業者のためにリスクを取り、迅速かつ適切な支援を行うことが強く求められた。そのニーズに応え、選ばれ続けるためには企業（経営者）と日頃から緊密な関係を築き、事業実態を正確に把握し、有事に最も寄り添った支援や施策を打てるようにしなければならない。そういった側面からも、その準備にもつながる事業性評価は重要性が再認識されたといえるだろう。これからの金融機関（特に地域金融機関）は、取引先の事業を支える本業支援が主軸となっていくことを考えると、新しいビジネスモデルへの対応力を鍛える必要が出てくる。現在検討されている包括担保法制の担保価値は、債務者である取引先企業経営者の個別資産の清算価値ではなく、事業の継続価値にある、と理解することが重要であり、それを理解し、実務で活用するレベルに高めるためには金融機関職員個々人の事業性評価に係るスキル向上が必須である。本稿では、地域金融にとって有益な包括担保法制への理解ならびに行動立法学に基づく考え方の必要性について論じていく。

---

2) 金融庁・前掲注1）4頁。
3) 金融庁「『事業者を支える融資・再生実務のあり方に関する研究会』の設置について」2020年11月4日（https://www.fsa.go.jp/news/r2/singi/20201104-2.html、2021年4月最終閲覧）。

Ⅱ. 良質な債権の考え方と金融検査マニュアル廃止の影響

1）債権の本質と良質な債権

　これまで金融実務の現場では、保全率が高い債権が良質な債権として評価されてきた。これからの良質な債権とは、回収率や保全率が高い債権ではなく、債権者である金融機関が債務者である取引先企業やまたその経営者事業者の将来性を「正しく」評価できている債権である、と考えていただきたい。

　民法界の泰斗である我妻榮博士は債権の本質について「債権者と債務者との間には、単に一個の現実の債権が存在するだけでなく、これを包容する一個の債権関係が存在するとみるべきものである。このことは、契約から生ずる債権において特に顕著である。すなわち、契約から生ずる債権者・債務者の関係をみると、あるいは当事者が相互に債権債務を有し、あるいはその債権内容は将来の進展において多くの具体的な債権を発生させるものである。しかも、両者の関係は、単にこれらの債権債務の総和に尽きるのではなく、これに伴う多くの機能と義務を包含し、それ以上に、当該契約によって企図された共同の目的に向かって互いに協力すべき緊密な、いわば一個の有機的な関係を構成する。然し、契約以外の原因によって発生する債権においても、本体たる債権に附属的な機能や義務の伴うことは決して絶無でないのみならず、当該債権発生の目的を達成させるために、両当事者がその債権の内容たる給付の実現に向かって協力すべき関係に立つということができる[4]」と論じている。

　債権者である金融機関と債務者である取引先企業等は、債権の給付の実現、すなわち円滑に弁済できる経営状態に導くことに対して協力関係にあること、これこそが「債権の本質」である。債権の本質に立ち返って、まず金融機関がなすべき行動とは、事業者との対話を深め、ときには企業の行動変容を促す提言を行うことができるほど深く事業を理解することである。理解が深まることで協力関係が成り立ち、正確に把握した事業の将来性を案じた融資ができれば、それこそ事業性評価に基づく本質的な支援となる。これま

4）　我妻榮『新訂 債権総論』6頁（岩波書店、1964年）。

で見てきた「債権」とはまったく違った景色に見えるようであれば、これを機に「債権」に対する考え方をあらため、債権の本質に基づいた支援に取り組めていたのか、見つめ直していただきたい。

2）金融検査マニュアル廃止と事業性評価

　金融機関の実務に多大なる影響を及ぼしていた金融検査マニュアルが令和元年12月に廃止された。金融検査マニュアルは債権の償却・引当の判断基準を細かく定めたもので、特に金融検査マニュアル「別表」（以下、「別表」という）には、融資先の区分や引当の基準が規定されており、金融機関は「別表」の基準に則り、画一的な償却・引当を行わなければならなかった。「別表」の枠組みでは、過去の情報である債務者の財務内容や貸倒実績、担保価値等に影響が表れて取引先の課題対応に着手することとなり、金融機関が債務者である企業の将来性に着目した評価ができなかったため、目利き力の低下につながるなど「良質な債権」の考え方からかけ離れた実態となっていた。

　「別表」に基づき、財務内容をベースに債務者区分を6段階で評価し、担保・保証の有無など債権の回収可能性の高いものをⅠ分類、回収可能性が低い債権をⅣ分類に分けていた[5]。この分類に基づき実務を行っていたため、担保等で保全されている債権は引当実務においても効果的であり、保全率が高い債権こそが「良質な債権」と錯覚してしまうことにつながってしまっていた。加えて、金融検査マニュアルは金融機関が企業等の将来の危機を防ぐための行動を促すことも困難にしていた節がある。金融検査マニュアルが存在することで、マニュアル対策を念頭に置いた内部規程の策定が横行するなど、金融機関の自己変革を避ける口実として用いられ、創意工夫の障害となる副作用も指摘されていた[6]。

　金融検査マニュアルが廃止されることで、特に貸倒引当金については過去実績だけにとらわれることなく、現状や将来を見据えた情報を反映すること

---

5) 金融庁「金融検査マニュアル（預金等受入金融機関に係る検査マニュアル）」2015年11月（https://www.fsa.go.jp/manual/manualj/yokin.pdf、2021年4月最終閲覧）。
　財務内容が健全な債務者から、正常先・要注意先・要管理先・破綻懸念先・実質破綻先・破綻先の6段階に区分される。
6) 渡辺公徳・冨川諒「融資に関する検査・監督の新たな方針」金融財政事情71巻8号12頁（2020年）。

ができるようになるなど、いわゆるフォワード・ルッキングな引当が可能になった。それを行うには経済指標のような定量的な情報だけではなく、企業の将来性などを勘案した定性的な情報も加味した引当の検討が求められる。この側面からも事業性評価の需要は高まりを見せており、債権者である金融機関は単なる資金支援にとどまらず、債権を良質化して本業支援を行うことが期待されることになる。

　森俊彦金融庁参与は「検査マニュアル廃止の最も重要なインプリケーションは『金融機関が向き合うべきは、先ずもって、金融庁や検査マニュアルでなく、企業経営者である』ということである。向き合うことで、真の事業性評価に基づく融資や本業支援が可能となり企業価値の向上が実現できる」[7]と論じており、金融実務の観点からも共感できるメッセージを発した。また、金融庁地域課題解決支援室長の日下智晴氏は「事業者と金融機関の間には、金銭を介した債権債務関係がある。しかしながらそれは契約上の関係であって、本質的には事業者の営む事業を金融機関が後押ししている。事業者の生み出す価値こそが両者の果実であり、これを金融庁は『共通価値』の創造と呼び、ある地域金融機関の経営者は『共有価値』と呼んでおられる」[8]と説いている。金融実務は誰のために、何のために、何をしなければならないのか、地域金融の使命についていま一度原点に立ち戻り、本質と向き合う契機が訪れているではないだろうか。

Ⅲ. 包括担保法制の検討に必要な実務の影響とABLの教訓

1）事業成長担保権（事業を生かす担保）への期待

　金融庁が公表した令和2年1月「担保法制の見直しに係る問題提起」には冒頭部分に、「事業を解体する担保」から「事業を生かす担保」へ、と記されている。[9] 包括担保法制は、不動産や動産・債権など個別財産に加え、新たに事業全体を対象にする担保権である。明治時代から変わることのなかった担保法制の見直しが、金融仲介機能の発揮が必要とされるコロナ禍のタイ

---

[7]　森俊彦『地域金融の未来』36頁（中央経済社、2020年）。
[8]　日下智晴「事業者と金融機関の新たな関係」事業再生と債権管理169号巻頭言（2020年）。
[9]　金融庁「担保法制の見直しに係る問題提起」2020年1月23日（2021年4月最終閲覧）。

ミングと重なったことは、金融実務においても光明となるだろう。

　「事業者を支える融資・再生実務のあり方に関する研究会」が令和2年12月に公表した論点整理では、議論を深めるための一つの制度イメージ・たたき台として「事業成長担保権（仮称）」を用いた[10]。これまで担保といえば個別資産であった。それは債権回収のしやすさ、いわゆる精算価値が高いと判断されてきたからである。しかし、産業構造が大きく変化し、事業モデルや事業システムなど現物として存在しないものの価値が認められ、その重要度が高まっている現在において、現存するものだけに価値を見出して担保を設定することは債権者・債務者双方とも限界があるとの考え方が出てきた。

　そこで新たなアプローチとして「事業そのもの」を担保評価の対象とする「事業成長担保権（仮称）」の考え方が示された。この考え方が適用されると、金融機関は取引先企業の事業全体に対して支援を行うことになるため、事業を継続させる行為そのものが担保保全となり、事業を把握することが担保評価に直結することとなる。

　企業を深く理解し、持続可能な経営が行われるようになるため、金融機関の使命がわかりやすく体現される「事業成長担保権（仮称）」の考え方は、これまで金融機関が積み重ねてきた事業性評価のノウハウを活かすことができる仕組みにもなり得る。実務上、どうしても支援しにくい対象となっていた将来性の見込めるベンチャー企業に対しては、投資（エクイティ）ではなく、事業全体への担保権に基づく融資（デット）で支えることができるようになり、事業承継が困難な老舗企業に対しても唯一性のあるビジネスモデルを担保とすることで事業承継に必要な資金を融資することができるようになる。

　金融機関と取引先企業の双方が共通の目線で本業の維持・発展を支援することができそうな考え方として評価できる一方で、金融機関は「事業成長担保権（仮称）」を使いこなすことができる高度な知見を持ち合わせた人材の育成が必要となる。緻密な事業性評価ができ、かつ、各種関係先で複層的に調整するスキルが必要となるなど、高次元の運用が求められる。実際の担い手の部分に課題が残る取り組みではあるが、これからの地域金融には必要となる取り組みと見て間違いないだろう。

---

10)　金融庁「事業者を支える融資・再生実務のあり方に関する研究会 論点整理」2020年12月25日（https://www.fsa.go.jp/singi/arikataken/rontenseiri.pdf、2021年4月最終閲覧）。

2）ABLの教訓 －「生かす担保」－

　「事業成長担保権（仮称）」の考え方は、動産・債権担保融資（以下、「ABL」という）に非常に類似している。池田眞朗教授は、2007年に「実行のための担保から中小企業の経営を継続させるための『生かす担保』へという視点は、筆者が金融機関（貸し手）への期待として、および担保法学の新しい概念として、提示したものであるが、これに対して、借り手の中小企業側への期待として『生きている担保』という概念を提示し強調したい。つまり、不動産担保や人的保証は、債務者企業の努力によって担保それ自体の質や量が変わるのではない。企業の努力は担保それ自体には反映されないのである。これに対して、売掛債権や在庫商品は、企業の努力によって担保の質や量が変わる。これが『生きている担保』である」[11]と解しており、「事業を生かす担保」と銘打って提示された事業成長担保権への期待は、既に池田教授が15年前にABLへの期待として論じた内容と本質は一致している。

　しかしながら、ABLは中小企業の資金調達においてその期待とは裏腹に思うように普及しなかった。その理由として実務面における使いにくさ、具体的には対抗要件の課題・コストパフォーマンス・風評リスク等が挙げられる。金融庁の日下氏は、「中小企業の運転資金というロットの小さい融資について在庫などに担保設定をすることが特殊なことと受け止められ、取り組む必要性や採算面ならびに担保対象となる動産の特定と管理が課題であった」[12]と指摘する。一方、包括担保であれば、事業用の在庫はすべて担保になるため把握や管理が簡単になる旨も併せて論じている。

　金融検査マニュアルが廃止され、債務者の将来性を評価する事業性評価を行うための基盤が整いつつある令和の金融であれば、ABLも円滑に普及した可能性があるように思える。ABLが実装された当初から多くの金融機関職員は「生かす担保」の概念自体を理解することはできたと予想される。しかし、多くの金融機関を結果的に縛ることになってしまっていた金融検査マニュアルが存在する中、債務者の将来性を評価することの重要性は、事実上建前にすぎなかったといえる。つまり、学術的に立派な制度整備が行われて

---

11) 池田真朗「ABLの展望と課題—そのあるべき発展形態と『生かす担保』論」『債権譲渡の発展と特例法［債権譲渡の研究第3巻］』335頁（弘文堂、2010年）。
12) 日下智晴・山口省藏「金融業界の課題を読み解く　熱い!!金融対談第3回　包括担保について」銀行法務21 No.867（2021年3月号）28頁以下（2021年）。

も、使う側のニーズ（実務）に合わなければ有機的な制度にはならないのである。それだけに、包括担保法制は実務に直結し、即時性と継続性のある取り組みや制度として機能しなければ、机上の空論になってしまう。

3）制度を使う側の悲しい現実

筆者が金融機関の実務者担当者に対するヒアリングの中で、ABLが普及しなかった理由を尋ねてみると、再生支援局面でABLをメイン行が取り組むと、メイン行以外の金融機関の協力を得ることができなくなる、といった話を耳にした。つまり、ABLまで設定してメイン行が保全を図るなら、非メイン行が行う支援は割に合わない、という思考に至るようである。こうした意見から、メイン行に対する不信や債権の回収を前提に運転資金支援を行っていると考えてしまう「悪しき慣習」から抜けきれていない現状が垣間見える。また、ABLを設定することで、企業が金融機関に取引内容すべてを網羅されてしまうことに対して一定の抵抗感がある、というような話も耳にし、ABLに関しては肯定的な見方がなかなかされていない現状を見ることができた。

これらの問題は、債務者が金融機関に全幅の信頼を置いていない、いわばモラルハザードが起きている状態にあり、「債権の本質」を理解した支援が行えていないことを如実に表わしている。包括担保法制の議論や今後の制度整備は望まれることではあるが、まだまだ地域金融機関を中心に、思考や行動の一つひとつから見直しを図らなければならないのが現実だ。

金融機関として新しい価値を生み出すためにも、経営理念・戦略にそぐわない方法での顧客の奪い合いから脱却し、真の金融支援を実現できる環境構築に努めるなど、業務の再構築と不断の改善が我慢強く繰り返されることを祈念したい。

Ⅳ．立法者の姿勢と行動立法学の提唱

1）立法に対してどう対峙するか　－行動立法学の教え－

これまで述べてきた通り、金融機関（様々なルールや制度を使う側）の行動変容も確かに重要であるが、何よりも使いやすいルールや制度が策定されることも同様に重要であり、現場としては最も望まれることの一つであろう。

直近の具体例で言えば、債権法の改正により、「債権譲渡制限特約」について実務面で混乱が生じている。民法466条2項は譲渡制限特約が付いている債権であっても譲渡できるとしつつ、同条3項では、一定の条件下では譲渡制限特約が有効としている。これを実務で適用しようとした場合、譲渡制限の付いた債権を譲渡するという行為そのものが契約に反するとし、取引先との関係性の悪化や賠償問題が生じるのではないか、という懸念点がよぎる。

　小さなルールからの逸脱すら性分として合わない金融機関職員が、あえてリスクを感じる担保として譲渡制限の付いた債権を譲り受ける気にならないのは火を見るより明らかだろう。係争関係に陥りそうな債権を金融機関が積極的に受け入れることを想定して改正しているとすれば、疑念を抱かざるを得ない。

　とはいえ、現場に即した法改正を行うよう声をあげ、再整備させることは非現実的であろう。しかしながら、見通しを立てることが困難なこの時代に、旧来の着想で法律が制定されていくようなことを見過ごしてはならない。「新しいルールを創ったら、人はどう行動するかという、その法律で対象となる人々の事前の行動予測の観点から法律というルールを創るべきとする」[13]と池田眞朗教授が発案した「行動立法学」という、新しい考え方が令和の時代の鍵になる。

2) 新時代のルール作り　－行動立法学と実務－

　池田眞朗教授が提唱する行動立法学は、確立された学問分野ではなく「誰のためにどういう法律を創ることが最も良いのか、社会的に最適な立法をするための理念や方法論を考察する」ことを念頭においた、新しい考え方である。これまでの民法学は民法「解釈学」であり、既存の条文をいかに解釈するか、という学問であるといえる。行動立法学は「法律は作ってから解釈を工夫して運用するものではなく、作る前に効果を想定しシミュレーションをして作るもの」[14]という、発想の起点における考え方が従来の民法「解釈学」と大きく相違する。

---

13)　池田真朗「行動立法学序説―民法改正を検証する新時代の民法学の提唱―」法学研究（慶應義塾大学）93巻7号57頁（2020年）。

14)　池田真朗・前掲注13）60頁。

平成29年の民法改正は約120年ぶりの大改正であったが、学問的にどう説明を付けるかを第一義に改正された内容となっており、実務界には受け入れがたい改正が散見される。

　新時代のルール作りは、「そのルールがなかったら人々はどのような行動をするのか、ルールが制定されるとどう行動が変化すると予測するか」に始点を置いた検討から開始することが大切だと筆者も同意する。現在検討されている担保法制は、これからの金融実務に多大なる影響を及ぼすことになることは間違いない。包括担保法制の議論では、債務者のビジネスモデルそのものを担保とすることから、債務者の将来性を把握するスキルを身につけている者が運用することを前提としている。言い換えれば「みえない資産価値」の把握が担保価値に影響を及ぼすため、評価する側のスキルにより担保価値が変動することになる。また、債務者（企業）側のニーズだけでは運用できず、債権者たる金融機関の経営戦略と組織体制の整備がなされていることも前提となるだろう。そのうえ、現行法との関係性の整理として、経営者保証の位置付けや現存する不動産担保との優先関係、さらには動産・売掛金担保との優先関係などを複合的にシミュレーションしなければならない。

　現状、実務面からみると本当に運用可能な制度であるか疑問が残る、というのが正直な感想だ。解釈上では理路整然として一連の流れを生むように見せることはできるが、使う側に寄り添った整備ができているとは考えにくい。

　包括担保法制の議論で重要なことは、すでに直面している事業再生支援や事業承継問題をはじめ、日本が抱えている構造的な問題解決にどう資することができるのか、という視点である。その延長線上には金融機関は融資（デット）だけの支援にとどまらず、投資（エクイティ）による支援をより身近に行えることも含まれるだろう。債権者と債務者のインセンティブが一致する制度として包括担保法制が確立すれば、金融機関と事業者が共通の目標を持つ関係、すなわち、債権の本質に基づいた関係性が構築されやすくなる。新たな価値を創造し、地域経済の中核として金融機関が生まれ変わるためにも行動立法学に基づいた法整備が望まれる。

V. 地域経済エコシステムの中核を担う地域金融人材とは

1）地域経済エコシステムを導入した地域活性化に向けて

　筆者は地域経済の立て直しこそが日本に再度活力を与える起爆剤の一つになると考えている。そして、その地域経済立て直しの主役は地域金融機関になると確信している。

　そこで、最後に「地域経済エコシステム」の構築について着目しておきたい。金融庁が取り入れ始めた地域経済エコシステムの考え方とは、ある地域において、企業・金融機関・地方自治体・政府機関などの各主体が、それぞれの役割を果たしつつ、相互補完関係を構築するとともに、地域外の経済主体等とも密接な関係を持ちながら、多面的に連携・共創してゆく様を指す。[15]

　いい意味で互いに依存しながら互いのよいところを有効活用し、様々な業種が一体となって生活圏を形成していく、といった発想はこれまでの行政府にはあまりなかった考え方といえよう。このシステムを活用すれば、地域金融機関の力だけではもうひと押しができなかったところを、地方自治体や政府機関などの後押しを得て企業等に対して様々な提案ができる可能性が生まれる。

　包括担保法制が導入されると、これまで以上に事業計画に基づいた事業価値評価が必要となるが、その地域を地盤とする公認会計士や税理士等と相談できれば心理的な障壁が解消しやすい。また、再生支援において債権放棄や担保設定などの法的な課題に直面した際に、地域の特性を理解した弁護士や司法書士がいればより具体的な提言もしやすくなるだろう。

　ときに専門家らを頼りにしつつも、最終的に判断するのはあくまで担当する金融機関職員である、といった自覚は引き続き必要になるだろう。これからの地域金融機関職員には、地域を活性化させる中核を担っている自覚と相応の専門知識、各関係先との信頼を築き上げる能力などが求められ、金融機関はそういった地域金融人材の育成と適切な配置がポイントとなる。

---

[15]　金融庁「変革期における金融サービスの向上にむけて～金融行政のこれまでの実践と今後の方針（平成30事務年度）～について」2018年9月26日（https://www.fsa.go.jp/news/30/For_Providing_Better_Financial_Services.pdf、2021年4月最終閲覧）。

2）競争から協調へ　ー令和における金融機関同士の関係性として求めること－

　筆者は近年、コロナを機に金融機関同士の「競争」を止め、「協調」することに変化することが重要である、と事あるごとに説いている。ABLが普及しなかった潜在的な原因には、債権回収率など金融機関同士における競争原理が生じていることも少なからずあるのではないかと感じている。

　金融機関の使命とは同業他社に打ち勝つことであろうか。本来向き合うべき債務者たる取引先企業に目もくれず、他の金融機関との競争に抜きん出ることに盲目になってしまっていては本末転倒である。これからは金融機関の存在意義に鑑み、事業者を支援するために相互の資源を有効に活用し、協調した取組みが展開されることを期待したい。

3）これからの地域金融人材とは

　池田眞朗教授は、最近の論考でABLの効用について、SDGsのうち、とりわけSustainableの問題につなげて考えることが重要とし、「そもそもABLでは大きな利益をあげられるわけではないし、またABLの破綻時に十分な債権回収を図ることは難しいという現場のご意見もあるところで、それを世のため人のためにというようなニュアンスで語られることは現実的ではない、というご批判が当然あろうかと思います。けれども、例えば地方の金融機関が地域経済の活性化を図るためには、つぶしてはいけない地場の企業が必ずある。そういうところをつぶさずに存続させることが、地域経済の維持・活性化につながり、ひいては地域金融機関の収益につながる、というような図式を描いていただきたい。そういう問題意識が根底にないと、これからの金融社会は維持存続できない。すべてのステークホルダーがWin－Winの関係に立つスキームを積極的に考えていかなければならない、と私は考えております。その意味でABLはやはり再評価されるべきと思うわけです。」[16]との見解を示している。この考え方は、先述した金融庁も掲げる「共通価値」の創造につながるものであり、地域金融機関の理念や使命にもつながる内容でもあるといえる。

　時代とともに価値観は変化していく。とりわけ地域金融の考え方は、この

16）池田眞朗「動産・債権譲渡登記の実態分析と立法の方向性」登記情報713号26頁（2021年）。

数年間で大きく変貌を遂げた。令和２年10月に金融庁が公表したプログレスレポートには、地域金融機関の若手職員の離職について触れており、地域に役立ちたいという志を持った若手がやりがいを感じる前に理想と現実のギャップに耐えられず退職するケースが増えている[17]、との記載があった。これまでの金融機関はルールから逸脱することを「悪」とみなし、社会貢献性を「善」と認める以前に、ルールから逸脱しないことにプライオリティがあった。そのような価値観に支配されている金融機関職員にとって、小さなルールでも逸脱する可能性があるABLは厄介な存在と感じるのは、ある意味必然である。

最近の大学生との会話にはSDGsの話題が日常的に盛り込まれている。大きな不安を抱えながらも、仕事に対する価値観に「社会貢献性」を考慮する学生が明らかに増えていることを日々痛感する。ABLの持つ社会貢献性やその考え方は今の若者たちにもマッチするのではないだろうか。

地域金融機関の持つ使命は、これからの社会を担う若い人材に最も馴染むものであるにもかかわらず、若い世代に浸透していないように見受けられる。また、使命に共感し、事業に魅力を感じた新入職員を育成できていないという現実が非常に心苦しい。人材育成に限らず、時代の変化に「しなやか」な対応ができるようになれば、地域金融機関はより企業価値を高めることができるだろう。

経営者にも価値変容が求められる。何のためにルールがあるのか再確認し、使う側にとって有益で、令和の時代に適合したルール作りとその運用が重要な時代が到来していることを踏まえ、新たな地域金融機関の価値とその金融機関を構成する人材育成にこれまで以上の心血を注ぐことを改めて認識していただきたい。

---

[17] 金融庁「金融仲介機能の発揮に向けたプログレスレポートについて」2020年10月14日（https://www.fsa.go.jp/news/r2/ginkou/20201014-1/01.pdf、2021年4月最終閲覧）。

【第3章　第2節】

顧客支援と包括担保法制の牽連性
—生かす担保ABLの考え方の再評価と事業性評価に基づく融資—

【前注：本節は、「銀行法務21」No.875（2021年9月増刊号「これからの顧客支援・再生実務と包括担保法制」）に掲載された論考に加筆・修正を加えたものである。本文等に記載している参考資料や政策文書等については、掲載当時の記載内容となるため、当時から加筆・修正・変更・削除・更新等が行われているものが含まれることをあらかじめご留意いただきたい。】

Ⅰ．包括担保法制と顧客支援の牽連性

1）本業支援と包括担保法制の考え方

　2020年12月に「事業者を支える融資・再生実務のあり方に関する研究会」の論点整理が公表された。議論を深めるためのイメージとして用いられた「事業成長担保権（仮称）」[1]は、最近の動向として注目を集めている包括担保法制をより具体的に検討するための一案として問いかけられ、そのインパクトは記憶に新しいだろう。

　包括担保法制は、これまで債権の回収のしやすさ、清算価値の高さから有形の個別資産を「担保」と考えてきたことに対し、産業構造の転換を受け、事業モデルや生産システムなど無形のものにも価値や重要度が高まっていることから「事業そのもの」を担保の対象とする革新的な考え方である。この考え方が適用されると、事業全体を担保とすることができる。つまり、事業の将来性と担保価値が一致するため、金融機関は必然的に取引先企業の「事

---

1) 金融庁「事業者を支える融資・再生実務のあり方に関する研究会 論点整理」2020年12月25日(https://www.fsa.go.jp/singi/arikataken/rontenseiri.pdf、2021年7月最終閲覧)。

業の将来性」を支援することになる。

　コロナ禍の甚大な影響を受け、様々な企業が事業継続のために必死になる中、金融機関はこれまでのような資金繰り支援ではなく、企業の経営改革や事業再生支援に注力しなければならない。包括担保法制は、本業支援や伴走支援をより具現化するための強力な追い風になり得る。

2）事業性評価との牽連性

　不動産担保や保証に過度に頼らず、事業の将来性を見据えた融資手法である事業性評価に基づく融資は、金融実務においてすでに浸透している。しかし、筆者が金融機関の実務担当者へのヒアリングを通じて感じる印象としては、理念や概要について理解はしているものの、具体的な手法についてはまだ確立されておらず、悩みながら実践しているケースが多いように見受けられる。

　図らずもコロナ禍によって事業者支援が必要となったタイミングと重なるように金融検査マニュアルが廃止となり、これまで債務者区分の判定について、実務上のもどかしさを感じていた部分は解消されつつある。別稿でも[2]記した通り、マニュアルの廃止にともない、自己査定基準の独自性や債務者区分の判断基準の見直しが図られ、単なる資金繰り支援にとどまらず、債権を良質化したうえで本業支援に邁進することができるようになった。事業性評価に基づく融資を自然と行える環境に移り変わったといってもいいだろう。

　このように本業支援に専念できる外的環境が整い始めているにもかかわらず、現場としては決め手を欠いている現状が少なからず実在する。果たしてそのギャップとは何なのか。本稿では、包括担保法制の検討により再び注目されている動産・債権担保融資（以下、「ABL」という）に焦点を当て、今後金融機関職員として地方創生を担う者に身につけてほしい「考え方」について論考を進める。

---

[2]　水野浩児「地域金融に有益な包括担保法制と行動立法学　－本業支援に必要な事業性評価の応用と債権の本質を考える－」銀行法務21 No.872（2021年7月号）4頁以下（2021年）。

Ⅱ. 生かす担保 －ABLの再評価と包括担保法制－

1）ABLの悲劇

そもそも担保とは、債権者である金融機関が債権保全の実現性を高めるための「保証制度」であるという意味合いで認識されている節が強い。それは、これまで制度が確立され、評価（保全）が安定している不動産担保において、「良質な債権」とは債権回収率のよい債権である、という命題が成り立ち、実際に業務が円滑に進んでいた事実があるからと筆者は整理している。

金融実務において、引当額は債権額から保全額を控除した額に引当率を乗じて算出されるため、保全額の算出根拠が不透明な担保は、担保として機能しない。そのため、動産担保や売掛金などは、在庫評価が難しく、いざという時に処分するルートもない、といった現実に直面することも多く、担保価値が不安定であると考えられてきた。よって、動産は一般担保として取り扱うには限界があり、添え担保として扱うケースが多かった。

また、動産譲渡登記における公示性の不安定さも動産が担保として機能してこなかったことに拍車をかけている。例えば、占有改定は第三者にわからないまま行うことができるため公示性がきわめて低く、金融機関の担当者であっても知り得ないケースがある。対抗要件具備の先後によって優先劣後が決まるABLにおいて、担保を取得しても占有改定の事実に気がつかず、担保の機能が働かない事態に陥る可能性がつきまとうため、積極的には取り組みにくい現実がある。

民法改正により、譲渡制限特約が付されている債権でも譲渡できるとされることとなったことでいよいよABLにも日の目を見ることが期待されたが、債権譲渡という行為そのものが、企業同士の契約内容に反するとして、企業同士の関係悪化や賠償請求を起こされるリスクに晒される。つまるところ、取引先企業において信義則に反する可能性のある行為に加担するような行動は、金融機関としても現実的な選択肢になり得ない。金融機関以外の業界で譲渡制限特約をつける商行為が常態化していることも相まって、ABLの使い勝手の悪さが余計に露呈してしまうことになってしまった。

かくして、ABLは譲り受ける側である金融機関を取り巻く環境と譲り渡す側である企業サイドの文化・慣習双方に浸透しなかった。金融機関の努力

のみでは制度の浸透には限界があるものの、金融機関にとってABLを積極的に活用することで得たい恩恵があること、潜在的なニーズがあることには変わりはないと見ている。中小企業にとって円滑な資金調達を促すためにも、各業界に浸透している譲渡制限特約付きの商慣習の課題を乗り越え、ABLが有機的にはたらく環境への改善を進めていかなければならない。

2）行動立法学の必要性

　現行法においては、占有改定の問題や対抗要件の課題が残っているため、ABLの積極的活用には不安が残る状況に変わりはない。ABLの持つ理念や機能は期待が持てるものがあり、実用したい金融機関も多くあるはずだが、その制度が活用できる法整備や環境がないところにも大きな課題感を覚える。今後、包括担保法制の議論が進む際、「使いやすいルールや制度が策定されること」が争点として着目されることになってほしい。ABLも公示性の高い譲渡登記は占有改定に優先することが法整備されることで一気に実用性が高まると考えられる。「事業者を支える融資・再生実務のあり方に関する研究会」メンバーの堀内秀晃氏は「占有改定は、担保権設定者が担保権者に対して、『他の債権者に在庫を担保提供はしない』という信頼関係に基づいているが、占有改定実施後に譲渡登記により資金調達が行われたとすると、ベースになる信頼関係が損なわれていることになるので、その存立基盤を失っていると言えるので、譲渡登記が優先するという考え方もあり得るのではなかろうか[3]」と、筆者も共感できる実態に即した鋭い考察を示している。法規（学理）としての美しさよりも、法律を使う者や法律が適用されるものにとって実際に有用であることが、これからの法整備にとって肝要となる。

　ここで、池田眞朗教授が提唱する行動立法学を紹介したい。行動立法学とは、「新しいルールを創ったら、人はどう行動するかという、その法律で対象となる人々の事前の行動予測の観点から法律というルールを創るべきとする[4]」という新しい考え方である。「誰のためにどういう法律を創ることが最

---

3) 堀内秀晃「担保法制とＡＢＬ〜日米比較を通じて〜」2021年5月20日（https://www.gordonbrothers.co.jp/column/topics20210520/、2021年7月最終閲覧）。

4) 池田真朗「行動立法学序説：民法改正を検証する新時代の民法学の提唱」法学研究93巻7号59頁以下（2020年）。

も良いのか、社会的に最適な立法をするための理念や方法論を考察する」というこの理念は、包括担保法制の制度確立・浸透の鍵を握っていると言っても過言ではないと筆者は考える。ABLは、理論上非常に優れた制度であったことに異論の余地はないが、残念ながら金融機関が合理的な行動を取る際に障壁となる課題が多く、使う側のニーズ（実務）に適さなかった。包括担保法制はその悲劇を繰り返さないためにも、使う側の行動を予測し、この制度でどのように社会を良くしていきたいのか、を十分に吟味して制度設計を進めてもらいたい。

　なお、池田眞朗教授はABLについて「売掛債権や在庫商品は企業の努力によって担保の質や量が変わる」ことに注目し、ABLを「生きている担保」と呼んだ。金融機関と企業双方による動産資産の価値を維持・向上させるための活動そのものがモニタリング機能を発揮することになっており、本業（経営）のあり方を見直すことにつながるフローを生み出すからである。ABLに対する心象はよくないかもしれない。しかし、いま金融庁が推し進めようとしている本業支援や伴走支援を行うには、取引先企業ひいては経営者と対話を重ね、事業継続・発展のために実効性のある対応が必要となる。その支援策を講じるための仕組みとしてABLはうってつけの施策の一つになり得る。「行動立法学」の見地から一度、ABLの制度を見つめ直してみるのも面白い。

3）事業成長担保権（仮称）への期待

　債権者である金融機関は債務者となる取引先企業の経営状況が悪化したとき、すなわち「債権が傷んだ」ときに、その信用リスクを計数化し、引当として決算に反映させなくてはならない実務が発生する。金融検査マニュアルが廃止されたこれからの時代においては、債務者目線つまり企業経営者目線でいかに実態を正確に把握するかが重要となる。そのためにも日々のコミュニケーションなどから「顧客を知る」ことが必要となる。債権者が債務者のことを知り尽くし、「事業を生かす」ことを前提として何ができるかを考えることで、債権の有り様や評価は大きく変わる。

　金融庁が2020年1月に公表した「担保法制の見直しに係る問題提起」には冒頭部分に、「事業を解体する担保」から「事業を生かす担保」へ、と記さ

れている。ABLは常に価値変動が生じる動産資産を「生きている担保」と捉え、金融機関（債権者）と企業（債務者）の双方にて債権を育む活動によって本業を支えることを目指した。繰り返しにはなってしまうが、ABLは事業の収益性に着目した資金調達に向けた機運が高まったことを背景に動産・債権譲渡登記制度が整備され、事業を継続させる「生かす担保」としての発展が期待された一方、実体法の整備に踏み込まれなかったことなどを理由に利用は促進されず、浸透しきれなかった。この教訓は、「事業者を支える融資・再生実務のあり方に関する研究会　論点整理」においても課題として認識されている。

同研究会より投じられた事業成長担保権（仮称）の考え方では、これまで担保の対象としていた不動産や動産・債権など個別財産に加え、新たに「事業全体」を対象にする案が盛り込まれている。具体的な例を挙げるとすれば、事業承継が困難な唯一性のあるビジネスモデルそのものに価値を見出し、それを担保にすることで融資を可能とする考え方である。この発想は、これまで金融機関が積み重ねてきた事業性評価のノウハウをダイレクトに活かすことができる仕組みになることを示唆しており、今後より正確な担保価値を評価するために企業・経営者との「対話」が重要視され「顧客を知る」ことが求められる。現場対応の難しさは懸念されるものの、金融機関にとっては顧客支援の選択肢が増えることになる。包括担保法制の実装は、地域経済を支える中小企業のビジネスモデルを保護し、継続させる局面などにおいては、金融機関にとっても企業にとっても待ち遠しいものになるだろう。

Ⅲ．ABLの応用とこれからの顧客支援

1）ABLのあるべき姿

日本において初めてABLが行われたのは2005年のことである。池田教授は翌年の2006年に発表した論考において、ABLは「債権者のための担保」から「債務者のための担保」、より正確にいえば、「債務者の経済活動を存続させるための担保」へ担保概念についてパラダイムシフトする制度であると

---

5) 金融庁「担保法制の見直しに係る問題提起」2020年1月23日（2021年7月最終閲覧）。
6) 金融庁・前掲注1）9頁。
7) 池田真朗『債権譲渡の発展と特例法　債権譲渡の研究　第3巻』323頁（弘文堂、2010年）。

述べている。

　本稿でも触れてきたように、担保とは債務者の債務不履行に対して担保権を実行し、債権を回収することが目的とされてきたことから、優先的により多くの債権を回収できる担保が「強い担保」であり、換価処分が確実で処分方法が確立されている担保が「良い担保」と認識されていた。債権さえ回収できれば債務者のその後の経済活動がどうなるか、ということを念頭に置いていないかたちで実行されていた、といえてしまう。筆者としてもそうした実態を幾度となく目の当たりにしてきているため、今となっては耳が痛い話だ。池田教授は、「何のために担保をとるのか」という本質に立ち返り、清算回収のためとして使用してきた担保から、本来の目的である「事業を継続させるため」の担保として、ABLは事業を「終わらせる担保」から事業を「生かす担保」として機能させるための発想の転換が必須になる、と幾度となく説いている。実に15年も前の段階で、令和の時代に金融庁が提唱している理念に通ずる考え方を世に発していたのである。それだけに、ABLの理念には大きな価値があり、包括担保法制で起こり得る課題に直面する前に、ABLを再考する意義は大いにあるといえよう。

2）事業性評価に基づく融資とABLの活用

　従前のABL活用の好事例としては、太陽光発電から得られる収入や医師の診療報酬債権を担保とするケースを紹介されることが多く、顧客の将来性を評価したケースで広く知れ渡っているものはあまり記憶にない。この視点から見ても、ABLの実情は「回収のための担保」として取り扱われている色合いが強いことがわかる。理想的なABLの活用方法の一例として、技術力はあるが、融資を受けるための優良な不動産などを持ち合わせておらず、資金調達面で懸念事項が多い中小企業などに対して、債権者たる金融機関が当該企業の将来性を評価して融資を行い、事業を存続させる、といったものが挙げられるだろう。実務においてこの事例に類した支援を適用させる場合、金融機関は「当該企業の将来性を評価」し、その評価に見合った「融資」を行ったうえで、「事業を存続」させなければならない。「当該企業の将来性」とは、ABLを活用する場合、動産資産の将来性ということになる。

8）　金融庁・前掲注1）4頁。

前述したように動産資産はその時々で質・量が変化する「生きている担保」になるため、細やかに動静をモニタリングしつつ、その質・量を高めるための伴走支援に注力しなければならず、金融機関も相当な努力が必要となる。当然ながら、その担保を「生かす」ために、企業側も相応の努力を要することが大前提となる。

池田教授も「もともとABLは、まっとうな仕事をしてよい製品を作り出している企業が救われるスキームであるが、融資金融機関からのモニタリングに対して、正確な経営データ（資産状況、在庫内容、売掛先等）を提供できる電子化・ITレベルが必要であり、コベナンツに違反しない倫理性も問われよう」[9]と指摘しており、地域金融機関が積極的に取り組む必要性はさることながら、支援を受ける企業も努力を惜しまない姿勢が重要であることを示している。どちらか一方に依存していては、両輪はうまく回らない。真の顧客支援を実現するためには双方が本気で経営改善に向けて取り組まなければならないのである。

ところで、平成28事務年度の金融行政方針において「顧客本位の良質なサービスを提供し、企業の生産性向上や国民の資産形成を助け、結果として、金融機関自身も安定した顧客基盤と収益を確保するという取組み（顧客との「共通価値の創造」の構築）は、持続可能なビジネスモデルの一つの有力な選択肢であるとともに、地域経済の活性化にもつながる」[10]と謳われている。池田教授は先に触れた論考の中で、全国の資金調達に苦しむ中小企業を何らかの取っ掛かりを見出して支援すべきであり、金融機関と企業が共に生きる「共生」の理論をABLの展開の中で実現するべきと述べている。ABLには「共通価値創造」につながるスキームを生み出す機能まで期待されていたことがわかる。そしてその動きは、現代において金融庁がまさに築き上げようとしている仕組みの一つである。

ABLは、常々変化する売掛金等の担保資産を正確に評価するため、「担保」となっている資産について「情報の非対称性」が生じないよう経営者との丁寧な対話が必要になる。どちらか一方でも相手方に対して全幅の信頼をおけない関係性になれば、モニタリング機能が不全を起こし、正しい評価を行う

9）　池田真朗「ABL－『生かす担保論』後の展開と課題」NBL975号41頁（2012年）。
10）　金融庁「平成28事務年度　金融行政方針」18頁（2016年10月21日）（https://www.fsa.go.jp/news/28/20161021-3/02.pdf、2021年7月最終閲覧）。

ことができず、ABLを通じた支援は破綻してしまう。事業性評価に基づく融資と取り組む姿勢としてはほぼ同義であるといっていいだろう。

　令和の金融が求める姿勢に通ずるものが盛り込まれているABLから得られる学びは、決して少なくない。伴走支援、事業性評価に基づく融資、包括担保法制につながるABLの理念はこれを機に見つめ直す意義はあるのではないだろうか。

Ⅳ．包括担保法制の円滑な導入とABLの再評価

1）金融人材育成への期待

　2020年10月に公表された「金融仲介機能の発揮に向けたプログレスレポート」の中に、中小企業の株式に担保権を設定し、再生ファイナンスを実行した事例が掲載されている[11]。この事例は、2019年10月の銀行法施行規則の改正（銀行の議決権保有制限緩和）を踏まえて提案されたものであり、金融機関が取引先企業の経営者から経営者保証を徴求せずに事業性評価に基づき実行されたものである。この事例の特徴は、取引先企業が事業再生を必要とする局面となった場合に、金融機関が担保権を行使して経営に直接関与することを想定したものとなっている点である。この考え方は、包括担保法制に直接つながる考え方であり、事業の価値創造を支える融資・再生実務の観点からも実効性が証明されており、非常に参考になる事例である。

　プログレスレポートにこの事例が取り上げられた意図として、銀行法の改正にともなう実務対応や包括担保法制導入を見据えた先見性の高い事例としての情報共有が想定されているだろうが、筆者はこれから金融機関行職員が事業会社そのものを深く学び、経営する力を身につけてほしいというメッセージも込められていると考えている。少子高齢化が進み、地域間格差も徐々に明白になっていくことが予想される現代社会において、金融機関出身者が地域企業の経営者になるような時代が近々訪れることを想像している。

　最近の若者（Z世代）は、SDGsに関する意識が高く、社会貢献や地元への貢献などについて「当たり前のこと」として前向きに考える傾向がある、と教育現場に従事する者として日々実感している。金融機関で働き、金融リテ

---

11)　金融庁「金融仲介機能の発揮に向けたプログレスレポート」46頁（2020年10月14日）（https://www.fsa.go.jp/news/r2/ginkou/20201014-1/01.pdf、2021年7月最終閲覧）。

ラシーと企業経営スキルを身につけて、地元に貢献できる働き方が実現できる金融業界は、これからの時代を支える彼らの思想にも合致する。それだけにこれからの金融人材を育成できる地域金融機関は、他業界に対しても優位性が出てくるだろう。

2）地域金融機関の使命と立法者への期待

　新型コロナウイルスの影響でこれまでの常識が非常識に様変わりし、我々の暮らしは新しい世界に移り変わった。コロナ禍において、資金支援についてはいわゆるゼロゼロ融資（実質無利子・無担保融資）が推進されるなど円滑に行われた印象を受けるが、これからは再生支援・本業支援が銀行業務の中核となるだろう。

　とりわけ地域金融機関は、その存在意義に鑑み、本来の使命に立ち返るタイミングが来ている。ポストコロナでは、金融機関からの支援がないと廃業に直結する企業が続出し、地域経済に深刻な影響が出ることが予想される。地域経済の衰退は、地域金融機関のバランスシートが毀損することと同義であり、地域金融機関自身の存続のためにも再生支援・本業支援への取組みを避けて通ることはできない。再生支援・本業支援を実質化するためにも顧客を知り、的確な事業性評価を行っていかなければならない。そして、それらをつつがなく実行し続けるには、金融機関行職員のスキルアップは至上命題となる。

　しかしながら、個々のポテンシャルを上げるだけで地域経済が支えられるようになるほど生易しいものではない。金融機関行職員一人ひとりの知識・思考力・判断力を育成するだけではなく、弁護士や公認会計士などその道の専門家と連携し、地域を構成する全員が一丸となって本気で地域経済を支えるチームを築かなければならない。いわゆる地域経済エコシステムを形成することがそれに当たる。その地域経済エコシステムの中核を担うのは金融機関行職員で「なくてはならない」と熱弁を振るいたい。

　地域経済エコシステムの中核人材を育成するには、自発的な意識改革だけでは足りない。真の地域金融人材を育成するには、地域金融機関のトップ（経営陣）の抜本的な意識改革から始めることが必須である。やや抽象的ではあるが、金融の健全性を確保することとは目先の利益を積み上げることではなく、中長期的な観点で地域企業の支援を繰り返し、地域経済の発展につ

なげていくことであり、それを絶え間なく実行し続けることである。その本質をとらえたビジョンを掲げられるトップがいる金融機関こそ地力のある足腰の強い金融機関へと育っていくだろう。最近の若手金融機関行職員は、理想と現実のギャップを垣間見た時に業界から心が離れていく傾向がある。行動変容の主軸にSDGsの発想が根づいている最近の学生の言動から着想すれば、地域金融機関が本来の理念に基づいた活動に専念し続ければ、彼らの思い描く理想と現実が綺麗に重なり合うことに早く気付いていただきたい。

　最後に、くどいようだが包括担保法制の議論において期待したいことは、理想的な使いやすい制度にすることでなく、決定的な問題のある制度にならないことである。そのためにも、立法に関与する方々が「行動立法学」の見地から現場レベルでの細やかな検証を行いつつ法案を検討することを期待したい。包括担保法制のテーマでもある「事業を解体する担保」から「事業を生かす担保」を具現化するには、ABLの教訓は必ず生きてくる。池田教授が説いたABLの理念と「行動立法学」に基づいた思考ができる人材が次々と誕生する未来が訪れることを祈念し、本稿の結びとする。

【第3章 第3節】

中小企業金融の近未来と事業成長担保権の評価
—ABL再考—

【前注：本節は、武蔵野大学法学研究所主催の中村廉平教授追悼・担保法制シンポジウム「検討！ABLから事業成長担保権へ－中小企業金融の近未来－」（2023年2月28日開催）にて講演した内容を執筆し直したものである。筆者を含め5名による連続講演の5番手として講演した内容が基となっているため、内容の引用先や参照先が直前までに実施されていた講演内容になっている部分が含まれることをあらかじめご留意いただきたい。】

Ⅰ．はじめに

　この度は、憧れを抱いていた中村廉平先生の追悼シンポジウムに関わることができたことに、この上ない喜びを感じている。自身の講演に入る前に不思議な縁を感じる出来事があったため、紹介したい。

　今朝（2023年2月28日）の新聞に商工中金の記事があった。そこには、商工中金が振興融資を4年で8割も増加させ、脱担保に注力し、地銀との連携を強化していく、との記載があった。また、2018年からは創業や事業再生の分野に重点を置き、プロパー融資総額7兆1,000億円のうち、4割を占めるほどの実績を挙げている。金融機関にとって理想的な動きをし、かつ、それにともなう成果を上げる商工中金の存在があれば、事業成長担保権も円滑に進むことが期待できるだろう。商工中金の姿勢から中村廉平先生のDNAを感じ、想いが脈々と受け継がれている様をあらためて多くの方々に認識していただきたく、あえて紹介した次第である。

　さて、本シンポジウム冒頭の挨拶にて池田先生より「これは法律学のシンポジウムではない。ビジネス法務学のシンポジウムである。」との言葉が

あった。池田先生の受け売りで恐縮だが、法律学とは「出来たルールを細かく検証する」学問であり、いわゆる解釈論であるという見方ができる。一方で、ビジネス法務学とは、世の中の動きをあらゆる角度から検証し、「今後、どのようなルールづくりが社会のためになるのか」を追究する学問である、と理解している。本シンポジウムで、筆者が登壇する意義はそこにある。

Ⅱ．行動立法学的観点からのアプローチの必要性

１）行動立法学とは

まず、池田先生が提唱しておられる行動立法学について確認したい。行動立法学とは「新しいルールを作ったら、人はどう行動するのかという、ルールの対象となる人々の行動予測の観点からルールを作るべき」とする考え方で、「誰のためにどういうルールを作ることが最も良いのか、社会的に最適な立法を行うための理念や方法論を考察する」という着想を起点とするものである。[1]

これまでは、法律が施行されると、市民はその制定されたルールに従って

【図１】スライド１

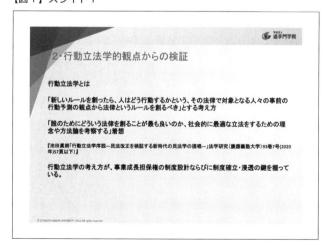

---

1) 池田真朗「行動立法学序説：民法改正を検証する新時代の民法学の提唱」法学研究93巻7号57頁以下（2020年）。

いくまでであった。そのため、その法律をどのように解釈して「適用されていくのか」を考えるものとして法律がとらえられてきた。しかし、国際社会が進展し、近年ではDXなどテクノロジーの進化も急速に進み、あらゆる分野がボーダレスになったことで、法律（ルール）ができた当初には想定しえなかった社会生活基盤が形成されることが増えてきた。そのような中で、旧来のまま現行法が適用され続けていることに限界や歪みが生じる局面が増えており、今後の立法がどうあるべきかを考えることは、研究者が担うべき責務ともいえるだろう【図1】。

2）「新たな担保」としての期待（従来型の担保ではない新たな類型）

　前述した背景からも、現在議論・検討が重ねられている事業成長担保権には自ずと様々な期待がかかる。事業成長担保権が見出す担保は、これまでの「債権回収のための担保」という考え方では成り立たない。事業成長担保権は、個別財産の換価価値に着目した担保ではなく、企業や事業の将来性に担保価値を見出して融資を行うことで事業を継続し、ひいては産業を成長させるための仕組みとして好循環を生み出す機能を発揮しなければならない。事業成長担保権が「新たな担保」と表現されている意図はそこにある。金融庁の尾崎参事官も「事業成長担保権において将来キャッシュフローの把握を必要とする以上、従来の不動産をはじめとした債権回収率を主眼とした担保に目を向ける意味はない」と先ほどの講演で触れており、担保の概念を変える制度であるということをあらためて認識していただきたいところである。

　この担保概念のパラダイムシフトともいえる現況に、金融機関はどう向き合うとよいのか。これまでとはまったく異なるかたちの融資手法を「使いこなすことができるのか」という心配がよぎるだろう。どの場面で事業成長担保権を行使することが効果的なのか、については制度設計の背景から理解をしておく必要があり、また、それを踏まえつつ、実際に使用する局面におけるニーズの検証も必要となってくる。理念としていくら綺麗なルールを策定しても実務上使うことができないのであれば、お飾りに過ぎない制度に成り下がってしまう。

　この点については、先の講演で経済産業省の山井氏も触れていたように、地域金融機関が事業性評価に基づく融資に注力してきたこの数年の経験が活きてくる、と筆者も考えている。地域金融機関は現在、ゼロゼロ融資の返済

等について非常に力を注いでいる局面にある。コロナ禍における中小企業支援策の一つとして、金利ゼロ・保証人ゼロで融資を受けることができた通称ゼロゼロ融資が行われ、多くの企業が融資を受けた。コロナ禍が3年も続くわけがない、と判断した企業も多かったのか、返済の据置期間を3年とし、具体的には2023年5月から7月にかけて返済がスタートする企業が統計上も非常に多いことが判明している。加えて、ゼロゼロ融資における「金利ゼロ」とは、3年間限定の特約適用であり、金融機関と企業が締結している金銭消費貸借契約証書の中では金利が明記されている。すなわち、3年間の元金返済を選択していた債務者は、返済がスタートすると同時に金利負担も発生するため、返済が滞ってしまうと負債が増えていってしまい、立て直しきれていない中小企業は軒並み経営の危機に直面してしまうことになる。

　そうならないために、金融機関を監督する金融庁や財務局は、コロナ禍において事業者支援スキルの定着に注力しており、その最たる取り組みが「事業性評価に基づく融資」といえよう。事業性評価に基づく融資は、取引先企業の事業の将来性を評価し、将来キャッシュフローを見据えた融資を行うという点において、事業成長担保権が想定する取り組みと類似している。事業成長担保権の議論が始動した当初には、融資手法（スキーム）まで確立していなかったところ、皮肉な話だが、コロナ禍が追い風となって、事業性評価に基づく融資が急速に進み、実行環境が整備されたことで、図らずも事業成長担保権の地盤も整った。そういった意味では、実効性をともなった新制度として出発できる状況下にはあるといえるだろう。

3）事業成長担保権における経営改善計画（再生支援のケース）

　コロナの影響で金融機関は事業者支援を「やらなければならない」状況になった。事業者支援は簡単にいえば「経営が悪化している会社をいい会社にしていきましょう」という取り組みになる。では、ここでいう「いい会社」の定義とは何か。それを定義づけるのは非常に困難を極める。ただ、「悪くない会社」は明確に定義づけることができる。それは「返済しないといけないお金を10年以内に返済するキャッシュフローが見込める計画が立てられる会社」である。要は経営改善計画が策定できる会社は「悪くない会社」といえる。

　経営改善計画とは「事業の成長が見込まれると金融機関が同意した計画」

【図2】スライド2

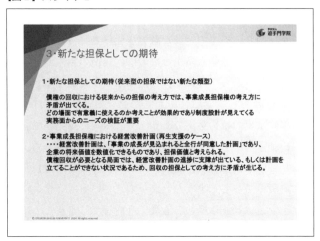

である。事業性評価に基づく融資に注力してきたこの数年で、地域金融機関の多くが経営改善計画の策定に関する実践的なトレーニングを積んできた状況にあるといえるだろう。ただ、経営改善計画は、企業の将来的な価値を数値化できるものでもあるため、担保価値とも考えられる。すると、経営改善計画の進捗に支障が出ている、もしくは経営改善計画をそもそも実行できる状況下にないなど、債権の回収が必要となる場面では、やはり「回収のための担保」という要素が顔をのぞかせ、事業性評価に基づく融資や事業成長担保権といった取り組みにおける「担保」の考え方と相容れない状況が発生してしまうだろう。

こうした個別具体的な事象における制度矛盾についても行動立法学に基づく着想が活かされるのであれば、制度設計段階で問題が生じないようにすることも可能になる。「行動立法学」の理念と「新たな担保」の概念が上手く融合し、事業成長担保権の実質化が見込まれることを期待したい【図2】。

Ⅲ．事業成長担保権の利用局面・生かす担保としての活用

1）事業成長担保権の活用イメージ

事業成長担保権が活用される対象は、言わずもがな「将来キャッシュフローが見込まれる取引先企業」が前提になってくる。そうすると、事業成長

担保権は多様な場面で柔軟に利活用され、多くの企業を救済することを前提とした仕組みではないかもしれない、という懸念が生まれる。その点については、先ほど尾﨑参事官も「当面の間はニューファイナンスかリファイナンスの局面に限られてくるだろう」との指摘をしている。

ここでいうニューファイナンスとは創業支援（スタートアップ支援）を指し、リファイナンスは、端的に表現すれば再生支援（事業再生）を指すことになるが、その射程範囲は非常に広いとも考えられる。リファイナンスと聞くと「借り換え」のイメージが先行する方も多いだろうが、本シンポジウムを通じて様々なご意見を耳にする中で、事業成長担保権が想定しているリファイナンスは、既存の抵当権などを一旦すべてきれいに清算して一からやり直す発想を有しているかもしれない、との気付きを得た。この気付きは、先ほどの粟田口先生の講演にあった「メインバンクの復活」という考え方にも非常に親和性があると思われる。

本来、メインバンクは、取引先企業全体と向かい合い、事業継続や事業拡大の可能性などもすべて把握したうえで、メイン行以外の金融機関に対して、説明責任を負うものといえる。そういった意味合いでは、事業成長担保権の入口としてニューファイナンスまたはリファイナンスを起点とし、徐々に活路を広げていくことが現実的という解釈は妥当性があるといえるだろう。

筆者がもともと用意していた発表スライドにおいても、金融実務に鑑みれば、事業成長担保権は正常先への活用頻度は高くないことが予想され、運転資金など短期的な資金調達より、長期的な資金調達や施設・設備といった大規模な投資において活用されることが見込まれると整理をしつつも、信託スキームにおける煩雑さに対するイメージの払拭をしなければ、積極的な利活用は望めないかもしれない、と整理をしていた。そのため、現実的に活用が予想される局面としては、将来キャッシュフローを具体的かつ比較的容易に評価できる場面としてスタートアップ支援や事業再生支援が具体例として挙げられると整理していたところである。現状、スタートアップ支援や事業再生支援は保証協会や公的機関の保証などをベースに資金調達しているところがあるため、事業成長担保権が導入されることで金融実務が発展していくイメージを描くことができるようになる。

いずれにせよ、事業成長担保権の利用局面については、導入当初はやや限定的になってしまうことは理念上やむを得ないところはあるだろう。あらゆ

る局面を打開できる万能薬として登場する制度ではない、という点はあらためて理解しておいてよいだろう。

2）「包括担保法制」において解釈論が先行することに対する危惧

利用対象や局面をあらかじめ整理しておくことは肝要であるが、行動立法学の観点から、やはりこうした新制度においては「使う側」の使い勝手の良さが制度としての成否を分けるだろう。様々な金融機関職員に事業成長担保権についてヒアリングしてみると「利用条件がややこしくなければ使うと思う」といった声が多くあがる。日々の資金繰りに苦しんでいる中小企業を目の当たりにする地域金融機関職員からしても、彼らを救済できる制度等があれば、ぜひとも活用し、活路を見出すための手を差し伸べたいという思いは強い。だが、その制度を利用するにあたって、諸条件が難解であったり、金融機関または取引先企業に多大な負荷をかけてしまうものであれば、現場からは疎まれる制度となり、形骸化するのは時間の問題となる。

事業成長担保権が「利用ニーズのない制度設計」になってしまう危惧は拭えない。実際のところ、現時点において、事業成長担保権は複雑な制度であることは否めない。ただ、「複雑な制度」という印象の中には「食わず嫌い」の要素も含まれているだろう。例えば、事業成長担保権を行使するには「信託事業者にならないといけない」という考えがある。この時点でハードルの高さを感じてしまう金融機関職員は多く生まれることが予想される。しかし、担保付社債に関する信託事業の免許は、最低資本金額1,000万円からでも可能であることや、信託会社と与信者（被担保債権者）を兼ねることができるなど、一般の信託業に比べると低いハードルが設定されることも同時に検討されている。つまり、大きな信用金庫ではなくとも十分に対応できる範疇にある。

「信託＝難しそう」といった、食わず嫌いにも似た意識から事業成長担保権を複雑なものと解している金融機関職員は一定数存在するだろう。この点、金融庁も制度検討段階で極力事務負担の軽減を意識して制度設計を検討している様子が垣間見られ、行動立法学の観点も考慮されているような印象を抱く。事業成長担保権は、実装までにどこまで緻密な制度設計がなされるか、注目を集めることになるだろうが、まずは取り組んでみるといったマインドも必要であろう。制度は使用しなければ改善も成長も見込めない。使わ

れなければ朽ちていくのみである。そういった観点からもまずは活用してみることで、同制度の成長・発展に寄与することも検討いただきたい【図3】。

【図3】スライド3

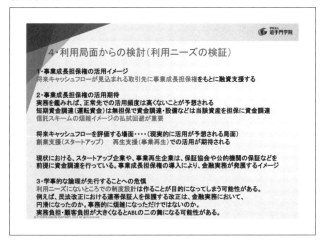

Ⅳ．事業者（担保設定者）の行動変容

1）「事業を解体する担保」から「事業を生かす担保」への原点回帰

今回の講演を打診いただいた際、筆者に提示された講演テーマは「中小企業金融の近未来と事業成長担保権の評価」であった。もちろん原案であっても十分に壮大なテーマを仰せつかったと感じたが、厚かましくも池田先生にお願いし「ABL再考」のサブタイトルを追記することの許しを得た。

金融庁が事業成長担保権の構想を初めて打ち出した「担保法制の見直しに係る問題提起[2]」において、資料の冒頭に「事業を解体する担保から、事業を生かす担保へ」との記載があった。後に金融庁関係者にうかがったところ、事業成長担保権の構想を打ち出すにあたって、中村廉平先生や池田眞朗先生の著書や論文等を読み込み、勉強してから素案を検討し発出したとのことだった。「事業を解体する担保ではなく事業を生かす担保へ」というス

---

2) 金融庁「担保法制の見直しに係る問題提起」2020年1月23日公表。

ローガンのような言葉は、かつて中村先生や池田先生がABLに関する論考の中でキーワードとして用いていた言葉そのものである。すなわち、事業成長担保権はABLを再考したうえで実装する心意気やABLのDNAを継承しようとする気概があることを如実に物語っている。そのような背景から、あえて「ABL再考」のサブタイトルを追加して講演に臨んだことをご理解いただければ幸いである。

　前段が長くなったが、あらためて「担保法制の見直しに係る問題提起」にて触れられていた一文に着目し、事業成長担保権を見つめ直したい。問題提起の中には「担保権者が事業者と共通の利益を持ちにくい構造を生んでいることを課題としている」点について指摘がなされていた。こうした発想に至ってしまうのは、担保そのものの捉え方として債権回収率や事業の解体といった考えが過ってしまうことにあるだろう。事業成長担保権を導入するにあたって、担保とは「事業を生かす」ための行為であるといった発想のパラダイムシフトが必要であることは先述した通りである。

　では、「事業を生かす担保」としてABLの有用性を説いた際にはどのように考えられていたのかをあらためて振り返っておきたい。ABL導入当初、金融実務においては事業とは直接関係のない不動産を担保として融資を行う手法が定着していた。しかし、不動産を担保にし続けることに限界が訪れ、動産資産を担保にすることで新たな支援のかたちを生み出そうとしたのがABLだった。ABLの理念について池田先生は「売掛債権や在庫商品は企業の努力によって担保の質や量が変わる[3]」という点に着目し、「生きている担保」という表現を用いた。担保の質や量が変化する様、いわば担保の鼓動を感じ、それを「生きている」と実感できるのは、ABLに優れたモニタリング機能が備わっていることに起因する。動産を担保の対象とすることで、事業の中身そのものを常にモニタリング「しなければならない」環境を生み出すABLの機能は非常に画期的であったといえよう。

　このように、企業の活動全体を常日頃から細やかにモニタリングし、それを評価したうえで担保とし、融資を行う手法はABLからの系譜といっていいだろう。事業成長担保権は見知った制度と共通項の多い制度である、といった観点からすれば、そこまでハードルの高い新制度という印象は抱かず

---

[3] 池田真朗「ABLの展望と課題—そのあるべき発展形態と『生かす担保』論」『債権譲渡の発展と特例法　債権譲渡の研究　第3巻』335頁（弘文堂、2010年）。

に済むだろう。これは私見となるが、事業成長担保権がABLとほぼ同質の制度であった場合、ABLは事実上単独の金融機関しか担保取得はできないため、運転資金（売掛金）を担保にとった金融機関が全面的に支援することになる、といったところが課題になる可能性を含んでいる。粟田口先生のいう「メインバンクの復活」はこういった意味合いでも課題感を示すだろう【図4】。

【図4】スライド4

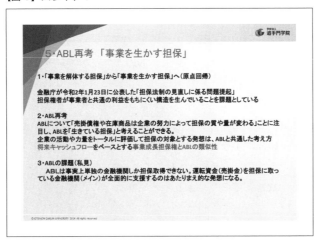

2）「良き債権者」とは

少し視点を変え、「良き債権者」とは一体どのような債権者を指すのか、について考えを巡らせたい。「良き債権者」を語るにはそもそも「債権の本質」を理解していなければならない。我妻博士は債権の本質について「『特定の人をして特定の行為をなさしめる権利である』と言ってよい。権利者（債権者）は、これによって、特定の行為（給付）をなすべきことを請求する権利を有し、義務者（債務者）は、これに対して、その行為をなすべき義務を負う。」と説き、「債権は、常に債務者の行為を介しこれを通じて目的を達成できることができるだけである。そして債権に排他性のないことの理由の一つはここにある。」と解している。つまり、債権者である金融機関は債務

---

4) 我妻榮『新訂 債権総論（民法講義Ⅳ）』5頁（岩波書店、1964年）。

者である取引先企業の事業活動等による行為によって弁済を受けるという目的を達成することができる、ということである。さらに「契約から生ずる債権者・債務者の関係をみると、あるいは当事者が相互に債権債務を有し、あるいはその債権内容は将来の進展において多くの具体的な債権を発生させるものである。しかも、両者の関係は、単にこれらの債権債務の総和に尽きるのではなく、これに伴う多くの機能と義務を包含し、それ以上に、当該契約によって企図された共同の目的に向かって互いに協力すべき緊密な、いわば一個の有機的な関係を構成する。然し、契約以外の原因によって発生する債権においても、本体たる債権に附属的な機能や義務の伴うことは決して絶無でないのみならず、当該債権発生の目的を達成させるために、両当事者がその債権の内容たる給付の実現に向かって協力すべき関係に立つということができる。要するに、債権は、単に債権者に給付を請求しこれを受領する権能を与え、債務者にこれを給付すべき義務を課する関係として孤立するものではなく、当該債権を発生させる社会的目的の達成を共同の目的とする当事者間の一個の法律関係、すなわち、債権関係の一内容として存在するものと観念することができるのである。」と論じている。

あらためて文章として概念にふれると当然のように感じるだろうが、金融実務・実態では、どうしても債権者と債務者の間には優劣があり、対等で協力関係にあるとは認識されないことが多くある。単純な話として、お金を貸す金融機関とお金を借りる企業の間で、双方が共同して必ずお金のやりとりを繰り返しているうちは債権が毀損することはない。双方が約束を守り続けている以上、債権は共通の目的を成立し続けるからである。それをわかりやすく証として残す行為として、「計画書」の策定を要することが多いのはそうした背景もある。計画どおりに遂行されているということは、共通の目的を達成し続けている証拠であり、債権が毀損していないことを何よりもわかりやすく証明していることになる。では、債権はいつ毀損するのか。債権者・債務者のいずれかが債権の目的達成を「諦めたとき」にはじめて債権は毀損する。

かつて、金融実務において「良質な債権」とは回収率の高い債権を指していた。不動産担保が最たる例となるだろう。しかし、回収率の高い不動産担

---

5) 我妻榮・前掲注4) 7頁。

保に頼って融資を行っていた局面において、債権者と債務者の関係はお世辞にも対等とはいえない。融資している債権者が優越的地位にあるといえそうである。よって、回収率の高さに主眼を置いた活動をしている以上、債権ははじめから毀損した状態になってしまう。資料にも記載した通り、「良き債権者」とは、債権の保全に感度の高い者ではなく、共通の目的を達成するために債務者である取引先企業の成長に能動的に関与できる者といえる。

3）金融機関の取引先企業との向き合い方　ー顧客（お客様）という視点ー

　企業は事業を継続・発展させるための原資となる資金を金融機関から借りようとし、金融機関はその心意気に応じるかたちで融資を行う。この段階で、企業や事業者はこの活動における主役となり、金融機関はその主役を支える助演役として、ときにはともに活動するパートナーになる。このように原点に立ち返って融資を見つめ直すと、金融機関が主導権を握り続ける立場になることは望ましい状況にあるとはいえない。現に、事業性評価に基づく融資においても金融機関の支援のスタンスは「伴走」であることはご承知の通りだろう。

　さて、この「債権」を通じた関係性が本質化するために必要なことは何か。「担保」の概念を考え直し、立場をわきまえた支援が求められる金融機関の考え方をあらためる必要があるのはさることながら、事業成長担保権の成否には債務者（企業や事業者）側の行動変容も非常に重要になってくるだろう。事業成長担保権は、事業性評価に基づく融資と同様に、債務者である取引先企業やその経営者による積極的な情報開示や事業改善に取り組む姿勢が求められる。金融機関をパートナーとして向き合い、支え合う姿勢を見せなければ、債権は毀損しやすくなってしまう。事業成長担保権が導入されるまでに、事業者の行動変容を促すアクションは非常に重要視されていくだろう。

　同様に金融機関も考え方の整理が必要になる。「お金を貸している側が偉い」といった妄想は捨て、取引先企業の土俵において対等な関係であり続けられるような取り組みや姿勢を追求しなければならない。そのきっかけや着想の一つとして、取引先企業を「顧客（お客様）」という目線と「債務者」という目線をあえて分けて考えるとよいかもしれない。金融機関はサービス業の一端を担う企業として「顧客（お客様）」に寄り添った支援を行わなけ

ればならない。「お客様」をどうしたら助けられるのか、支えることができるのか、企業価値を上げるために何ができるのかを必死に考え、いまの関係性を構築してきたはずである。企業価値が上がれば、企業そのものの成長を実感することができ、金融機関にとっては格付けにも影響し、上質な資産形成にもつながる。取引先企業を「債務者」ではなく、「顧客（お客様）」として接することで、債権が毀損しない、共通の目的達成に向けて双方が助け合う構図が生まれるよう金融機関も努めなければならない【図5】。

【図5】スライド5

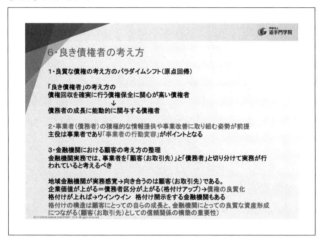

現在では、そうした対等な関係を構築するための支援ツールの一つで、事業性評価の共通対話ツールとしてローカルベンチマークが存在する。いまもローカルベンチマークを取り組みや制度としてとらえている金融機関職員も一定数いるが、ローカルベンチマークは金融機関と取引先企業が同じ目線で同じ内容について認識合わせをする対話ツールの側面が強い。「お客様」を知り、企業価値を上げるためのヒントを探し出す非常に有用なツールといえる。事業成長担保権においてもローカルベンチマークの活用は継続されていくだろう。

4）債権の良質化に向けた「使う側」のスキルアップ

「債権の良質化」に向けて、債務者である事業者の行動変容等を求めるこ

とを記してきたが、事業成長担保権の成否は当然ながら「使う側」である金融機関のスキルも求められる。とりわけ、金融機関職員の「目利き力」はあらためて養成する必要がある。事業成長担保権は将来キャッシュフローの把握が必要で、ひいては、取引先企業が成長するかどうかを判断しなければならない。この点については、事業性評価に基づく融資が着実に浸透しつつあるため、ある程度実績をともなった成長が見込める可能性がある。

　目利き力に加えて「コンサルティング機能の強化」も事業成長担保権の成否を分けるポイントとして挙げられる。金融庁は事業成長担保権の考えを示す随分前から、金融機関に対し、コンサルティング機能の強化を訴え続けてきている。金融庁が発表した「中小・地域金融機関向けの総合的な監督指針（Ⅱ－5－2－1）」には、コンサルティング機能強化を図るにあたって「地域金融機関は、資金供給者としての役割にとどまらず、長期的な取引関係を通じて蓄積された情報や地域の外部専門家・外部機関等とのネットワークを活用してコンサルティング機能を発揮することにより、顧客企業の事業拡大や経営改善等に向けた自助努力を最大限支援していくことが求められている」との期待が込められている。コンサルティングを生業とする企業が行っている一般的なコンサルティング事業ではなく、企業と企業、金融と士業な

【図6】スライド6

6）　金融庁「中小・地域金融機関向けの総合的な監督指針」（https://www.fsa.go.jp/common/law/guide/chusho/02d.html#02_05、2023年5月最終閲覧）。

ど他者同士をつなぎ、地域経済を活性化させるための人的ネットワークを構築することで、事業支援や経営改善を実質化していくことを「コンサルティング機能の強化」と表現している。コンサルティング機能の強化は、金融庁が10年近く言い続けてきている取り組みであるため、地域金融機関の矜持を守るためにも、いよいよ本質的な意義を示していかなければならない【図6】。

5）事業者支援マインドの向上と中小企業金融の近未来

　平成26事務年度金融モニタリング基本方針にて「銀行等が財務データや担保・保証に必要以上に依存することなく、事業の内容、成長可能性を適切に評価し、融資や助言を行うための取組」[7]として初めて明記された事業性評価に基づく融資は早10年もの月日が経つ。実際に運用が開始され始めたのは平成27年頃となるが、コロナ禍によって急速に本格稼働し、いまや主要な融資手法の一つとして確立している。繰り返しにはなるが、事業性評価に基づく融資を行うために必要なスキルはそのまま事業成長担保権でも活きる。制度運用が開始される前である「いま」のうちにいかに実戦経験を積んでおくか、が各金融機関にとって課題となるだろう。

　金融庁もこれまで以上に事業性評価に基づく融資を推進すべく、2022事務年度金融行政方針の冒頭に「事業者支援の一層の推進」[8]と銘打っている。先の財務局の島田課長からの報告においても「地域経済の活性化に向けた事業者支援能力の向上」に取り組む旨が示されており、実績面で真価が問われることになるだろう。事業者支援に注力する背景には、兎にも角にも中小企業の救済とその副次的効果として生じる地域経済の活性化が明確な目的として存在することが挙げられよう。金融行政方針にも、金融庁・財務局が事業者支援に携わるステークホルダー同士の連携・協働に向けた働きかけを強化し、社会経済の構造的な変化を見据え、地域金融機関の事業者支援能力を向上させることで地域経済活性化に寄与する姿勢が端々に記載されている。

　もちろんゼロゼロ融資の返済対応としての伴走支援も事業者支援推進の背

---

7) 金融庁「平成26事務年度金融モニタリング基本方針」（2014年9月11日）（https://www.fsa.go.jp/news/26/20140911-1.html、2023年5月最終閲覧）。
8) 金融庁「2022事務年度金融行政方針」1頁（2022年8月31日）（https://www.fsa.go.jp/news/r4/20220831/220831_main.pdf、2023年5月最終閲覧）。

景には存在する。多くの企業がゼロゼロ融資の利払いや返済を2023年夏頃から開始する予定となっている。社会はコロナ前の様相を醸し出してきているものの、中小企業等にとってはより深刻な状況が立ちはだかっている。資金繰りが困難となり窮地に陥る企業が後を絶たない可能性があるため、多くの金融機関が現時点で伴走支援体制の構築に心血を注いでいる。そういった面でも事業者支援のスキルは求められるため、金融庁も巻き込んだかたちで急ピッチな環境整備が進められている。この難局を乗り越えることで、事業成長担保権の実質化にも光明がさしてくると思われる【図7】。

【図7】スライド7

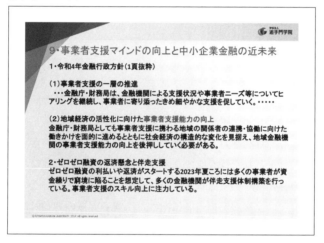

V. 人材育成（目利き力）とコンサルティング機能

1）金融検査マニュアルがもたらした弊害

話が遡るが、目利き力やコンサルティング機能の発揮が執拗にも求められるのは、「金融検査マニュアルの廃止」の影響が大きいと見ている。2019年の12月に約20年もの間、適用されてきた金融検査マニュアルが廃止された。金融検査マニュアルは、金融機関の行き過ぎた独断を防ぎ、金融機関そのものが破綻することを防ぐために機能した一方、画一的な対応を求めるがゆえに、金融機関から「創意工夫」の観点を奪う結果をもたらした。

【図8】スライド8

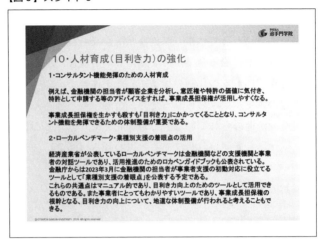

2）人材育成の重要性

　目利き力やコンサルティング機能の発揮とは、地域金融機関における人材育成強化、というメッセージに置き換えることができる。事業成長担保権を生かすも殺すも「目利き力」は相当重要なスキルとして求められ、そのスキルを有する人材をどれだけ育成できるか、も鍵を握ることとなる。

　目利き力の強化についてはローカルベンチマークの活用がその一翼を担うだろう。金融庁は金融機関担当者に向けた事業者支援の初動対応に役立てるツールとして「業種別支援の着眼点」を展開している[9]。これは、文字通り取引先企業の業種別に、初動対応のサンプルを学ぶ教材になっている。もちろんそうした意図がある一方で、この資料の主眼の一つには「若手金融機関職員」の育成にある。金融庁が本腰を入れて取り組むほど金融機関にとって人材育成は大きな課題になっていることをあらためて認識いただきたい。

　事業成長担保権は使う人がそもそもいなければ成功しない。事業成長担保権を車ととらえると、我々は運転できる人を育てなければ、その車は走ることさえ許されない。「業種別支援の着眼点」が教習所にあたるとはいわないが、一人前のドライバーを世に輩出するためにひと役買っていただくツールとして活用されることを願う【図8】。

9）　金融庁「業種別支援の着眼点」2023年3月（https://www.fsa.go.jp/policy/chuukai/0330gyosyubetu_00.pdf、2023年5月最終閲覧）。

【図9】スライド9

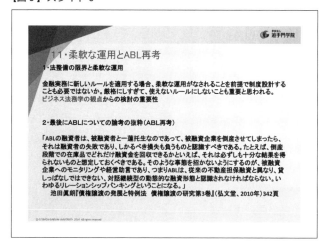

3）柔軟な運用とABLの再考

　先述した内容で、事業成長担保権を導入するにあたっての信託業の考え方において、事務負担を軽減しようとする動きが見られた。これまではそのような動きが見られなかったが、事業成長担保権を取り巻く周辺環境においては、既に柔軟な対応が検討され始められていることがわかる。金融実務において新たなルールを適用する場合、厳格にすればするほど利用コストは上がり、使えないルールとして形骸化してしまう。柔軟な運用がなされることを見越した制度設計とすることが肝要であり、ひいては、ビジネス法務学の観点から非常に重要であるといっておこう。

　最後に、池田先生の著書『債権譲渡の研究』の第3巻に収録された論考から一節を紹介する。「ABLの融資者は被融資者と一蓮托生なのであって、被融資企業を倒産させてしまったら、それは融資者の失敗であり、しかるべき損失も負うものと認識すべきである。例えば、倒産段階での在庫品でどれだけ融資金を回収できるかといえば、それは必ずしも十分な結果を得られないものと想定しておくべきである。そのような事態を招かないようにするのが被融資企業へのモニタリングや経営助言であり、つまりABLは従来の不動産担保融資と異なり、貸し出しっ放しではできない。対話型、継続型の動態的な融資形態と認識されなければならない、いわゆるリレーションシップバ

ンキングということになる。[10]」と、15年も前に述べられている。令和の現代に触れても色あせることなく、事業成長担保権に置き換えてもなお核心をついたお考えであることがわかるだろう。

　ABLの再考ならびに行動立法学、ビジネス法務学の観点から見る事業成長担保権の実装に大いなる期待を込めて、これを締めくくる。

---

10)　池田真朗『債権譲渡の発展と特例法　債権譲渡の研究　第3巻』342頁(弘文堂、2010年)。

第 4 章

ビジネス法務学と実務をつなぐ教授法の実践

第4章の概要

　ビジネス法務学に必要なことは、実際にビジネス法務学を活用できる人材を増やすことである。それは、現代社会においてリカレント教育のニーズが高まりを見せていることと親和性が高いと見ている。実務経験を有する人材に対して、これまでの経験値を形式知に転換し、それを後進に伝承するということが、人材育成という面からも期待され、理論知と実践知の巧みなバランスが求められている。

　実際に、筆者が非常勤役員を務めている北おおさか信用金庫では、同庫の管理職は、追手門学院大学の経営学部教員がリレー形式で講義を行うリカレント教育プログラムを業務終了後に受講しており、実務に役立つ理論の習得に努めている。講師を務める我々としても、素晴らしい理論を紹介するのではなく、ビジネスパーソンが現場で活用できる知見を与え、実際に「使える」状態にしなければ意味をなさないことを意識して、真剣に向き合っている。

　近年、池田眞朗教授は実務家教員の必要性を強調されており「これまでの法律学の授業や演習が、大学院はもとより学部においても、いわゆる条文解釈学のような学理に偏したものであったところを改めて、ビジネス法務の要諦である、ルールに対する人々の行動を十分想定して、ルールの意味や適用を考える法律学を伝授するとともに、例えば、研究者教員の弱点である、現実の契約書や登記簿などの理解が不足しがちな点などを、実務家教員らしく凌駕できる教授法を伝授したいと考えている」と説いている（池田眞朗教授の著書『ビジネス法務教育と実務家教員の養成』の11頁より引用）。

　筆者は、約15年にわたって金融機関職員としての実務を経た後、研究者の道を歩むことになった。ここ数年で、様々な大学で登用されている各界の一線で活躍した「実務家教員」とは少し異なり、言うなれば、「実務経験のある研究者」と表現したほうが適切と自負している。しかしながら、実務の世界から長らく離れ、アカデミックに染まったとは言い難く、むしろ、研究者として活動し始めてからのほうが、様々な金融機関での研修・講演活動や他業種の役員等を歴任し、常にビジネスの一線に立ち続けながら、研究活動に勤しんできた。池田眞朗教授の求める実務家教員としての活動経験は満たしているのではないだろうか。

そこで、第4章では「ビジネス法務学」を体現し、教授法の実践として様々な活動を行ってきた記録を中心に収録している。教授法の実践には、過去の経験を語るだけでなく、常に最新の状態にアップデートし続けなければならない。自らの経験が陳腐化したままの伝承では、受講者や聴講者にすぐに見抜かれてしまう。同じ概念を取り扱うにしても、毎回のように新しい視点や他の考え方などと掛け合わせて理論を昇華するなどしなければならない。

第1節の「私の実務家教員論――銀行員から大学学部長へ」では、武蔵野大学法学研究所主催の実務家教員COEプロジェクトの一環として講演した記録を基に論考形式に書き下ろしたものである。これまでの経歴がビジネス法務学の体現そのものであり、それを語ることで教授法をも体現することができていると自負しているため、これから研究者を目指す方々へのメッセージの意味合いも含んでいる。

第2節は、2018年6月から2018年11月まで「銀行法務21」に「コンサルティング能力向上講座―金融機関職員に求められる能力」と題して連載した論考の中から初回の論考を抜粋したものである。こちらは、各金融機関の実務担当者の大半が目にするであろう「銀行法務21」を活用して、金融実務の勘所を押さえながら、理論的な視点で現在の金融機関が成すべきことを論説し、地域金融機関職員全体のスキルアップを図ろうと試みたものである。なお、この連載記事はいま現在でも各金融機関を対象とした研修や講演会で参考資料等として活用しているものである。

第3節は「令和時代に求められる地域企業支援のための人材育成」と題し、再び「銀行法務21」にて連載記事を掲出することになった論考の初回分を抜粋したものである。コロナ禍を迎え、時代は令和に突入し、各金融機関にはいわゆるZ世代の若者が新入職員として入職しはじめた頃であったため、あらためてそうした時代背景をとらえつつ、これまで発してきたメッセージをあえてアレンジし直した論考を掲出した。本質は変わらないものの、時代によって届けたい相手が変わるたびに伝える手法等をブラッシュアップする必要性があることを体現している論考を用いることで、教授法の真髄に近づこうとしている部分をご理解いただきたい。

第4節には「実抜計画とロカベンの併用で「伴走支援」を確固たるものに」と題して、「週刊金融財政事情　第72巻第39号（秋季合併号　2021.10.26－

11.02)」に掲載された論考を掲出した。筆者は「銀行法務21」にて論考を取り上げていただけるありがたい機会に恵まれているが、この節では読者層が異なり、冊子全体としても少し体裁やスタイルが異なる雑誌に合わせて編集したものを選択した。これもより多くの金融機関職員に対して自身の考え方を伝え、地域経済の発展に少しでも寄与できることを願い、体現したものとして取り上げている。

　第5節では「ローカルベンチマークと企業支援　〜金融機関と企業の対話〜」と題した論考を取り上げた。こちらは、これまでの経験や知見を総動員し、ローカルベンチマークの論考として自身の叡智を収斂した論考と自負している。ロカベンについては、自身がガイドブック編集に関与し、その場で「より多くの金融機関、より多くの企業にロカベンが知れ渡り、金融実務において当たり前の存在になるか」を強く意識し実行に移した経緯もあり、まさにビジネス法務学とその教授法の集大成ともいえる活動を実際に行えたこともあって、ここで触れている。

　以上の通り、第4章では「ビジネス法務学」の実践的活動を主軸に置いた論考等を中心にした。冒頭にも記した通り、「ビジネス法務学」はそれを意識し、行動できる人数がものをいう学問であり、それを広めるには地道に少しずつでも理念を浸透させていく活動が肝要である。本章から筆者の活動がビジネス法務学の普及に貢献していると感じていただければ幸いである。

【第4章 第1節】

私の実務家教員論
―― 銀行員から大学学部長へ

【前注：本節は、武蔵野大学法学研究所主催の実務家教員COEプロジェクトの一環で2020年12月4日開催の講演会にて「私の実務家教員論－銀行員から大学学部長へ」と題し、講演した内容を基に執筆したものである。実際の講演記録については、池田眞朗編著『アイディアレポート　ビジネス法務教育と実務家教員の養成－武蔵野大学『実務家教員COEプロジェクト』報告」85～130頁（武蔵野大学法学研究所、2021年）を参照いただきたい。】

Ⅰ．はじめに

　この度は、研究者として尊敬する池田先生が主宰する研究会の中で講演する機会をいただき、本当に幸せなことだと感じている。筆者は、円滑な地域金融のあり方について研究を行い、そこで得た知見をもとに地域金融機関等にアドバイスを行う活動に注力していたことから、現在では近畿財務局のアドバイザーとして彼らの活動を支援している。近年の地域金融界は動向が激しく、池田先生が提唱する行動立法学の考え方は、金融実務においてもプラスの影響を与えるものと考えている。また、本講演は実務家が興味を持つ研究がこれからの時代は重要であり、実務家の方から積極的な意見をいただくことが次の研究につながると思い、何名か実務家の方にも出席いただいていることをご理解願いたい。

　本講演では、前半に金融機関での勤務経験とそれを活かした研究活動を中心とした話を、後半に実務における債権や法改正の考え方について述べていきたい。実務目線からの気付きや金融実務経験をどのように研究に役立て、どのように研究者として活動しているかについて、少しでも参考になる部分

があれば幸いである。

Ⅱ．金融機関での経験と研究者への想い

1）金融実務経験から得た「本質」への気付き

　まずは、研究者になる前の銀行員時代の話に遡る。銀行員時代の経験や出会いが、研究者に転身したきっかけであり、今もなお原点となるところがあるため、少しお時間をいただきたい。

　銀行に入行し、最初に配属されたのは中小企業融資を担当する部署だった。その中でも筆者が担当したエリアは、中小企業が集積していて、ものづくりの町としても有名な大阪府東大阪市だった。いわゆる営業職として、日々中小企業の融資を推進すべく各企業の経営者に働きかける業務を担当していた。自身が担当する業務や取引先への営業等については、実直に取り組んできたと自負しているが、業務に従事する中である疑問を持つようになった。その疑問とは「銀行は債務者である中小企業のために働いているのか、債権者である自分たちの利益のために働いているのか」ということである。資金繰りなどに困っている中小企業に融資を行い、その企業ないしは経営者を支援することで感謝されることも多々あり、そこにやりがいを感じていた。担当する中小企業とともに、自分自身も成長していることも実感でき、銀行員として果たすべき使命を全うしていると思えた一方で、現場から銀行に戻ると、ノルマに追われ、常に数字を積み上げることに心血を注がなければならないような、ただならぬ雰囲気の中に囚われている感覚もあったことをいまでも鮮明に覚えている。

　東大阪市での中小企業融資推進業務を担当した後、1年間出向というかたちで中小企業整備基盤機関に籍を移し、マーケティングや企業経営について学び、中小企業診断士の資格を取得する時間を得た。ビジネスの仕組みを肌感覚ではなく、知識として一から学ぶことができたことは、現在の研究にも大いに役立っていると感じる。後に取り上げることとなるが、「債権の本質」に気付きを得るきっかけをつかんだのもこの頃の経験があってこそ、と振り返ることができる。

　1年の出向を終え、銀行に戻ることになった際には、銀行の決算等を担当する総合企画部に配属することになった。単純な決算業務であれば、よくあ

る業務だったかもしれないが、配属されたタイミングがちょうど連結決算を導入する時期と重なり、連結決算の方法を検討する初期メンバーとしてアサインされた。加えて、企業会計の税金と実際の収益（税金）の差異を調整する税効果会計の導入も決算時に考慮することとなり、また、所属する銀行として業務拡大等を理由に各部署等の業務が劇的に増えた時期も重なったことで、決算業務の大きな転換期にもかかわらず、十分な人員配置ができなかった結果、決算業務経験が皆無ながらも、当該業務の中核を担うこととなった。決算業務を抜本的に見直すことになるため、他の金融機関担当者へのヒアリングや公認会計士への相談などを幾度となく行い、その中で銀行業務の本質に触れたり、債権の本質を検討する貴重な機会となった。

　具体的に大きな契機となったのは、その決算業務を担当した初年度のことだった。所属していた銀行としては初めて赤字決算を出さなければいけないことになり、当然に過去に類例がないことから、いくつもの決算パターン資料を作成し、多くの役員が出席する会議に上司とともに列席することになった。決算資料の説明自体は総合企画部として行うものの、どのような決算とするのかは、その会議の構成員の合議にて決定するところであり、様々な意見が飛び交った。議論の途中、「そもそも赤字決算で対応しなくてはいけないのは、決算担当者（筆者）の知見やアイデア不足が問題ではないのか」といった声も上がり、理不尽に思うこともあった。

　銀行全体の業務実績の積み重ねが収支となって表れるため、元締めとなる決算担当部門の責任で赤字となる、といったことは表面上ではあり得ないことであり、一担当者として不服に思うのは、ある意味自然かもしれない。しかしながら、決算処理としては担当者の考え方如何によって債権の評価を変えることは可能であり、「担当者のせいで赤字になった」と言われてしまうことは、見方によっては本質を突いているとも言える。わかりやすい事例としては、自己査定制度が挙げられる。自己査定の結果、債務者である取引先企業を要管理先か破綻懸念先として考えるかによって引当額は大きく変わる。特に破綻懸念先と認定した場合、金融機関によっても違いはあるものの、中には50％以上の引当を行うケースがある。すると、例えば10億の貸金債権に対して5億の引当が必要と判断された場合、その決算期において5億円の与信コストを計上しなければならない。金額が大きければ大きいほど金融機関が有する貸金債権の自己査定結果は、銀行の利益に大きな影響を与え

ることがお分かりいただけるだろうか。

　制度上の話に聞こえるかもしれないが、破綻懸念先と判断された債務者である取引先企業を抱える支店の担当者や支店長が、その企業を支援することで正常先にする、と決断することで引当は大幅に減少することとなり、決算数値もマイナスに働かないことになる。債権の回収可能性が見込めないことを理由に、取引先企業の状況を破綻懸念先であると判断しているが、銀行として取引先企業の本業を支援し、収益状況を改善させ、正常な取引先になるよう伴走することができるのであれば、債権の回収可能性が高まり、ひいては債権は息を吹き返すことになる。これは決算を担当する者の目線で、これまでに行ってきた取引を俯瞰して見なければ気付けなかったことであり、債権者である金融機関が債務者である取引先企業の事業を理解し、支援することで債権の質が変化することに気付くよい機会となった。取引先企業の事業支援ないしは債権の目利き力が重要といわれてきた本質的な理由に気付かされた。

　そのことに気付き、決算担当者としてとある支店に電話をし「債権者として最前線で企業を評価・指導できる担当者が自信を持って、この会社は大丈夫だと言い切れることで、その債権は生きることになる」と伝えたこともあったが、若いこともあり、あまり聞き入れてもらえなかったどころか、むしろ、生意気な本部担当者として叱責を受けてしまった。振り返ってみると、債権の本質的な意義が浸透していない中で、こうした考えを主張するには時期が早すぎたように思える。

2）研究者への転身を決定づけた運命の出会い——人間万事塞翁が馬

　総合企画部での決算業務を経て次に担当した業務は、大阪の中心部での上場企業融資（大口融資）だった。ただ、不良債権処理や以前の経験を活かした中堅企業融資推進も同時に担当することも多かった。その頃、債権譲渡特例法が制定され、この特例法は中小企業融資を円滑に行う制度になりうると感じ、1999年頃から実務において有効活用すべく債権譲渡特例法と向き合うこととなった。

　債権譲渡特例法は、本来ならば債権の譲受人が債務者に対して債権者であることを第三者に主張するために譲渡人から第三債務者への通知または承諾が必要であるところ、法人が行う金銭債権の譲渡等に限り、登記を行うこと

で、債務者への通知・承諾は不要とし、対抗要件の具備を簡素化するものである。当時、第三債務者に対して債権譲渡の承諾をもらうことは事実上困難であったため、その承諾を不要とする特例法は、斬新な制度であり、金融実務において有用だと感じた。

　実際に、ある取引先A社に債権譲渡特例法を活用して7億円の融資をしたことがある。A社が有していたB社への売掛債権を譲り受けて融資を行い、その際に第三者対抗要件を具備するにあたって債権譲渡特例法を活用した。その後、A社は破綻し、B社への売掛債権は融資額相当ではあったものの、譲渡禁止特約が付いている債権だったことが後に問題となった。本件担当者だった筆者は、当時A社の社長に基本契約書が存在しないことを何度も確認していたが、破綻後に譲渡禁止特約が付された基本契約書が存在していることが判明し、他の債権者が重過失を理由に債権譲渡は無効である旨を主張し、訴訟に発展した。判決としては、専門性の高い銀行に高度な調査義務があることを理由に、調査不十分であることが重過失であると認定され、売掛債権の譲り受けは不当と取り扱われるに至った。自身の言動が敗訴の要因ともなったことや敗訴したことで銀行が大きな経済的損失を被ることとなったことは大きなショックだったが、それ以上に中小企業支援のために債権譲渡特例法を活用して融資を行った金融機関ないしは銀行員に対して厳しい判決が下されたことで、債権譲渡による中小企業の円滑な資金調達の発展を止めてしまったのではないか、と悔いる日々が続いたほうが余程堪えた。

　この訴訟が全て終わるまでに3年ほどの月日がかかり、その間は債権譲渡を中心に様々な論文や論考を漁るように読み、ひたむきに学問と向き合う時間になった。池田先生との出会いもこの頃である。債権譲渡や譲渡禁止特約の本質について非常に丁寧にご指導いただき、当初は訴訟のための勉強が主な目的であったが、いつしか債権を追究することに楽しみを覚えている自分がいた。債権譲渡をテーマにしたものではなかったが、その頃に書いた論文で賞をいただき、また、2004年には追手門学院大学から非常勤講師のお誘いを受け、銀行員を続けながら、毎週土曜日に大学で教鞭をとることになった。気がつけば、2006年3月に銀行を退職し、研究者としてスタートすることを決意していた。訴訟がきっかけになって、銀行員としてマイナスな要素が働いたこと自体は否定しない。ただ、決して勤め先の銀行やそこでの業務に嫌気がさしたわけではない。現にいまでも毎年数回にわたって当時勤めて

いた銀行に研修講師として招かれ、現役の銀行員を指導する立場として関係を続けているほどである。しかし、それ以上に学問として債権を突き詰めることへの関心に誘われ、一念発起するほど研究者として生きることが魅力的に感じたのである。池田先生と出会い、債権の本質に触れたことが本当に大きなきっかけとなった。

3）研究者として進むべき道

　筆者は研究者に転身した当初から現在に至るまで「自分の研究が実務にどのような影響を及ぼすのか」を原点として研究活動に邁進している。先述の通り、幸いなことに自身の実務経験の中に体感をともなった疑問がいくつもあり、研究を通じてその答えを探究する活動ができていることも研究者としてのモチベーションを維持することにつながっている。「実務経験」を有する研究者として、それを最大のアドバンテージとして活かすことができていることも、近年になってようやく実を結んできた。

　駆け出しの頃は、35歳の遅咲きの講師であることに引け目を感じ、また、研究分野を民法の中でも債権法に定めたものの、民法は既にある程度確立された学問領域であるため、自分の名前を残すほどの研究成果を上げることは困難であろうと考えていた。むしろ、法律分野よりは、中小企業診断士としての活動実績から、経営やマーケティングの分野の方に強みを感じるほどであったため、幾度か方針転換を試みようと思ったほどである。ところが、池田先生は経済学部出身の法学者であり、経済学の知見を有することもあってか、法律学に偏った考えではなく実務に通じる観点から金融実務界にいた筆者には数え切れないほど刺さるメッセージを発してくださった。訴訟の際も感じたことだが、金融実務において、法律は解釈論ではなく、いかに現場で使う人たちのために存在するかが重要だった。資金繰りに悩む中小企業経営者を救済するために、どういった局面で、どの制度を適用し、何の法律を遵守するとよいのか、想像がつかないことの連続で成り立つ現場において法律とは「使えるか、使えないか」であった。そういった意味合いでは、ビジネスやマーケットの最前線に居続ける中小企業経営者を支援するための債権法の研究を行うには、法律以外の要素も加味できることに有用性があるように感じ、そこに舵を切って進むことに迷いはなくなった。

　筆者の生き残り戦略ともいえる上述の考え方について、後に池田先生から

は「水野先生は現在、全国の地域金融機関で研修を担当したり、銀行法務の専門誌で執筆を振るわれている。自分の実務経験を生かした専門分野で実務家教員の第一人者となられている。今後、実務家教員を目指そうとされる方々は、自分の強みを認識して、オンリーワンでナンバーワンを目指すべきであろう」といったメッセージをいただいた。

　この講演会には、将来研究者になることを目指している方もたくさんいると拝察する。同僚が素晴らしい論文を書き上げた際には、焦りや不安が生まれるだろうが、研究は競争ではないことを肝に銘じておいてほしい。競争に主眼があると、集団の中から勝ち残った者にチャンスが巡ってくるという思想にとらわれ、「勝ち方」や「勝つための武器」に気付けないかもしれない。自分の強みを理解し、その強みを次にどう活かすことで成果を上げるのか、を理解できていれば、自身の論考に社会的価値や有意義な着想にたどり着くことができるようになっていくだろう。また、これからの研究者は、これまで以上に独自性が求められる。その中で、社会のニーズ等を感じ取るのに最も有効な手段の一つが、研究成果の発信である。研究成果を発信することで何らかのフィードバックがなされ、立ち位置を確認することができる。加えて、わかりよい成果としては、自分の研究に対して受託研究費が取れる（民間から研究費をもらうことができる）ことであろう。実務界は専門性に価値を感じ、評価するに値するものにしか資金提供は行わない。受託研究費の有無で、自身の研究活動の強みに気付くことができる可能性があることから、見方によっては、金額の多少を問わず、科研費を獲得することよりも価値のあることといえるだろう。

　35歳で専任講師として赴任した大学で、そのまま学部長を拝命するとは露にも思わず、まさに青天の霹靂である。教育と研究の両立がようやく花を咲かせたといえば聞こえはいいが、研究成果がようやく日の目を見たのは、ここ数年のことである。筆者が金融機関を中心に伝えている「良質な債権とは債務者の事業を理解できていることである」という考えは、ABLの考え方を源泉として15年以上も前から唱えている内容であるが、平成26年頃から金融庁が「事業性評価に基づく融資」を推進したことで、金融実務と筆者の研究内容の親和性が急速に高まりを見せ始めた。決して先見の明があったわけではなく、そういう時代が到来してほしいとの願いを込めて続けてきた活動が現実になったといったほうが感覚としては正しい。

筆者の研究活動をさらに飛躍させることになったのが、池田先生の提唱する行動立法学である。ここからは、実際に研究者としてどのような研究内容に取り組んできたのか、いくつか具体例を提示し、そこから見えてくる今後の実務家教員としての展望について紹介していきたい。

Ⅲ. 研究内容の紹介

1) ABLの再考と債権の本質的意義への理解

改正民法466条では、第2項で譲渡制限特約付き債権の譲渡を有効としつつ、第3項で譲渡人への弁済をも有効としている。法解釈の観点から同条をどのように紐解くか、については種々意見があるだろうが、ここでは、この条項を「使う」側である金融機関の印象を伝えたい。結論から記すと「中小企業融資において債権譲渡を積極的に使うことは困難になった」といえる。例えばABL（動産・債権担保融資）を活用した中小企業融資を実行しようとした際、民法466条に抵触しないかどうかを検討しなければならない。しかし、金融機関担当者の多くは業務が逼迫しており、改正された民法466条の内容を十分に把握するほどの学習時間を確保することは非現実的である。すると、ABLを活用した融資を検討すること自体を「ややこしいこと」ととらえてしまい、別の方法を検討するなど逃避行動を選択してしまう。

ABLは、被担保債権を回収することに優れている点に魅力があるのではなく、動産を担保にすることによって常日頃から債務者である取引先企業を自然とモニタリングできる機能がある点に優位性がある。そして債権者である金融機関と債務者である取引先企業双方の努力によって、この債権の質を変化させることができる点に最大の特徴があるといえ、池田先生はこれを「生きた担保」と表している[1]。債権が鼓動しているかのように絶えず変化していく様を双方がモニタリングし、債権の質を向上するために何をすればよいかを協力して考え続けられる状態は、債権の本質的意義から見ても理想のかたちといえる。そのうえ、現在金融庁が推進している「事業性評価に基づく融資」にも通ずる考え方である。池田先生も「ABLの融資者は、被融資者と一蓮托生なのであって、被融資企業を倒産させてしまったら、それは融

---

1) 池田真朗「ABLの展望と課題——そのあるべき発展形態と『生かす担保』論」『債権譲渡の発展と特例法　債権譲渡の研究　第3巻』335頁（弘文堂、2010年）。

資者の失敗であり、しかるべき損失も負うものと認識すべきである。たとえば、倒産段階での在庫品でどれだけ融資金を回収できるかといえば、それは必ずしも十分な結果を得られないものと想定しておくべきである。そのような事態を招かないようにするのが、被融資企業へのモニタリングや経営助言であり、つまりABLは、従来の不動産担保融資と異なり、貸しっぱなしではできない、対話継続型の動態的な融資形態と認識されなければならない。いわゆるリレーションシップバンキングということになる[2]。」とABLの本質について論じており、事業性評価に当てはめても遜色ないことから、事業性評価に基づく融資がABLの系譜にあるようにとらえても的外れではないといえるだろう。

　ところで、債権の本質的意義とは、我妻博士が80年以上も前に「特定の人をして特定の行為をなさしめる権利である」と述べている[3]。わかりやすく換言すると「債権者と債務者の双方が協力してひとつの目的を達成するための行為」である。債権者と債務者には優劣などなく、対等でかつ、協力関係にあり、互いに目的達成のために努力しあうことが求められる。ABLによって生み出される環境は、まさにそれそのものであるといっていいだろう。ところが、ABLは金融実務界において普及しなかった。理念も機能も申し分ないほど現代社会のニーズ等に合致しているにもかかわらず、実行している金融機関は限られる。その最たる要因のひとつは、既述の通りABLが取り巻く法的環境の問題にある。少なからず、金融機関担当者が容易に実行できるだけの法整備がなされておらず、むしろ、使用することによって一定のリスクをともなうような環境下にあることが、ABLの利活用を妨げてしまった。もうひとつの要因として、債権者と債務者の関係性が挙げられるだろう。企業や経営者は資金繰りが困難になるなど、何かしらの課題を抱えている状態で金融機関を頼ることが金融取引の出発点であることが多い。金融機関も実務においていくら融資できるかを判断（査定）しなければならない関係から、どうしても金融機関側が優位な環境が構築されやすい。加えて、融資を受けられたとしても、返済の目処が立たないことなどが知られてしまうと融資が打ち切られてしまう、といった不安を常に抱えることになるため、企業や経営者も金融機関に対しては「きれいな」部分を見せることに躍起に

---

2)　池田真朗『債権譲渡の発展と特例法 債権譲渡の研究 第3巻』342頁（弘文堂、2010年）。
3)　我妻栄「新訂 債権総論（民法講義Ⅳ）」5頁（岩波書店、1940年）。

なってしまうことが考えられるだろう。ABLを活用した融資を受けるとなると、資産の動静が明確に把握できる環境になるため、企業や経営者側としたら、余程の自信がなければ、すべてをさらけ出すような選択はできない。そうした慣習が定着していることもあって、企業や経営者側がABLの利活用に前向きではない、といったことも普及を妨げることにつながった。

現在の金融実務をより実質化するために、筆者はABLの本質や背景を理解することは非常に有用と考えており、ここしばらくは、機会さえあれば金融機関職員に対してABLについて説く時間を設けてもらっている。ABLは決して過去の制度ではない。むしろ、これからのための制度であることを金融機関のみならず企業経営者にも理解いただきたい。彼らの思想や行動変容を促進しなければ、事業性評価に基づく融資やこれから導入されるであろう事業成長担保権も机上の空論で終わってしまう。筆者にできることは限られているかもしれないが、地道に双方に対する理解浸透に努める所存である。また、後述することになるが、ABLの導入時に行動立法学に立脚した法整備がなされていれば、ABLを取り巻く環境は違っていたと想像できる。今後の立法については、ABLの教訓を無駄にすることなく、学理偏重の様相から「実」をともなった制度設計がなされるようビジネス法務学の理念を浸透させることもまた、使命感を覚えながら活動していくところである。

2）「探求的対話」と「共通価値の創造」の浸透

2020年10月14日に金融庁からプログレスレポートが公表された[4]。同レポートではキーワードとして「探求的対話」が繰り返し使用されている。事業性評価に基づく融資やABLといった手法の前提にはなるが、金融庁は債務者としっかり向き合う「対話継続型の融資形態」が極めて重要な局面であることを唱え、金融機関にその対応を要請している。至極当然ともいえることをあえて金融庁が周知することには理由がある。端的にいえば、実態としてそうなっていないからだ。円滑な金融とは、資金が必要な零細中小企業が企業経営を継続するために資金を調達しやすい環境を作り出すことである。ABLでいうなれば、シンプルに債務者となる企業側が債権者である金融機関を信用し、モニタリング機能を活用して債権の質向上を図る協力関係を構

---

4) 金融庁「金融仲介機能の発揮に向けたプログレスレポート」（2020年10月14日）（https://www.fsa.go.jp/news/r2/ginkou/20201014-1/01.pdf）。

築すればよいのである。

　しかし実際の現場では、企業にはメインバンク以外に2〜3番手となる金融機関と取引しているところが多い。そして、メインバンクの担当者に素直に現状を打ち明けた場合の融資の継続可能性を相談することを理由に、別の金融機関との関係を構築しているといったことが起きている。先述したABLが普及しなかった理由として記載した「債権者と債務者の関係性」の問題を深掘りするとこうした背景が見えてくる。メインバンクとの信頼関係を構築する、と声を上げても単純な問題ではない。とはいえ、現状を打破する抜本的な改善などは難しいため、正攻法として「金融機関が困っている企業に寄り添う」という金融機関の使命をまっとうすること、その徹底にかける必要があることもまた事実である。詳細は後述するが、筆者は金融機関が企業に「寄り添う」にはどうしたらよいか、について全国各地の金融機関を対象に研修を実施したり、金融業界誌にも寄稿するなど、少しでも金融庁が目指す社会を構築することに寄与しようと活動している。その際には、金融庁が併せて主張している「共通価値の創造」についても言及することにしている。

　金融機関が顧客本位の良質なサービスを提供し、その結果、地域金融機関自身も安定した顧客基盤と収益を確保するという好循環を作り出すスキームとして、金融庁は「共通価値の創造」と称した取り組み推進を金融行政方針などで明記している。とりわけ、地域金融機関は、顧客ニーズの多様化・高度化に対応するために"カネ"のみならず"ヒト・モノ・情報"の仲介といった機能も求められている。もはや、取引先企業を支援するかたちは融資を中心とした資金繰り支援には留まらず、地域経済というマクロな視点も見据えた支援を行わなければならない。債権の本質的意義に立ち返ると、債務者たる取引先企業を支援し、互いに協力しながら本業の維持・発展を推し進める役割を金融機関が担う以上、地域経済の活性化を図る中心的な機関として活動する大義はある。このことへの気付きや理解を浸透することもまた筆者の活動に含まれる。債権の質向上を研究の中核と定めている以上、筆者にもそうした活動を推進する大義があると自負し、自ら積極的な発信を心がけている次第である。

3）円滑なコミュニケーションを生み出すローカルベンチマークとABLの有用性

　金融庁が金融機関に対して求めている「探究的対話」とそれに基づく関係構築だが、言うは易く行うは難しである。対話を通じて企業と信頼関係を構築してください、といわれても、金融機関の担当者はコミュニケーションの達人でもなければ、各取引先企業が属する業界に精通するスペシャリストでもない。他方、企業経営者も金融機関担当者と関係を構築しようにも、どのレベル感で何の話をするとよいのかを的確に見定めるのは難しいだろう。こうした双方の課題を解決するためのツールの一つとして、筆者は経済産業省が公表しているローカルベンチマーク（以下、ロカベンという）の活用を金融機関・企業双方に薦めている。

　ロカベンは、企業の経営状態の把握、言い換えれば、健康診断を行うためのツールとして、金融機関と企業の双方が「同じ目線で対話を行うため」の基本的な枠組みを設定している。ロカベンを活用することで、金融機関側はヒアリングするための項目が明確になるため取引先企業の現状を隈なく把握することが可能になる。企業側はヒアリングされる項目について確認しておくことで、自社の特徴や強み、課題などを把握することができ、今後の経営方針を検討することにつながる。債権の本質的意義から見ても、ロカベンを活用して課題が明確になることで双方が協力すべき事項が正確に把握でき、努力すべき方向性を正しく見出すことができるようになる。

　前項では、債権者と債務者の信頼関係の問題で、伝えるべき内容を伝えていないというディスコミュニケーションが存在することなどがABLの普及を妨げたと触れた。金融機関と企業にはそういったコミュニケーションの齟齬の他に、専門知識（情報）の格差に起因するコミュニケーション不全も取引に悪影響を及ぼすことがある。経済学では、この状態を「情報の非対称性」と呼ぶ。簡単にいえば、情報を開示しなくとも当人としては不利益を被ることはないため、積極的な情報開示をしなかったことで、相手方が知り得ない形で不利益を被ってしまうことをいう。金融機関と中小企業の間で生じる情報の非対称性の最たる事例は決算書類の公表である。いわゆる大手企業や上場企業は、決算の公表が義務付けられているため、企業の財政状況については常に公然性が保たれている。一方で、中小企業等については特に世間に対して決算を公示する必要性がないことから、必要に応じて金融機関担当

者に提示するなどでとどまることが多い。すると、先の事例ではないが「金融機関に悪い印象を与えると融資が途絶えてしまうかもしれない」といった不安から、決算書類では表すことのできない在庫情報などの情報を正確に伝達しない可能性が出てくる。事業性評価に基づく融資はそうした情報や定性的な情報も含めて、企業の状態を正確に把握し、事業の将来性に対して融資を行う手法であるため、情報の非対称性が存在する関係性においては成立しない仕組みである。ロカベンはこの情報の非対称性を解消する役割も担うことができるという点で非常に優れており、事業性評価に基づく融資を推進する際に欠かせないツールとして確立している。筆者も関与しているが、今後、ロカベンの活用教本の公表も予定されており[5]、金融機関のみならず、各企業においてもロカベンの活用は普及していくものと見ている。

なお、ABLについてはそもそも動産を担保とし、常にモニタリング機能を発揮するところから、理念上は情報の非対称性が生じない仕組みになっている。ABLを債権回収のためのツールと考えてしまっていると、やはり「使いづらさ」が先行し、利活用が億劫になってしまう。しかし、情報の非対称性を生み出さず、取引先の売掛金や在庫についてモニタリング機能を通じた対話を重ねることで、緊密な関係性を構築できる点に着目し、ABLを活用することの有用性をあらためて認識していただきたい。

4）これからの担保の在り方と包括担保法制

2020年8月に令和2事務年度年の金融行政方針が公表された。今回の行政方針で着目した箇所としては、まず「資本性ローンの活用」を取り上げたい。これまで金融機関は、原則融資により企業支援をしてきたが、資本での支援を明確に打ち出したことは非常に斬新である。ここから、2019年の銀行法施行規則の改正はその下準備であったように思える。これまで金融機関は子会社の業務範囲規制や議決権保有規制（5％ルール）の枠組の中でしか活動することができず、企業の資本に関わる取り組みは事実上制限がかかっている状況にあった。この改正によって事業再生、地域活性化事業及び事業承

---

[5] 講演当時においては公表されていない。現在は、経済産業省のHPにて「ローカルベンチマーク・ガイドブック（作成ガイド）」（2021年5月公表）として初心者向けのガイドブックが公表されている。（https://www.meti.go.jp/policy/economy/keiei_innovation/sangyokinyu/locaben/guide.html）。

継に係る事案については、金融機関の議決権保有制限（いわゆる5％ルール）が見直されることになり、金融機関が取引先の株を担保にして融資をすることも事実上できることになった。これまで中小企業の自社株を担保にしていても、担保権を行使して保有することはできなかったことを考えると大きな転換といえるだろう。

　こうした制度変更から、これからの担保の考え方は、債権者と債務者のインセンティブが一致することを重要視し、債権の本質に見合った思想が定着していくものと見受けられる。長らくの間、担保制度の中核になっていた不動産担保は債権者と債務者のインセンティブが相反する典型的な担保といえる。債権者と債務者が協力して目的を達成させる考え方からも程遠く、事業性評価に基づく融資の思想からもかけ離れたものである。不動産担保融資が中心で「日本の金融は遅れている」と揶揄された現状を打破するために、金融庁も少しずつ変革を進めている。

　また、「金融機関が借り手を全面的に支えられる包括担保法制等を含む融資・再生実務の検討」の項目には「事業継続を支えられるような望ましい融資・再生実務のあり方について、実務家や有識者との研究会を通じ、現在の経済環境や海外の実務も踏まえつつ、検討していく。現状では、有形資産に乏しい事業者は将来性があっても依然として経営者保証の負担を負わざるを得ない場合があることや、従来の個別資産ベースの担保法制では債権者の最終的な関心が事業の継続価値よりも個別資産の清算価値に向きがちであるといった課題がある。」[6]と記載されている。包括担保法制とは、現在の不動産（有形資産）などの個別資産を中心とした担保の考え方を、ノウハウなど定性的な企業将来性に収益力等の無形資産を含む「事業全体の価値」を包括的に担保とする仕組みとして現在検討が進められている制度である。現在推進されている事業性評価に基づく融資より広範の企業価値そのものを担保とし、その将来性に対する融資を行う新制度は、より取引先企業の将来性を的確に把握しなければならない。そして、将来生み出すキャッシュフローを増大させることで、双方のインセンティブも大きくしていくことが狙いにあると推察されるこの制度は、令和の金融実務の中心になっていくことが予想される。

6）　金融庁「コロナと戦い、コロナ後の新しい社会を築く　令和2事務年度　金融行政方針」4頁（2020年8月31日）（https://www.fsa.go.jp/news/r2/200831.pdf）。

こうして概観すると、ABLも事業性評価も包括担保法制も、債権の本質が源泉となっていることがわかるだろう。筆者が研究当初から継続して唱えてきた債権の本質論がようやく意義深くなっていることを肌で感じることが増え、より多くの方々に理解を深めていただきたいというモチベーションにつながっている。

5）民法改正から見る行動立法学の重要性と行動立法学を支える協力体制の構築

民法とは「人が生まれてから死ぬまで全範囲をカバーする市民生活の基本法である」という教えがあったところ、今回の改正の大半が債権法を中心としていたことから、「市民法から取引法・金融法へ」と変貌を遂げたと評されている。この点について、池田先生は、「時代意思」によるものであり、民法は新しいステージに入った、と表現されている。

また、池田先生は「消費者のための改正というよりも、取引実務を扱う法律家や企業の法務部員を名宛てにしたような改正も多い」との指摘をなされている。民法466条の改正はその最たるものとして再度取り上げたいほどである。この四半世紀、民法の中でも、とりわけ債権法において最も重要度を高めたのは債権譲渡の分野である。かつては資金繰りが怪しくなった事業者が苦し紛れにする取引であった債権譲渡は、いまや中小企業から大企業までが資金調達のために業務の中で非常に広範囲にわたる取引の一つとして日常的に活用されるに至っている。しかしながら、商法や会社法には債権譲渡に関する規定がないままであり、債権譲渡プロパーの包括的な法令も存在しない。特例法も対抗要件としての債権譲渡登記に関するものに留まる。したがって、日本においては債権譲渡に関する取引の法的根拠はすべて一般法である民法が引き受ける構造になっている。民法が取引法・金融法になったと評され、池田先生に「時代意思」と言わしめたこの改正から、我々は学びを得なければならないだろう。

民法は、世の中の人々の幸福な暮らしを実現するため、言い換えれば、困っている誰かを救済するために存在する。そういった観点でいえば、民法は「使う」ことで生活の安定や救済を実現する法規範でなくてはならない。多様で複雑な現代社会において、安定した市民生活を保持するためには、従来型の民法の考え方、すなわち、法解釈を中心とした学理偏重型の思想では

限界を迎えるだろう。もちろん、ドイツやフランスなど本国の様々な法規範の起源となった思想を研究することは変わらずに重要であり、今後も研究が進むことを望むところであるが、社会に適用されていく法については、池田先生の提唱する行動立法学の思想が浸透していかなければ立ち行かなくなってしまうように感じる。

行動立法学とは、「新しいルールを創ったら、人はどう行動するかという、その法律で対象となる人々の事前の行動予測の観点から法律というルールを創るべきとする[7]」という新しい考え方である。「誰のためにどういう法律を創ることが最も良いのか、社会的に最適な立法をするための理念や方法論を考察する」というこの理念は、今後の立法や制度設計に欠かせない視点だと考える。既に改正されてしまった新民法については、改正内容に嘆くのではなく、「このルールがなかったらどう行動するのか」、「このルールが制定されたら人々はどのように行動することが想定されるのか」を立法段階でどの程度意識されて法案が策定されたかを検証し、今後に活かす方向にポジティブに転換すべき、と池田先生は考えておられる。

筆者も池田先生のお考えには同調しており、今後は立法時の検証作業は重要視されてほしいと願っているところである。そして、その検証作業は原案策定者のみならず、学者や実務家、消費者団体、司法書士や不動産鑑定士などの士業も含めた幅広いステークホルダーを交えた共同作業として実質化していただきたい。あえて士業を取り上げたのは、先日司法書士の方と意見交換をした際に「金融機関が何に取り組んでいるか、といった現場感はわからないが、登記の際の対抗要件の具備における課題などといった観点であれば、現場の方に知見を伝えることはできる」といったお話をうかがったことにある。餅は餅屋ではないが、いくら現場経験があったとしても専門家を凌ぐような知見を身につけられるとは限らない。そうした観点からもより多角的な視点での検証作業が立法には欠かせないものになると考えた次第である。そうすることで民法学はさらに発展が期待できるものになると思える。

また、立法に限らず新制度等についても同じことがいえるだろう。とりわけ金融界においては、包括担保法制（事業成長担保権）の議論が開始したところであるが、ここにおいても行動立法学の視点は活かされて然るべきと考

---

7) 池田真朗「行動立法学序説：民法改正を検証する新時代の民法学の提唱」法学研究93巻7号59頁以下（2020年）。

える。ABLの教訓ともいえるだろうが、いくら理念や機能が整備されていようとも、現場において「使用する」ことを想定した制度設計がなされていなければ、文字どおり有形無実の制度に成り下がってしまう。制度設計においても構想段階で様々な視点から検証できる体制を構築することが行動立法学的観点からも重要視されるだろう。

そのような着想から、筆者は近年近畿財務局の活動にアドバイザーとして参画をしている。この活動では、近畿地区に拠点を構える地域金融機関の職員と財務局メンバーの交流もさることながら、公認会計士や弁護士といった士業の方にも参加いただき、実際に各金融機関が直面しそうな事例をケースワークとして取り扱い、それぞれの立場から意見を出し合い、情報交換や知識定着を図っている。筆者は地域経済におけるプレーヤーとなる参加者同士をつなぐプラットフォーマーのような役割も担っており、様々な方々が交流することで人材育成の面でのプラスの効果や新規事業へとつながる経済的な効果を目の当たりにしている。

行動立法学は一人で推進することはできない。多くの関係者とつながり、大きなスケールで考えることができるほど、その効果を高めることができると考えている。そのため、筆者の活動には、自身の研究成果を発信することや、金融実務を取り巻く諸制度の浸透を目的とした研修活動、行動立法学の浸透を見据えた講演会活動の他に、このようにステークホルダー同士をつなげ、関係性を構築する手助けのような活動も行っている。その活動の中で筆者の知見を教授したり、情報をアップデートしてはまた別の方に知見を伝えたりしている。おこがましく聞こえるかもしれないが、草の根運動を繰り返すことで、地域経済を支える主役となる関係者のレベルアップが図れるのであれば、これからも善処していきたいと考える。

Ⅳ．結びにあたって－「現実」の理解を

「実務家教員論」と題した講演を結ぶにあたって、これから研究の世界に携わる方へメッセージを残すとすれば、「現実」と向き合うことの重要性をいま一度説きたい。研究活動は基礎研究などを代表するように、一定の成果を出すことや新しい発見をするには気が遠くなる時間を要することが往々にしてある。大袈裟かもしれないが、急がば回れ、ということわざはこの世界

のためにあるように感じるほどである。筆者の体験談でいえば、ローカルベンチマークの深掘りがそれに当たる。ローカルベンチマークを専門的に研究することは、表面上、債権の本質論からは程遠い。しかし、実際にローカルベンチマークの機能を追究し、その知見を金融機関職員らに教授しようとすると、必然的に債権の本質やABLの優位性、事業性評価に基づく融資との親和性などを伝えなければ、深い理解につながらないことに気付かされる。すると、自ずとそれらの知識理解を深めなければならず、複眼的・多角的に見ることも求められる。一つのことを追究しようとしたとき、王道の一本道を突き進むだけでは真のスペシャリストにはなれない。様々な回り道や寄り道をすることで違った見方を獲得する過程を楽しめると、たどり着いたところに重みが出てくるのだと思う。その出発点として、現実社会では何が課題なのか、何に困っていてどれを解消すると社会に役立つのか、「現実」を直視することから始めてみると、本当に興味・関心があり追究したいことが何かが見定められるだろう。

　もう一つメッセージを届けるとすれば、人的ネットワークの重要性に早めに気付いてほしいということである。当たり前だが、研究は一人でできても、その成果を多くの人に届けたり、その効果を最大化するにはやはり多くの関係者が必要になる。その必要性に早く気付ける段階にたどり着けると、きっと行動変容の必要性を身をもって感じることができるようになるだろう。筆者が研究活動等と並行して利害関係者との関係構築に尽力しているのは、自身の研究成果は一人でも多くの人に伝わらなければ意味がないと本気で感じていることと、自分ひとりだけで伝えることの限界に気付いたからである。多くの金融機関職員が目にする雑誌に論考を投稿しても、それを血肉化し実践に移すことができる職員はそう多くない。各金融機関で研修等を実施し、行動変容を促しても継続できる人は限られる。考えに同調する人は年々増えている実感はともなってきたが、地域金融ひいては地域経済が活性化するほどにはまだ至っていない。そうした現実に直面し、この状況を打破するためには、どうしても多くの人の協力が必要になってくると心底思う。そして、自分の分身ではないが、自分と同じような理念を持って行動してくれる人が複数いれば、当然に推進力は何倍にもなる。そこで必要になってくるのが、武蔵野大学法学研究科においても重要視している「教授法」であろう。筆者のような人材を養成する、というとあまりにも厚かましいが、金融

実務の現場に活きる知見を体系立てて教授できる教育者（研究者）が全国に散在することができれば、社会人学生（現役の金融機関職員）や現役学生（将来の金融機関職員候補）の育成を図ることができ、地域金融のレベルアップを果たすこと、ひいては地域経済の活性化に寄与することにつながるのではないだろうか。筆者が「実務家教員COEプロジェクト」の一端を担って、このように講演をする意義は、ここにあると自負している。

最後に金融機関を代表して一つだけお伝えしたい。新聞をはじめとしたメディアでは「地域金融機関は終わる」といった記事を目にする機会が年々増えている。しかし、筆者はそれを真っ向から否定したい。そもそも、世の中の経済活動は金融なくして経済が成り立つことはあり得ない。加えて、地域金融機関を束ねる金融庁が大きな変革を断行し、現在は金融育成庁と自称するほど、地域金融機関の発展に本気で取り組んでいることもそう判断する材料として挙げられよう。

地域金融機関の使命は「自身の利益を度外視してでも地域を守り抜くこと」である。地域を守り抜くと、回り回ってその地域の顧客に貸している債権が良質化し、金融機関のバランスシートも良質化する。極めてシンプルなスキームで地域経済はつながっている。これまでもその活動にすべての金融機関が邁進できればよかったのだが、唯一上場している地方銀行だけは、顧客（投資家）が海外にいる可能性を含むため、自身が根ざす地域のことだけを考えて活動することは理念上許されなかった。しかし、ここにきて金融庁が共同組織金融機関と地方銀行を分けて考えることに意義を感じ始め、制度変更・制度改革に着手し始めている。銀行法施行規則の改正や包括担保法制の検討開始はその片鱗といえる。

金融機関はこれまで多くの規制をかけられた環境下で経営しなければならなかったが、これからは地域経済活性化を図るべく金融機関の自由度はさらに高まることが予想される。地域金融機関の職員が、地域企業の経営者になって経済活動を行うような時代もそう遠くない未来として描かれていくだろう。SDGsが目指す持続可能な社会を作ることに親和性の高い地域金融機関の諸活動は、それらに高い関心を見せるZ世代やα世代と呼ばれる年代の彼らにも刺さり、就職先としての人気再燃も期待される。令和の時代で活躍できる人材として成長が見込める地域金融の未来は明るいのではないだろうか。

【第4章　第2節】

金融機関職員に求められる能力とは
コンサルティング能力向上講座（第1回）

【前注：本節は、経済法令研究会が発刊する「銀行法務21」No.829（2018年6月号）に掲載された連載企画の第1回の論考に加筆・修正を加えたものである。本文等に記載している参考資料や政策等については、掲載当時の記載内容となるため、当時から加筆・修正・変更・削除・更新等が行われているものが含まれることをあらかじめご留意いただきたい。】

Ⅰ．はじめに　－現在の金融業界の現状と課題－

　近年、目覚ましいほどに金融機関を取り巻く環境は変化している。働き方改革により仕事の効率化が求められ、遮二無二働くことが憚られるようになる中で、理解しなければならないことも増え、ゆとりのない日々が続いている。金融庁は「取引先企業を支援するためにコンサルティング能力の向上を目指す」ことを推し進めようとしているが、現場ではそのスローガンだけが独り歩きしている状態になってしまっている。その結果、事業性評価に基づく融資の仕組みや背景などを十分に理解できぬまま取り組んでいる金融機関が散見される。
　コンサルティング機能が十分に発揮できず、片手間のような事業性評価を行っていては、事業者支援を名乗るに相応しいとはいえないだろう。全6回にわたる本連載を通じて、コンサルティング機能を発揮するために必要なスキルを総合的に学び、胸を張って事業者支援ができるようになる機会となれば幸いである。

Ⅱ. 金融行政の変遷と事業性評価導入の経緯

　金融機関におけるコンサルティング機能とは、取引先企業の経営課題を把握し、適切な助言や支援を行うことで、主体的に課題解決に向けた取り組みを推進してもらい、必要に応じて最適なソリューション提案または実行することをいう。もちろん、取引先企業を取り巻く環境や金融機関自身の置かれた状況等によってそのかたちは様々ではあるが、最適解を求めて取り組むことが期待されている。

　コンサルティング機能強化に向けたスキルアップやテクニカルな話題に入る前に、大前提としてコンサルティング機能の発揮が求められるようになった背景や経緯を把握しておく必要があるだろう。物事の本質をまず理解することが肝要と思われるため、遠回りのように感じるかもしれないが、リーマンショック以降の環境の変化や金融行政の変遷から順に概説する。

1）金融機関を取り巻く環境の変化

　平成20年9月に起きたリーマンショックにより、中小企業等の資金調達環境は急速に悪化した。円滑に資金調達を行うことそのものが中小企業にとって最重要課題となっている状況を改善すべく、平成21年11月に中小企業者等に対する金融の円滑化を図るための臨時措置に関する法律（以下、中小企業金融円滑化法という）が、平成23年3月までの時限立法として制定された。

　中小企業金融円滑化法は、中小企業の倒産を回避し雇用機会を維持することや新規での融資を受けやすくすることを主たる目的としたものであったため、融資環境が整備され、中小企業等における資金繰りが安定し、一定の政策効果が見られた。しかし、思うように景気回復が見込めず、同法の存在だけでは十分な支援環境を構築したとは言いがたかった。そこで、金融庁は金融検査マニュアルの改正[1]を行い、金融機関が貸付条件の変更等や円滑な資金供給に努めるとともに、中小・零細企業等に対する経営支援に積極的に取り組むことを促すことが示された。これまで金融機関に画一的な対応を求め

1）　金融庁「『金融検査マニュアル・監督指針』の一部改正、『銀行法施行規則等の一部を改正する内閣府令』等の公表について」2013年3月29日（https://www.fsa.go.jp/news/24/ginkou/20130329-6.html、2018年4月最終閲覧）。

てしまう温床となっていた検査マニュアルの廃止は、それまでの金融行政からすると思い切った施策であり、金融監督の観点からも変革が必要な環境下にあったといえよう。

2）事業性評価と日本再興戦略との関連性

　金融検査マニュアルの一部改正から程なくして、平成25年6月には「日本再興戦略」が閣議決定され、そこでは個人保証を免除または猶予する融資制度の拡充・推進をはかるべく、個人保証制度の見直しが謳われた。多額の保証債務を抱えてしまった専門性の高いスキルを有する中小企業が廃業に追い込まれるケースが相次いだことが背景にあり、保証制度を見直すことで少しでも事業を継続できる企業を残すことに注力しようとする姿勢が垣間見られた。また、地域金融機関における顧客企業の経営改善や事業再生、育成・成長につながる融資を積極的に行うことの重要性も説かれ、その手法として「事業性評価に基づく融資」が明示された。

3）「事業性評価に基づく融資」の実情

　事業性評価に基づく融資とは、企業の将来性を評価し、それに対して融資を行う取り組みである。事業とは直接関係のない不動産の換価価値に頼りすぎていた融資姿勢をあらため、企業の現状把握と取り組んでいる事業の将来性を的確に把握してそれに見合った融資対応をすることで、本来金融機関が果たすべき事業者支援を体現しようとするものである。ただ、これまでも取引先企業に事業計画書を策定してもらい、その内容によって融資判断を行ってきた経緯があるため、いまさら「事業性評価」といわれても実感を持って制度主旨を理解できている金融機関職員はそう多くないだろう。

　しかしながら、そうはいいつつも実態として事業計画書の策定から融資に結びつけて実行している金融機関はそれほど多くない。金融庁が実施した「企業ヒアリング・アンケート調査[3]」によると、担保や保証に依存しない融資の取り組みについて、融資スタンスが厳しいとの回答が多く、事業性評価

---

2) 首相官邸「日本再興戦略—JAPAN is BACK—」2013年6月14日（http://www.kantei.go.jp/jp/headline/seicho_senryaku2013、2018年4月最終閲覧）。
3) 金融庁「企業ヒアリング・アンケート調査の結果について 〜融資先企業の取引金融機関に対する評価〜」2016年5月23日（https://www.fsa.go.jp/policy/chuukai/shiryou/questionnaire/160620/01.pdf、2018年4月最終閲覧）。

ならびにそれに準じた融資実態は浸透しているとは言い難い状態にある。将来性を評価するにあたって、取引先企業と十分な対話ができていないことが「過度な担保や保証に頼らない融資」が浸透しない最大の要因と考えられる。事業性評価に基づく融資が主流になるには、まだまだ課題が山積しているといえよう。

4）金融行政の変遷

　ここまで制度面での変遷や現状を確認してきたが、それらを計画・推進する立場にある金融庁をはじめとした金融行政にもこの間、大きな動きが見られた。平成25年以降の動向をまとめると次のようになる。

> ①平成25年3月31日：「中小企業金融円滑化法」失効
> ②平成25年6月14日：「日本再興戦略」閣議決定
> ③平成25年9月6日：「平成25事務年度金融モニタリング基本方針」公表[4]
> ④平成25年12月（平成26年2月適用）：「経営者保証に関するガイドライン」公表[5]
> ⑤平成26年10月24日：「地域金融機関による事業性評価について」公表[6]
> ⑥平成27年9月18日：「平成27事務年度金融行政方針」公表[7]
> ⑦平成28年3月：「ローカルベンチマーク」の策定[8]
> ⑧平成29年12月15日：「金融検査・監督の考え方と進め方（検査・監督基本方針）（案）」意見募集[9]

---

4) 金融庁「平成25事務年度監督方針及び金融モニタリング基本方針等について」2013年9月6日（https://www.fsa.go.jp/news/25/20130906-3.html、2018年4月最終閲覧）。
5) 一般社団法人全国銀行協会「経営者保証ガイドライン」(https://www.zenginkyo.or.jp/adr/sme/guideline/、2018年4月最終閲覧)、中小企業庁「経営者保証」(https://www.chusho.meti.go.jp/kinyu/keieihosyou/、2018年4月最終閲覧)。
6) 金融庁「地域金融機関による事業性評価について」2014年10月24日（https://www.kantei.go.jp/jp/singi/keizaisaisei/jjkaigou/dai4/siryou1.pdf、2018年4月最終閲覧）。
7) 金融庁「平成27事務年度　金融行政方針について」2015年9月18日（https://www.fsa.go.jp/news/27/20150918-1.html、2018年4月最終閲覧）。
8) 経済産業省「ローカルベンチマーク（通称：ロカベン）」(https://www.meti.go.jp/policy/economy/keiei_innovation/sangyokinyu/locaben/、2018年4月最終閲覧）。
9) 金融庁「『金融検査・監督の考え方と進め方（検査・監督基本方針）』（案）への意見募集（2月14日まで）について」2017年12月15日（https://www.fsa.go.jp/news/29/wp/wp.html、2018年4月最終閲覧）。

中小企業金融円滑化法が期限を迎えて以降、円滑な金融支援を実現すべく、金融行政はより本質的な機能強化に舵を切っていることがわかる。「経営者保証に関するガイドライン」が全国銀行協会と中小企業庁の双方から公表された際には、金融庁は「当庁としては、本ガイドラインの周知・広報に努めるとともに、金融機関に対して積極的な活用を促すことにより、本ガイドラインが融資慣行として浸透・定着していくよう努めてまいります」[10]とのコメントを発出し、あらためて不動産担保や保証に頼らない融資を徹底していく意思が示された。また、このガイドラインには不動産担保の代替メニューとしてABL（動産・売掛金担保融資）の利活用が例示されている。ABLに事業そのものを評価する機能があることをここで再注目している点は非常に興味深いところである。

　平成26年10月に金融庁が公表した「地域金融機関による事業性評価について」では、モニタリング基本方針で提示された事業性評価に基づく融資の理念が再掲されており、あらためてこの取り組みに対する期待の大きさと推進しようとする姿勢が感じられる。事業性評価に取り組むことは、必然的に地域活性化に向けたコンサルティング機能を発揮することに通じるため、金融機関の存在意義がより確固たるものになる活動になることをぜひ認識していただきたい。

　さらに金融庁は、平成29年12月15日に「金融検査・監督の考え方と進め方（検査・監督基本方針）（案）」を公表し、平成31年4月1日以降に金融検査マニュアルを廃止することとした。金融検査マニュアルの廃止により、ますます事業性評価に基づく融資は取り組みやすい環境は整うことが予想される。これまでの画一的・形式的基準での資産査定では対応が不十分になってくる時代が到来し、取引先の将来性を評価する方法の確立が各金融機関に求められることになるだろう。

　金融行政は、リーマンショックによる危機を好機に転換し、本気で金融環境の改革に取り組んでいる。この変遷から各金融機関に感じてほしいこととして、昔の感覚で業務を行う管理職の下では、優秀な担当者は育たず、取引先企業から信頼されることは難しいということである。過去や現在の状態で融資の要否を判断していた実態から、未来を見据えた判断が求められるよう

10）　金融庁「『経営者保証に関するガイドライン』の公表について」2013年12月9日（https://www.fsa.go.jp/news/25/ginkou/20131209-1.html、2018年4月最終閲覧）。

になり、企業を前向きにさせることが果たすべき使命になってくる。現場で汗をかく若手職員のみならず、彼らを管理・監督する立場の職員がいち早く保全重視・資産査定第一の考え方から脱却しなければならない。

Ⅲ．ローカルベンチマークの活用と支援者間の連携

　平成28年3月に公表された「ローカルベンチマーク」は「企業の健康診断ツール」として、企業の経営者や金融機関・支援機関等が企業の現状を把握し、双方が同じ目線で対話を行うための基本的な枠組みとして策定され、事業性評価の「入口」として活用が期待されている。

　こうしたツールが公表されるに至った背景として、金融機関と中小企業をはじめとした取引先企業との間に十分な関係性が構築されていないことがあると見ている。筆者は中小企業への経営指導などで経営者と接することがよくあり、その中で経営者に尋ねてみると、中小企業経営者にとって債権者である金融機関は「逆らえない恐ろしい存在」と認識されているのである。要は、意に沿わない活動などがあれば融資が打ち切られるかもしれない、といった恐怖観念があるということである。そうした実態において、企業の現状を包み隠さずすべてを伝え、現在取り組んでいる事業の将来性について仔細に伝えることは非現実的であるといっても過言ではないだろう。

　一方で、金融機関も中小企業経営者に対して業界特有の専門知識を有していないことに引け目を感じるなど、経営者との対話に気後れしてしまう、といった意見を持つ担当者が少なくない。双方がこうした認識を持ち合わせている以上、事業性評価につながる対話は成り立たない。そうした現状を打破し、双方のコミュニケーションを円滑にする効果を有するローカルベンチマークは現場担当者にとって救いの手になりうる。

　ローカルベンチマークの最大の魅力は、何よりもシンプルでわかりやすいという点にある。定量分析については6つの指標があり、将来性につながる前向きな指標で構成されている。また、定性面についてもヒアリングしやすい項目がまとめられており、これまでの顧客情報をあらためて整理する意味合いでも用途を見出すことができる。金融機関でローカルベンチマークの活用研修を行うと、担当している企業の経営理念や販売力の強み・弱み、ITツールの活用状況など把握していそうなのに言語化することができず、表面

的な理解にしか及んでないことに気付く職員が意外と多いことがわかる。事業性評価に基づく融資に取り組む前段階としてもローカルベンチマークは活用できるため、まずは活用してみて、取引先企業との円滑な対話を体験していただきたい。

Ⅳ．担保・保証に頼らない融資の実践

　繰り返しにはなるが、近年の金融行政の動きは、不動産担保での融資が限界になる中でどのようにして円滑な資金供給を行うか、に焦点があたっているといえる。これは、単に不動産担保による融資を否定しているのではなく、事業の将来性を評価して円滑な資金供給を行うことが取引先企業の事業継続・発展を後押しし、ひいては地域経済の活性化に資することにつながるため、そうした先の未来を見据えて積極的な取り組みを要請している。

　金融機関と取引先企業との関係は、債権者と債務者との関係であり、債権者である金融機関は債務者の情報（現状）を少しでも集め（把握し）、指導することで、債権の質を上げることが本来成すべき活動である。債権の質とは、債務者が破綻した際の回収率の高さと認識している人が一定数いるようだが、債務者のことを正しく理解し、共通の目的を達成するためにどれだけ強固な協力関係を構築することができるか、を指す。債権の本質的意義の知見から言えば、取引先企業のことを誰よりも詳しくなることができれば自然とコンサルティング機能が発揮されている状態になるといえる。そして、誰よりも詳しくなるために、いまはABLやローカルベンチマークといったツールも用意されており、これらを活用することで有益な情報が収集しやすくなっている。

　担保・保証に頼らない融資を推進するには、地道な情報収集（現状把握）が近道であることを理解し、次回以降の連載[11]でスキルアップに努めていただければ幸いである。

---

11)　「銀行法務21」No.829（2018年6月号）からNo.835（2018年11月号）にかけて本企画は連載された。

【第4章　第3節】

令和の金融への対応、地域金融機関の常識を変える必要性
令和時代に求められる地域企業支援のための人材育成（第1回）

【前注：本節は、経済法令研究会が発刊する「銀行法務21」No.856（2020年5月号）に掲載された連載企画の第1回の論考に加筆・修正を加えたものである。本文等に記載している参考資料や政策等については、掲載当時の記載内容となるため、当時から加筆・修正・変更・削除・更新等が行われているものが含まれることをあらかじめご留意いただきたい。】

Ⅰ．はじめに

　令和2年2月28日に新型コロナウイルス感染症に係る中小企業者対策として、セーフティネット保証4号が発動され、中小企業の資金繰り対応に追われる地域金融機関職員の動きが活発化している。令和元年12月に金融検査マニュアルが廃止され、融資先の貸倒引当金に対する考え方は柔軟になり、各金融機関による独自の判断ができるようになった分、その判断に対する評価は厳しく問われるようになった。

　令和の時代、地域金融機関に求められるのは資金繰り支援だけではなく、コンサルティング機能を発揮した本業支援である。そして今後は、地域から評価された金融機関になれなければ生き残ることができない時代になっていくだろう。本連載では、地域に選ばれる金融機関として確固たる地位を確立するために、一人ひとりの金融機関職員が身につけるべきスキルならびにコンサルティング能力を発揮するためのポイントを解説する。

Ⅱ．令和の金融の本質

1）令和の金融に向けて

　令和の時代において地域金融機関は、取引先企業の真の経営課題を的確に把握し、課題解決に向けた本業支援や資金使途に応じた適切なファイナンスなどを組織的かつ継続的に実行し、付加価値を提供しなければならない。この点について、金融仲介機能の発揮に向けたプログレスレポート[1]にて、次の通り金融仲介の在り方や地域経済発展のために地域金融機関が果たすべき役割の重要性を強調している。

- 地域に継続的な資金供給を行うことは、地域金融機関の責任であり、地域金融機関のビジネスモデル確保において必要であるとともに、将来的な地域経済の発展（地域金融機関自身の経営基盤の確保）のためにも重要である。
- 金融庁は「金融育成庁」として、金融行政の究極的な目標達成に必要な「金融システムの安定」と「金融仲介機能の発揮」の両立に向けて多面的・多角的に取り組む。

　地域金融機関は、これまでもリレーションシップバンキング（以下、リレバンという）の旗振りの下、地域企業との信頼関係の構築やそこで得た情報を活用し、企業の経営課題のみならず地域社会の課題解決に尽力することで、地域経済の活性化に取り組んできている。しかし実態として、地域金融機関の多くは、リレバンの取組みについて金融庁などに対し素晴らしい成果報告書を提出する一方で、資産査定を意識した引当強化や金融商品の販売などによる収益確保にひた走る状況に陥っていた。そこにとどめを刺すように、リーマンショックに起因する景気の悪化によって、リレバンの取り組みは形骸化した。

　多くの企業が資金繰りに苦しむ状況になったことも後押しになったのか、金融庁は平成25年に発表した金融モニタリング基本方針[2]において、事業性

---

1) 金融庁「金融仲介機能の発揮に向けたプログレスレポート」2019年8月28日（https://www.fsa.go.jp/news/r1/ginkou/20190828/01.pdf、2020年3月最終閲覧）。
2) 金融庁「平成25事務年度監督方針及び金融モニタリング基本方針等について」2013年9月6日（https://www.fsa.go.jp/news/25/20130906-3.html、2020年3月最終閲覧）。

評価に基づく融資推進を明言した。これまで資産査定を重視した考え方から各金融機関における地域性や主体性などを重視した考え方に大きく転換した点が、事業性評価とリレバンを取り巻く環境の大きな違いといえるだろう。

2）金融行政の変遷

　ここで、金融検査マニュアルが開始した平成11年から廃止に至った令和元年までの金融行政の主な変遷を確認しておきたい。

【図表】金融行政の変遷

> ①平成15年3月：リレーションシップバンキングの機能強化に関するアクションプログラム
> …不良債権問題の解決のため、中小企業の再生と地域経済の活性化を図るための各種取り組みを進め、各金融機関はリレーションシップバンキングの機能強化計画を策定した。
>
> ②平成15年6月：事務ガイドラインの改正
> …リレーションシップバンキング機能の一環として行うコンサルティング業務等が取引先の支援業務に該当することを明確化した。
>
> ③平成21年12月：中小企業金融円滑化法
> …平成20年9月に発生したリーマンショック後に、金融の円滑化を図るために時限施行され、2度にわたる延長を経て平成25年3月に終了した。
>
> ④平成25年9月：金融モニタリング基本方針
> …事業性評価にかかるモニタリングが開始された。
>
> ⑤平成25年12月：経営者保証に関するガイドライン
> …日本商工会議所と全銀協が中小企業等の経営者による個人保証の課題について検討し、公表した。
>
> ⑥平成26年10月：地域金融機関による事業性評価について公表
> …平成26年9月に公表された金融モニタリング基本方針にて「事業性評価に基づく融資」の定義を明確化し、地域金融機関に向けて事業性評価の取り組みについて明記された。
>
> ⑦平成27年9月：金融行政方針
> …森長官になって最初の基本方針として公表され、金融行政の究極的な目標が

明示された。

⑧平成28年10月：金融行政方針
…「日本型金融排除」の実態について言及し、ガバナンスや業績目標・評価、融資審査態勢等を含め、経営陣と深度ある「対話」を重視した。

⑨平成30年6月：検査・監督基本方針公表
…金融行政を「形式・過去・部分」から「実質・未来・全体」とすることを明確化した。

⑩令和元年8月：金融仲介機能の発揮に向けたプログレスレポート公表
…金融育成庁としての取り組み、金融庁・財務局と地域金融機関の「対話」を開始した。

⑪令和元年12月：金融検査マニュアル廃止
…金融庁は「検査マニュアル廃止後の融資に関する検査・監督の考え方と進め方」を策定し、これに併せて同時に検査マニュアルが廃止された。

【図表】の施策のうち、まず着目しておきたいのは事業性評価に基づく融資の定義を公表した「平成26事務年度金融モニタリング基本方針」[3]だろう。事業性評価に基づく融資に取り組むにあたっては必ず立ち返る原点として理解を深めておきたいところである。また、令和元年の「プログレスレポート」にも触れられている経営者保証の問題も押さえておきたい。ここでは、事業承継時の経営者保証の二重徴収といった観点で問題視されているが、事業性評価に基づく融資を推進し、取引先企業の将来性を正しく評価し、コンサルティング機能を発揮した支援を行うことができれば、後継者問題や保証の問題に躓くことなく、事業継承を検討することができるようになるだろう。

3）心理的安全性の確保を謳う新しい金融行政方針

令和元年8月に公表された行政方針[4]では、心理的安全性の確保による闊

---

[3] 金融庁「平成26事務年度金融モニタリング基本方針（監督・検査基本方針）」2014年9月11日（https://www.fsa.go.jp/news/26/20140911-1/01.pdf、2020年3月最終閲覧）。
[4] 金融庁「利用者を中心とした新時代の金融サービス〜金融行政のこれまでの実践と今後の方針〜（令和元事務年度）」2019年8月28日（https://www.fsa.go.jp/news/r1/201

達な議論の促進との記載があった。これまでも実りある対話を深め、取引先企業との信頼関係構築の重要性については言及されてきたが、この金融行政方針では「心理的安全性」の確保に焦点があたっており、時代背景を感じる要素が盛り込まれている方針だといえる。

また、自らを金融育成庁と称する具体的な取り組みとして、金融庁の若手職員の有志が立ち上げた「地域課題解決チーム」の活動をさらに活性化することや地方と中央、官と民の連携を強化し、地域の活性化にも貢献する施策を進める旨も記載されている。金融庁は、事業性評価を打ち出した平成25年ごろから大きな変貌を遂げてきた印象が強いが、ここにきてさらに時代に見合った方針を打ち出すなど、より地域社会に根ざした取り組みに注力しようとする姿勢が垣間見られる。地域金融機関にとっても非常にプラスの印象を抱く変化であるといっていいだろう。

Ⅲ．令和の金融と人材育成

1）金融育成庁への決意

金融育成庁としての取り組みは、各地域の財務局にも広がっている。とりわけ、近畿財務局には「地域のために何かできることをやろうやないか」を合言葉に、若手職員の有志を中心とした「TEAMちほめん（地方創生推進メンバー）」が結成され、具体的な活動が展開されている。筆者は彼らの活動のアドバイザーとして支援・協力しており、既に「事業性評価とコンサルティング能力向上のための連続講座」と題した講演を行っている。3回にわたって実施した講座には、定員50名のところ、金融機関職員を中心に70名以上の参加希望者があった。事業性評価に対する関心の高さと金融庁（財務局）への期待の高まりを肌で感じることができたよい機会となった。

2）事業性評価を阻害する管理・監督職の存在

事業性評価に基づく融資を推進・実行するのは営業担当者であり、その多くが20～30代である。事業性評価の成否には、彼らのスキルアップや成長が欠かせない。

90828.html、2020年3月最終閲覧）。

ところが、各金融機関で事業性評価の取組状況をヒアリングすると、関心の高い営業担当者は多いものの、なかなか実装には至らないといった話を耳にする。深掘りして聞いてみると、その要因のひとつとして、いわゆる「毒管理職」の存在があるようだ。時代背景もあって、かつて横行していたようなパワハラは随分と減ってきているが、不必要な公開説教や否定から入る指導、自身の価値観の押し付けなど、若手職員の自主性を損なわせるような指導を行う管理・監督職はまだまだ散在している実態がある。

転職市場が活発になっていることもあり、自主性を阻害された若手職員の離職は後を絶たない。若手職員が金融機関に定着しない現状に危機感を覚えない金融機関は、地域からも見限られていくことになるだろう。事業性評価はそれを担う人材の確保とその人材の育成が必須である。かつてのように人を大事にする機関としての再興を期待したいところである。

Ⅳ. 債権の本質的意義から金融機関のあり方を捉え直す

1）債権の本質的意義

そもそも、債権者である金融機関が債務者である融資先企業の将来性を把握することは、債権の本質的意義から考えると至極当然のことである。我妻榮博士は、「債権は、常に債務者の行為を介しこれを通じて目的を達成できることができるだけである。そして債権に排他性のないことの理由の一つはここにある」と前提を確認したうえで「契約から生ずる債権者・債務者の関係をみると、あるいは当事者が相互に債権債務を有し、あるいはその債権内容は将来の進展において多くの具体的な債権を発生させるものである。しかも、両者の関係は、単にこれらの債権債務の総和に尽きるのではなく、これに伴う多くの機能と義務を包含し、それ以上に、当該契約によって企図された共同の目的に向って互に協力すべき緊密な、いわば一個の有機的な関係を構成する。然し、契約以外の原因によって発生する債権においても、本体たる債権に附属的な権能や義務の伴うことは決して絶無でないのみならず、当該債権発生の目的を達成させるために、両当事者がその債権の内容たる給付の実現に向って協力すべき関係に立つということができる」[5]と説いている。

5）我妻榮『新訂 債権総論（民法講義Ⅳ）』7頁（岩波書店、1964年）。

つまり、債権者である金融機関は、請求権と受領権限を得たうえで債務者企業に弁済義務を課する関係としてお互いが独立するものではなく、当該債権を発生させた貸手責任も認識し、債務者と協同で目的を達成する法律関係にあるとしている。事業性評価に基づく融資は、債権者が債務者と「対話」を積極的に行い、コンサルティング機能を発揮するものであることから、我妻博士が論じた債権の本質を真正面から捉えている取り組みであるといえよう。

2）地域金融機関の試金石

　債権の本質からもわかるように、債権者と債務者は対等な関係にあり、そして共通の目的を達成するために協力関係を構築しつづけなければならない。その協力関係を構築する際には「対話」が重要になる。この未曾有の危機を乗り越えるため、経営者が資金繰りのことを気にせずに本業に集中できる時間を少しでも長く作る間接的なサポートがこれからは求められるだろう。そういった意味合いでも事業性評価に基づく融資は推進されて然るべき取り組みであり、図らずもコロナ禍における金融機関の真価が問われることになる。

　ところが、100％保証融資制度など緊急融資の影響で地域金融機関のモラルハザードの問題が浮上し始めている。この状況が続くと、事業性評価のスキームは崩壊してしまう可能性がある。そういった現場レベルでの危機や実情も把握しつつ、地域金融機関の存在意義を再認識し、次回以降の連載[6]でスキルアップに努めていただければ幸いである。

6）「銀行法務21」No.856（2020年5月号）からNo.863（2020年11月号）にかけて本企画は連載された。

【第4章　第4節】

実抜計画とロカベンの併用で 「伴走支援」を確固たるものに
―企業評価から地域理解へのウイングを広げ、
共にリスクテイクを―

【前注：本節は、一般社団法人金融財政事情研究会が発刊する「週刊金融財政事情」第72巻第39号（秋季合併号　2021.10.26－11.02）に掲載された論考に加筆・修正を加えたものである。本文等に記載している参考資料や政策等については、掲載当時の記載内容となるため、当時から加筆・修正・変更・削除・更新等が行われているものが含まれることをあらかじめご留意いただきたい。】

　新型コロナウイルスの影響は金融界にも計り知れないダメージを与えた。金融機関は自身の存続危機にも見舞われる可能性がある中、取引先企業の事業を止めない、いわゆる伴走支援が求められている。そのような中、ゼロゼロ融資や金融検査マニュアルの廃止など金融機関を取り巻く環境はこれまでに経験のない速度で変化している。ウィズコロナがキーワードとなる令和時代に金融機関が担うべき役割とは一体何か、最新の動向も踏まえて紐解く。

Ⅰ．ゼロゼロ融資に惑わされない「債権の本質的意義」に基づいた本業支援とは

　コロナ禍の影響により、資金繰りに疲弊した事業者は多いだろう。そのような苦境のなか、政府系金融機関や民間金融機関による実質無利子・無担保融資（通称：ゼロゼロ融資）に助けられた事業者も多かったに違いない。しかしながら、目の前の困難を乗り越えたとしても収益面で体質改善までは図れておらず、据置期間後に訪れる弁済に耐えられない企業が出てくることは容易に予想できる。

　「有事」とも言えるこの未曾有の事態に、事業者の借入金は多様になっていった。メイン行を中心としたプロパーの運転資金融資や従来から主流で

あった保証協会付き融資に加え、先に触れたゼロゼロ融資、さらには政府系金融機関による緊急支援融資など、様々な形態での借入が増え、企業側も自らの状況を正確に把握することが困難になりつつある。そのような局面を迎えているウィズコロナ時代において、メイン行である地域金融機関は、事業者支援に対する強い覚悟を持ってこの難局に臨まなければならず、金融機関としての真価が問われることになる。

　ゼロゼロ融資は、事業者にとって金利負担のない借入ではあるが、それを金利負担のある金融機関のプロパー融資を弁済するために充てるようでは本末転倒だ。資金繰りに追われ、資本構成全体を俯瞰して見るゆとりを失っている状況で、その場しのぎの短絡的な判断は、企業にとって致命傷になりかねない。また、債権者たる金融機関もゼロゼロ融資によって一時的に安定した資金繰りで、妙な妥協意識を働かせてはいけない。本来、金融機関はそういった事態に陥らないよう警鐘を鳴らす立場にある。ゼロゼロ融資はあくまで緊急支援的な借入であり、基本となるプロパー融資や従来の保証協会付融資とは根本的に質の違うものであることを念頭に、取引先企業が間違った方向に進まぬよう舵取りをしなければならない。

　もし、懸念される状況に陥ってしまうと、企業にとってメインとなる金融機関が信用保証協会（国）になってしまい、「いびつな」バランスシートが出来上がる。その副作用として、金融機関と事業者との対話が減少してしまうことが最も心配すべき事柄になるだろう。そこから加速度的に企業を取り巻く環境が悪化してしまった場合、当初イメージしていたような事業者支援では太刀打ちができず、最悪のケースをもたらしてしまうことも大いに考えられる。ゼロゼロ融資によりバランスシートの安定性が欠けている企業を支援する場合は、経常運転資金をプロパーの短期融資によって整え、日常的にモニタリングしながら、理想的な姿に組み替える試みが有効な一手となるだろう。バランスシートは、長年事業を継続してきた「企業の姿」そのものを体現しており、経営者の苦労や工夫、成功や発展など、過去から積み重ねてきた「想いの結晶」ともいえる。事業を健全に、かつ継続して展開するプロセスに鑑みれば、崩れかけたバランスシートを放置するような金融機関に真の事業者支援はできない。

　民法界の泰斗である我妻博士は債権の本質的意義について「債権者と債務者との間には、単に一個の現実の債権が存在するだけでなく、これを包容す

る一個の債権関係が存在するとみるべきもの」と定義付けたうえで「両者の関係は、単にこれらの債権債務の総和に尽きるのではなく、これに伴う多くの機能と義務を包含し、それ以上に、当該契約によって企図された共同の目的に向かって互いに協力すべき緊密な、いわば一個の有機的な関係を構成する[1]」と解している。債権者である金融機関は、債務者である取引先企業を正しく理解し、双方が「協力関係」であり続けるために不断の努力をしなければならない。

　近年、金融機関の役割として、これまでの資金繰り支援に留まらず、本業支援が必要であると再三にわたって提唱され続けているのは、この「債権の本質的意義」に立ち返ると至極当然のことである、とあらためて認識していただきたい。

Ⅱ．金融検査マニュアル廃止と将来キャッシュフローの重要性

　新型コロナウイルスが世界を震撼させる少し前にあたる2019年12月に、金融検査マニュアルは廃止された。金融検査マニュアルの廃止は、これまでの金融実務を否定するものではなく、浸透した実務をベースとして活かしつつ、各金融機関による創意工夫を凝らした事業者支援を促すための措置であった。金融検査マニュアル廃止前に公表されたディスカションペーパー「検査マニュアル廃止後の融資に関する検査・監督の考え方と進め方」には「融資について、担保・保証からの回収可能性だけでなく、将来のキャッシュフローに基づく返済可能性にも着目して金融仲介機能を発揮しようとする金融機関の取組みを妨げない[2]」との記載があり、今後は将来キャッシュフローによる返済を重視する方針が明確に打ち出された。

　将来キャッシュフローに着目するということは、これまでの実績（過去）にとらわれた判断ではなく、これからの発展（未来）を支援するかたちにシフトしていくことを意味する。すなわち、取引先企業に寄り添い、取り組んでいる事業の将来性から、企業の継続・発展に向けた支援を具現化する取り

---

1) 我妻榮『新訂 債権総論（民法講義Ⅳ）』5頁（岩波書店、1964年）。
2) 金融庁「検査マニュアル廃止後の融資に関する検査・監督の考え方と進め方」15頁（2019年12月公表）（https://www.fsa.go.jp/news/r1/yuushidp/yushidp_final.pdf、2021年8月最終閲覧）。

組みに政府としても期待を寄せている、ということである。

　繰り返しになるが、金融機関の支援体制は、資金繰り支援から本業支援にシフトしている。事業価値を向上させることで、ゼロゼロ融資などで膨らんだ借入金を返済するための伴走型支援が「期待される環境に変わった」ともいえよう。今後、予定どおりの弁済ができないケースや赤字が続き債務超過に陥るなど、金融支援を必要とする場面は増えるだろう。そこで短期的な視点で、急場しのぎの融資を検討するのではなく、将来を見据えて現状を打破するにはどうすればよいのか、経験値に頼りすぎない合理的な判断が求められるようになる。その期待に応えるには、日頃から取引先企業のキャッシュフローと定性情報を結びつけ、本当に必要な支援は何か、最適解を導き出す訓練を絶えず続ける姿勢が望まれるだろう。

Ⅲ．実抜計画への再注目とローカルベンチマークの親和性

　2021事務年度金融行政方針に「金融機関が返済猶予等の貸出条件を変更する場合の債権の区分に関し、融資先企業が一定の経営改善等を実現する計画（実現可能性の高い抜本的な経営再建計画）を策定した場合には正常債権と取り扱うことができる。これについて、コロナによる影響の全容が見通し難いことや、これまで資金繰り支援に係る累次の要請が行われていること等を踏まえ、その取扱いの明確化を検討する。」[3]との記載がある。ここで注目すべきは、実現可能性の高い抜本的な経営再建計画（以下、実抜計画と表す）」に着目している点である。

　実抜計画そのものは、今回新たに発表された制度や概念ではない。金融検査マニュアルが運用されている頃から考え方として存在していたものではあるが、コロナの影響により業績悪化に陥っている企業の債務者区分を正常先として維持させる観点から、行政方針に明記されたことは画期的といえる。実抜計画の策定には、キャッシュフローと正常運転資金の把握がマストであり、ウィズコロナの時代においては、取引先企業においていつでも実抜計画を作成できるよう、正確に内容を理解し、計画策定の準備を整えておくこと

---

[3]　金融庁「2021事務年度　金融行政方針　コロナを乗り越え、活力ある経済社会を実現する金融システムの構築へ」3頁（2021年8月31日）（https://www.fsa.go.jp/news/r3/20210831/20210831.html、2021年9月最終閲覧）。

が理想的な支援体制であるといっても過言ではない。

　中小企業再生支援協議会の数値基準を満たす実抜計画とは、①3年以内の黒字化、②5年以内の債務超過解消、③債務超過解消から10年以内に借入金のうち運転資金を除く借入金の返済を行う計画、と整理されている。この3点を充足するためには、正常運転資金の把握が必須であり、それを正確に把握するためには、例えば棚卸資産などで不良化したものがないか、などを確認しなければならないため、経営者と対話を重ねることが欠かせない。

　経営者との対話には、ローカルベンチマーク（以下、ロカベンと表す）の活用が有効である。ロカベンは、定性情報を入手するための対話ツールとして優れている印象を持たれることが多いが、定量数値の変化には必ず非財務情報の動きが関与しているため、その双方を把握することに優れている、と理解するほうがより正確であろう。2021年5月には「ガイドブック」も公表され、売上増加率や営業利益率など定量6指標に対して非財務情報がどのように関与しているか、よりわかりやすく整理された。ロカベンを活用することで財務分析の指標と関連する非財務情報が明示化され、定量・定性双方の側面から「見える化」が図られる。

　ロカベンは金融機関のためのツールに留まらず、企業にとっても現在の経営状態を把握することに活用できるため、企業の「健康診断ツール」とも呼ばれている。元より金融の専門知識がなくとも理解しやすい構造になっており、先述したガイドブックの「企業編」を活用すれば、企業の目線からロカベンの使い方を把握することができ、暗黙知となっていたことが言語化できるだろう。意思疎通も円滑になることが期待されるため、金融機関・企業双方に浸透していくことを願うばかりである。

Ⅳ．地域経済における金融機関の役割とは

　全国の銀行において新規実行金利は平均1％を割った状態が続いているが、この低スプレッドの状況で金融機関が何とか収益を確保できてきたのは、安定した景気による下支えがあったからといえよう。コロナ前まで信用コストは限定的であったが、ウィズコロナ時代において信用コストが増加することは確実だ。これまでのようにリスクの低い取引先だけを見極めて融資を行うようなビジネスモデルでは早晩限界を迎えるだろう。

企業としての生き残りを懸けたビジネスモデルが多様化する社会に変貌を遂げると、これまで以上に取引先企業の事業を正確かつ迅速に理解する高い専門性が求められることになる。加えて、地域経済を支える中小企業支援の実効性を高めるには、企業が根ざす地域そのものに対する理解も深めなければならない。

　これまでは人事ローテーションの関係もあって、一担当者が担当地域において各業種の専門知識を身につけ、その地域の事業者と緊密な関係を構築「し続けること」は難しかった。しかし、監督指針などの見直しにより、地域と緊密な関係を構築しながら、取引先企業に対するコンサルティング機能を発揮し、地域の多面的再生へ積極的な参画ができる人材育成ができるように変わりつつある。

　地域経済を支える環境構築の追い風になる動きとして、事業成長担保権（仮称）の法制化が検討されている。事業成長担保権とは、簡単にいえば事業から生じるキャッシュフローの「すべて」を担保対象にできる制度である。エクイティファイナンスにつながる発想であり、金融機関から見れば事業リスクに見合ったリターンが期待できる制度ともいえるだろう。もちろん企業にとっても将来性を評価された事業に対して金融機関から本腰を入れた支援を受けることができたり、事業承継の難しい専門スキルや伝統的な技術をともなうビジネスモデルであっても、その事業形態（ビジネスモデル）そのものを担保に融資を受けることができるようになるため、これまでになかった融資の可能性が広がり、恩恵は大きいといっていい。

　事業成長担保権は、いま浸透しつつある事業性評価をより発展的にした制度ともいえる。つまり、事業性評価以上に取引先企業について正確に把握し、的確な将来性評価が見込まれなければならないため、これまで以上に金融機関職員のスキルアップ（成長）が欠かせない。そうした課題を乗り越えることが前提となってくるが、地域経済を支援する新たな制度として今後の動向には注目しておきたい。

　金融機関における役割や支援体制は、大きな変革の真っ只中にある。新型コロナウイルス感染症という嵐が吹き荒れるなか、地域経済の中核となる中小企業を支えつつ、自身も地域の「真ん中」としてあり続ける金融機関として生き残るために真価が問われるときが到来している。

【第4章　第5節】

ローカルベンチマークを活用した企業支援のすすめ
ローカルベンチマークと企業支援
～金融機関と企業の対話～

【前注：本節は、経済法令研究会が発刊する「銀行法務21」No.885（2022年6月号）に掲載された論考に加筆・修正を加えたものである。本文等に記載している参考資料や政策等については、掲載当時の記載内容となるため、当時から加筆・修正・変更・削除・更新等が行われているものが含まれることをあらかじめご留意いただきたい。】

Ⅰ．金融機関が注力する「事業性評価に基づく融資」とは

1）事業者支援に必要な対話と対話の質を高めるローカルベンチマーク

　いよいよゼロゼロ融資の返済が本格スタートする頃合いを迎えるものの、業況が思うように上向かない企業がまだまだ残っている。コロナ禍の影響が長期化していることに加え、資源高や円安問題なども重なり、企業にとって環境は悪化するばかりだ。このような苦境において、地域金融機関は経営改善支援や金融支援をともなう事業再生支援に注力いなければならないことは言わずともわかっているだろう。

　しかしながら、やるべきことを理解しているものの、やり方に頭を抱える担当者は少なくない。重要なのは本業支援をすることではない。経営改善につながる取り組みになることだ。そして、改善につながる取り組みになるためのプロセスとして企業をよく知ることこそが、これから最も注力しなければならないことである。では、どのようにして企業を知るとよいのか。それには経営者との対話が鍵をにぎる。

　対話の重要性については、遡ること2014年の「金融モニタリング基本方

針」から垣間見ることができる。この基本方針では、地域密着型金融を体現すべく、地域金融機関には地域経済活性化を主導する役割が求められた。その具体的な手法の一つとして、「事業性評価」に基づく融資が初めて提唱された。[1] 事業性評価を行うには、取引先企業の成長可能性・持続可能性を見定める必要があり、取引先企業の経営陣との議論を深めることが求められた。

また、2016年4月には経済産業省がローカルベンチマーク（以下、「ロカベン」という）を公表した。ロカベンには金融機関と取引先企業の間で目線をあわせ、共通認識を容易にする機能があり、事業性評価を行うにあたって非常に親和性の高いツールである。近年では、事業性評価においてローカルベンチマーク・シートを作成する金融機関も増えてきており、ロカベンを活用して互いを知ろうとする動きが確実に浸透しつつある。

本稿では、取引先企業との対話の質を維持・向上させる機能を有するロカベンに再注目し、あらためてロカベンの魅力や活用方法について理解を深めることを目的に筆を進める。

2）事業性評価に基づく融資とは

「事業性評価に基づく融資」について、改めてここで再度定義を確認しておきたい。「金融モニタリング基本方針」において、事業性評価は「財務データや担保・保証に必要以上に依存することなく、借り手企業の事業の内容や成長可能性などを適切に評価し、融資や助言を行うこと[2]」と定義されている。取引先企業の事業内容をはじめとした実態を知るためのプロセスは、次の通り整理することができる（図表1参照）。

① 金融機関職員が、取引先企業の「事実情報」の収集（把握）を行う。
② 金融機関内部で検討を行い、「事実情報」を「評価情報」に転換する。
　※ このプロセスで、取引先企業の事業内容や成長可能性などを適切に評価することとなり、「事業性評価」を実際に行うことになる。
③ 「評価情報」を経営者にフィードバックし、課題の共有や取引先企業のニーズの把握を行う。

---

1) 金融庁「平成26事務年度金融モニタリング基本方針（監督・検査基本方針）」2014年9月11日（https://www.fsa.go.jp/news/26/20140911-1/01.pdf、2022年4月最終閲覧）。
2) 金融庁・前掲注1）2頁。

【図表1】事業性評価に基づく融資のイメージ

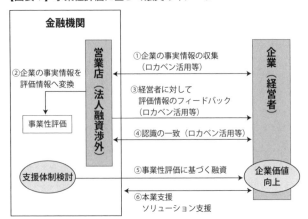

（出所）近畿財務局「～事業性評価とコンサルティング能力向上のための連続講座～」（令和2年1月29日）［日下智晴］を参考に作成。

④　金融機関において支援体制を検討し、取引先企業の企業価値向上に役立つような融資または融資の組換えを行う。

3）ローカルベンチマークの優位性とは

　取引先企業の事実情報を収集（把握）するには、丁寧なヒアリングが欠かせない。その際にお薦めできるのがロカベンの活用である。ロカベンは金融機関職員と経営者の目線を合わせたヒアリングを可能にする。そのうえ、2021年5月に公表された「ローカルベンチマークガイドブック」を活用すれば、具体的なヒアリング内容などがマニュアル化されているため、ヒアリングに不慣れな若手金融機関職員やロカベンを使用したことのない企業経営者にとっても心理的ハードルが下がり、初回から質の高い対話が実現できる。

　事実情報の収集のみならず、評価情報のフィードバック時にもロカベンは有効活用できる。通常、金融機関内部で検討の際に使用した資料は、顧客に開示できるものではなく、これまではどうしても口頭報告や別途資料を用意しなければならない関係から、フィードバックが不十分になっているケースが往々にして存在していた。そこで、元々公表されているツールであるロカベンを活用することで、内部資料の再作成やフィードバック項目の不透明さなどを解消し、回数を重ねるごとに馴染みのあるかたちでの情報提供が可能となる。使用すればするほど、金融機関職員と経営者の認識を一致させるこ

とができるロカベンは、事業性評価を推進するにあたって切っても切れない関係性にあるといっても過言ではないだろう。

4）債権の本質からみたローカルベンチマーク

これまでの金融実務において、有事の際に回収率が高い債権こそ優良な債権である、といった考え方が浸透していた。金融機関の健全性保持の観点からは妥当な考え方でもあるため、一概に否定はできない。しかし、長引くコロナ禍において、多くの企業は収益力が低下し、ゼロゼロ融資による一時的な資金繰りの安定で経営を維持している企業も増えている。そのようななか、金融機関のマインドも企業を支えることで金融機関自身の経営基盤の健全性を保とうとしている印象を受ける。これまでのように債権保全を中心に活動することは金融機関が地域に存在する意義から考えるとあまりにもそぐわない活動である、と自然に思えるような時代に移り変わってきたのだろう。

民法界の泰斗である我妻榮博士は、債権者（金融機関）と債務者（企業）の関係について「両者の関係は、単にこれらの債権債務の総和に尽きるのではなく、これに伴う多くの機能と義務を包含し、それ以上に、当該契約によって企図された共同の目的に向かって互いに協力すべき密接な、いわば一個の有機的な関係を構成する」[3]と定義している。つまり、債権者と債務者の関係から成立する債権の本質から見ても、金融機関が取引先企業について正しく理解し、状況に応じた支援やアドバイスを行うことは当然のことであり、協力関係を構築すべく不断の努力を求めて然るべき存在ともいえる。債権者として金融機関のあり方は「良き債権者＝債権回収を確実に行う債権保全に関心が高い債権者」から「良き債権者＝債務者の成長に能動的に関与する債権者」へと実態が本質に近づいていくだろう。

これまでの債権管理業務研修を思い返してみると、担保による保全のことや、過去の決算書などから推測するリスクの算出が中心であったのではないだろうか。債務者の成長に関与することについてしっかりと触れられてきたことはあっただろうか。筆者は数多くの金融機関で講演、研修、ヒアリングなどを行っているが、管理業務の観点から債務者の将来を検証するマニュア

---

[3] 我妻榮『新訂 債権総論（民法講義Ⅳ）』7頁（岩波書店、1964年）。

ルを有する金融機関はほとんど見たことがない。ロカベンおよびロカベンガイドブックの活用は、取引先を知るために限らず、これからの管理業務においても必要な存在となるだろう。債権の本質をもとらえたロカベンに対する期待はとても大きい。

Ⅱ．ローカルベンチマークが金融実務に役立つポイント

1）ロカベン活用の好事例とは

　ロカベンを事業性評価の基本ツールとする地域金融機関が増えてきている一方で、ロカベンの活用が進まない、活用しているものの有効な活用に至っていないなど、ロカベンの活用方法に悩んでいる金融機関も多いようである。悩んでいるケースの多くは、これまでやってきた実務と合わないと感じていることのようだが、ロカベンはそもそも使用することが目的ではない。ロカベンは金融機関と経営者の間をつなぐ手段として活用するものである。また、金融機関独自の事業性評価ツールをもともと有しており、ロカベンを新たに取り入れる余力がない、という悩みを抱える金融機関もある。この場合も同様なのだが、ロカベンは新たな業務負担を課すものではなく、あくまでこれまで取り組んできた業務をより効率よく取り組むことができるツールとして認識してもらえればよい。要は、ロカベンはあくまでツールであり、制度や取り組みとして認識されてしまうと無用なずれが生じてしまうことになるため注意が必要だ。

　ところで、ロカベンガイドブックは、金融機関など利用を前提とした「支援機関編」と企業経営者が利用することを前提とした「企業編」に分かれている。これが意味するところは、これまで一方的に金融機関側ばかりが実施してきた事業性評価について「企業」側に分析を促すことができるようになっている、ということである。

　実際に、ある信用金庫ではロカベンガイドブックの「支援機関編」および「企業編」を印刷製本して全職員に配布している。また、別の信用金庫では、「企業編」を印刷して取引先企業に配布し、利活用を促しているなど、現場でも認知度を高めるための活動が展開されている。この活動によって、取引先企業の経営者自身が自社の経営状態を的確に分析することができ、担当者との対話の質が向上したといったわかりやすい成果も出始めているよう

【図表2】ロカベン入力シート入力例（基本入力情報・財務分析用入力情報）

■基本入力情報　　　　　　　　　　　※金額の単位は千円、従業員数の単位は人

項目	入力欄		
商号	株式会社〇〇		
所在地	東京都〇〇		
代表者名	〇〇　〇〇		
業種確認ボタン	このボタンを押すと【業種シート】が確認できます		
ローカルベンチマーク23業種_大分類	13_観光業		
ローカルベンチマーク23業種_小分類	1301_観光業		
	最新決算期	前期決算期	前々期決算期
従業員数（正社員）※1	30	39	30
資本金　※2	10,000		

■財務分析用入力情報　　　　　　　　※金額の単位は千円

項目	入力欄		
	最近決算期	前期決算期	前々期決算期
決算年月	2017年3月	2016年3月	2015年3月
売上高	5,130,250	4,756,859	4,871,515
前期売上高	4,756,859	4,871,515	4,932,102
営業利益	15,000	-15,320	0
減価償却費　※4	0	18,340	0
現金・預金	1,000	465,301	474,607
受取手形　※5	270,760	259,930	228,738
売掛金	456,500	944,198	566,895
棚卸資産	439,285	621,714	371,108
負債合計	1,668,387	3,201,652	2,409,453
支払手形　※6	463,324	444,791	391,416
買掛金	373,206	258,278	315,284
借入金　※7	0	650,120	970,130
純資産合計	912,793	70,281	771,128

だ。対話の質が上がることで、稟議作成の際に必要な情報を効率よくかつ的確に経営者から入手することができるようになり、担当業務の効率化も図ることができる。ロカベンの優位性を上手く実務に取り入れている好事例といえるだろう。

2）財務分析シートの活用方法

　ロカベンにおける財務分析シートは、6つの財務指標で構成され、レーダーチャートで実情を把握できる仕組みになっている。過去3年間の財務諸表があれば、約20分程度で作成でき、担当者が自ら入力することで（図表2）、取引先の理解が一気に深まることが期待される。入力するプロセスで、売上や利益の増減が自然と把握できる副次的な効果もあり、担当者のレベルアップを図ることもできる。実際に筆者は金融機関の研修でロカベン作成の実践事例を取り上げることがあり、できあがったシートを眺めるだけの場合と自ら入力して考える場合では、取引先企業の理解度が明らかに違うことを何度も肌で感じている。ロカベンの理解を深める際には、ぜひお薦めしたい手法の一つである。

また、ロカベンで使われている指標は、成長性や効率性につながるものが中心であり、経営者にとって興味深い内容となっている。従来、金融機関が好んで使う数字は、安全性の指標が多く、経営者にとってあまり関心のない、フィードバックが実を結ばない数字（指標）であった。

事業計画の策定や稟議作成など担当者実務において重要となるのは、既存借入を円滑に返済できるか否かであり、将来のキャッシュフロー算出につながる情報が最も重要である。その観点からも、経営者が興味を持つ指標を活用してヒアリングができることは非常に効果的である。

3) マーケティングフレームワークとローカルベンチマーク

筆者が把握している限りにおいて、ほとんどの金融機関が何らかのかたちで事業性評価の取り組みを行っている。事業性評価を本業支援（ソリューション支援）の根幹と位置づけたり、さらには課題解決の糸口として捉えているところも出始めている。より具体的で現場感の強い例示をするとすれば、事業性評価に基づいて分析した内容を稟議の所見に記載し、融資審査の判断材料として活用するといった事例も耳にするようになり、活用方法は多様化している。

非常に具体的かつ効果的に事業性評価を行うことができている金融機関は、マーケティングフレームワークをうまく活用している印象が強い。とりわけ、SWOT分析や3C分析、ビジネスモデル俯瞰図などを採用しているところが多いように見受けられる。フレームワークを取り入れた分析や情報収集には一定の知識と経験が求められるが、目の前の業務に忙殺されている現場担当者には腰を据えて一から学ぶ時間的余裕はほとんどない。実はロカベンにはマーケティングフレームワークを活用したヒアリング手法も含まれており、多様な活用が企図されている。具体的には、SWOT分析と3C分析を組み合わせて取引先企業の実態を把握する「4つの視点」による把握をここでは紹介したい。

取引先企業のS（強み）、W（弱み）、O（機会）、T（脅威）を整理して、次の打ち手を検討する際に活用されるSWOT分析は、日頃から財務データを分析していることもあって、内部環境を的確に捉える能力が高い金融機関職員は多い。研修などでSWOT分析に取り組んでもらうと的確で高水準の回答が見られることが多い。ただ、O（機会）とT（脅威）のカテゴリについて

【図表3】「企業を取り巻く環境・関係者」欄を考えるための主な質問

項目名	質問内容
市場動向・規模・シェアの把握、競合他社との比較	業界のトップ企業はどこでしょうか。あるいは、目標にしている企業はどこでしょうか。
	競合他社との製品・サービス特性比較はどのようにされていますか。優位な点はありますか。
	商品のライフサイクルはどのように把握されていますか。
	業界の需要構造や流通構造、技術革新や規制緩和などに大きな変化はございませんでしょうか。
	市場は成長していますか。縮小傾向でしょうか。
	業界への新規参入は多いでしょうか。
	海外展開はどのようにされてますか。ターゲット市場、製品やサービス、販路などはどのようにされていますか。
顧客リピート率・新規開拓率、主な取引先企業の推移、顧客からのフィードバックの有無	リピート顧客はどれぐらいいらっしゃいますか。
	現在取引されているお客様に販売できる商品・サービスは他にありませんか。
	どのようにして新規顧客開拓に取り組んでいらっしゃいますか。
	御社の商品・サービスを利用する可能性のあるお客様は他に考えられませんか。
	製品・品質・サービス・価格はどのようにされていますか。
	販売促進はどのようにされていますか。
従業員定着率、勤続年数・平均給与	社員満足度はどの程度とお考えでしょうか。社員さんの定着率はどれくらいでしょうか。
	社員のモチベーションはどの程度でしょうか。
取引金融機関数・推移、メインバンクとの関係	取引金融機関について教えてください。金融機関に求めることはなんですか。

(出所) 経済産業省「ローカルベンチマークガイドブック(企業編)」21頁(2021年)。

はクオリティが担保されていないことが目立つ。それは、O(機会)とT(脅威)が、企業を取り巻く外部環境(市場環境)因子の強い項目であり、一気に実情把握の難易度が上がってしまうことが考えられよう。

そこで、外部環境も含めて正確に環境や現状を把握するために活用できるのが、ロカベンの「4つの視点」である。「4つの視点」の中でも「③企業を取り巻く環境・関係者への着目」には、市場動向の把握が含まれており、ガイドブック(企業編)には具体的な質問内容も列挙されている(図表3参照)。外部環境分析に自信が持てない担当者はまず活用してみてほしい。また、市場・環境(Customer)、競合他社(Competitor)、自社(Company)を分析して経営戦略の課題を認識する経営環境分析手法の一つである3C分析においても「4つの視点」は役に立つ。3C分析からのアプローチが効果的な局面では、ぜひロカベンの利活用を思い浮かべていただきたい。

魅力を再発見・発掘したい際には、ビジネスモデル俯瞰図を作成するといいだろう。ビジネスモデル俯瞰図は、ロカベンの「業務フロー」および「商流把握」を活用すれば簡単に作成することができる。

「業務フロー」の把握は、経営改善の金脈ともいわれ、同業他社との差別化ポイントが把握しやすい。企業の収益の源泉となる部分がどこかを的確に把握することもできる。業務フローの理解が深まれば、業務マッチングの提案もしやすくなり、複数の企業をまとめて一挙に支援することも理論上可能になる。「商流把握」は、仕入先や販売先の取引シェアなどを再確認し、「なぜこの企業から仕入れているのか」「なぜ得意先やエンドユーザーから選ばれているのか」などを具体的に考えることができる仕組みになっている。商流を把握することで、他社には負けない強みや唯一無二の魅力を発見することができる。

取引先企業において商取引のマンネリ化が生じている場合や業務改善による収益増加が見込める場合は、原点に立ち戻ることで活路が見出せることがあるため、ぜひ経営者とともにロカベンを活用し、「業務フロー」(図表4)と「商流把握」(図表5) に努めていただきたい。

【図表4】業務フロー図

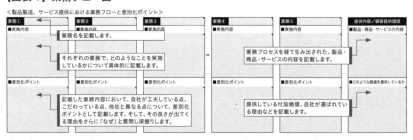

(出所) 経済産業省「ローカルベンチマークガイドブック（企業編）」8頁 (2021年)。

【図表5】商流把握図

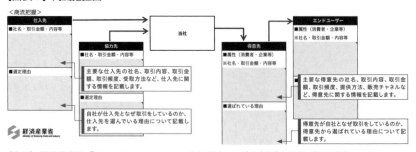

(出所) 経済産業省「ローカルベンチマークガイドブック（企業編）」12頁 (2021年)。

Ⅲ. 財務情報と非財務情報の関連性

1）非財務情報の整理に強いからこそ財務情報にも強いローカルベンチマーク

　金融機関職員にロカベンのイメージを聞くと「非財務情報を整理・分析するツール」と回答する方が一定数存在する。そのため、実務においてロカベンが効果的に利活用できる場面は少ないツールだと思われていることがある。ロカベンはたしかに「非財務情報を整理・分析するツール」として秀でている。だからといって財務情報の分析に使用できないツールではない。むしろ、非財務情報の整理に強い分、財務情報の整理にも長けている。

　金融機関が行う財務分析の目的は、財務的（定量的）なデータからそれらに関連する非財務の動きを正確に把握し、今後の戦略に役立てることにある。そのため、財務情報と非財務情報は連動して把握できてこそ意味がある。ロカベンにおいても財務情報と非財務情報の関連性については詳細に掲載されている。ガイドブック（支援機関編）には、財務分析の指標と非財務の観点例について具体的に掲載されている。例えば、売上高増加率が変化した場合は、非財務の観点として「値上げ・値引きをしたのか」「受注・成約率に変化があったのか」「新しい商品を開発・販売したのか」などを意識して経営者と対話することがポイントであると記載されている（次頁図表６参照）。

　これを機にロカベンに対する悪しき先入観があれば払拭していただき、現場レベルで即採用可能なツールであることをあらためて認識していただきたい。

2）ローカルベンチマークの効果が最大限発揮される場面とは

　かつてから、金融機関が行う支援には事業計画等の策定を求めるケースが多い。事業計画策定には、とにかく将来キャッシュフローの把握が最も重要な要素となる。当たり前のことだが、将来の見通しが立たなければ、それは計画とは呼べない。経営者と同じ目線で、同じ認識で将来キャッシュフローを把握し、適切な支援ができるよう担当者は努めなければならない。

【図表6】対話に活用する財務分析の指標と非財務の観点例

売上増加率（＝（売上高／前年度売上高）－1）（キャッシュフローの源泉。企業の成長ステージの判断に有用であり、売上の持続性を測るための重要な指標）	
非財務の観点の例	・新しい製品・商品・サービスの開発・販売 ・新たな販売方法の確立、新規開拓の状況 ・値上げ、高付加価値化 ・値引きをしない・させない工夫 ・受注・成約率の状況 ・リピート率の状況
営業利益率（企業の事業性を評価するための、収益性分析の最も基本的な指標。本業の収益性を測る重要な指標でもある）	
非財務の観点の例	・値上げ、高付加価値化 ・値引きをしない・させない工夫 ・売上原価・仕入原価の低減 ・売上に占める人件費割合の状況 ・販売活動費の状況 ・その他コスト削減状況
労働生産性（成長力、競争力等の評価や、生産性を測る重要な指標。また、キャッシュフローを生み出す収益性の背景となる要因として考えることもできる）	
非財務の観点の例	・ITやアウトソーシングによる業務効率状況 ・ITスキルの向上 ・マネジメント方法としての工夫 ・適切な人員配置と役割分担の実施状況 ・業務マニュアルの運用と実施状況 ・人材育成・教育による効率化の状況 ・熟練人材の雇用維持に向けた施策（育休や時短労働、テレワーク等）
営業運転資本回転期間（過去の値と比較することで、売上増減と比べた運転資本の増減を計測し、回収や支払等の取引条件の変化による必要運転資金の増減の把握や、効率性を図るための重要な指標）	
非財務の観点の例	・不要な有利子負債の返済 ・売掛回収サイクルの短縮 ・与信管理の実施状況、焦げ付きの防止 ・在庫管理や販売管理による適切な在庫の状況 ・高付加価値化への取組み、粗利益増加への対応状況

（出所）経済産業省「ローカルベンチマークガイドブック」を参考に作成。

　将来キャッシュフローの把握には、まず現在のキャッシュフローを的確に把握する必要がある。強みとなる事業の強化や弱みであった事業の改善により、そこからキャッシュフローがどのように生み出されていくのか、的確に押さえなければならない。しかし、現在のキャッシュフローを的確に把握するには、正直なところ経営者からのヒアリングに頼るしかない。経営者からヒアリングした内容に基づき、事業計画の策定を行うため、収集した情報が事業計画の生命線となる。実はここでもロカベンを効果的に活用することができる（図表7参照）。

　2021事務年度金融行政方針には、「返済猶予等の貸出条件を変更する場合の債務者区分に関し、経営改善等について実現可能性の高い抜本的な計画（実抜計画）を策定した場合には正常債権と取り扱うことができる」との記

---

4) 金融庁「2021事務年度 金融行政方針 コロナを乗り越え、活力ある経済社会を実現する金融システムの構築へ」3頁（2021年8月31日）（https://www.fsa.go.jp/news/

【図表7】正常運転資金の把握

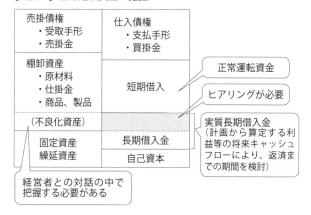

載がある。実抜計画とは、借入金のうち運転資金を除く借入金（要償還債務）を10年で返済できる計画を的確に策定することがポイントとなる。また、要償還債務の把握には、正常運転資金の把握が必要であり、正常運転資金の把握には、棚卸資産のうち不良化資産の把握が必要となる。何がどの程度不良化した資産なのかは決算書類から読み取ることができない。そのため、経営者にヒアリングを行い、財務諸表からは見えない本音の情報を得る必要がある。

　経営者へのヒアリングを重ね、返済が必要な借入の全貌を把握できれば、次に取り掛かるべきはキャッシュフローを確保するための利益に関する検証となる。ここでロカベンにおける「業務フロー」および「商流把握」を活用すると非常に効果的である。先述した通り、業務フローや商流の把握によって利益の源泉を確認することができるため、経営改善のヒントを見つけ出しやすい。

　実抜計画とは、言い換えれば説得力のある利益改善方法とその見通しである。その方法と達成できる時期・目処については、経営者へのヒアリングを重ねること以外に得ることは難しい。したがって、対話ツールであるロカベンの効果が最も出やすい場面といえるだろう。

r3/20210831/20210831_allpages.pdf、2022年4月最終閲覧）。

Ⅳ. 中小企業活性化と企業の在り方

　2022年3月に経済産業省・金融庁・財務省が連携して策定した「中小企業活性化パッケージ」[5]は、コロナ資金繰り支援の継続やコロナ禍で増大した債務に苦しむ中小企業の収益力改善および事業再生を目的に公表された。「中小企業活性化パッケージ」を確認すると、収益力改善フェーズ・事業再生フェーズ・再チャレンジフェーズの大きく3つに分けて検討をしていることがわかる。

　各フェーズで必要なことは、収益力改善計画や事業再生計画であり、現実的には各金融機関が主体的に動く必要性が強い。これらの支援を必要とするケースでは、日頃から金融機関職員と経営者の意思疎通がしっかり行われており、金融機関担当者が取引先企業の事業を十分に理解している状況（環境）が必要となる。また、局面によっては民間の専門家との連携が重要になることも予想される。ローカルベンチマーク等を活用して日頃より各関係機関同士の共通認識を深める取り組みがものを言う時代が到来している。

Ⅴ. 経営者の行動変容につながるローカルベンチマークの活用

1) 世代間ギャップの解消にも使えるローカルベンチマーク

　多くの金融機関で、理想的な事業性評価シートなどを幹部職員で策定するも、肝心の実働部隊が知識・経験の乏しい若手で使いこなせない、という残念な話を耳にすることがある。理想的なスキームを考えるのは、本部の中堅職員でいわゆるY世代、それを決裁するのはX世代、そして現場で実行するのはゆとり世代やZ世代である。世代でくくってしまうのはやや暴論かもしれないが、「考えればわかるだろう」と叱責するX世代の上司に対して「習っていないのでわかりません」と心の中で呟くZ世代の若手職員との間で生じる認識のずれが、現場に停滞をもたらしている要因にもなっていると感じる。

　各金融機関が取り組んでいる事業性評価を円滑に進めるには、実働してい

---

[5] 経済産業省「中小企業活性化パッケージを策定しました」2022年3月4日（https://www.meti.go.jp/press/2021/03/20220304006/20220304006.html、2022年4月最終閲覧）。

る若手職員がうまく機能してくれることも考慮しなければならない。そういった意味でもロカベンは世代間をいい意味で考慮しない共通言語となり得る。金融機関職員内における目線共有を目的に、内部情報整理のためにうまく使いこなす必要性が出てくるかもしれない。

2）ローカルベンチマークを活用した企業支援とは

自己査定を行うことは、実は債権の本質と向き合う機会になっている。自己査定の目的は、取引先企業の債務者区分を行うことであるが、債権の本質的意義の観点から一度考えていただきたい。取引企業の中で「10年間以上破綻懸念先」に整理されている企業はないだろうか。そしてその企業には果たして本当に破綻懸念はあったのだろうか。10年前に十分な目利き力を発揮し、正しい情報の下、正確な判断ができれば正常先といえるケースはないだろうか。

もちろん、当時の金融検査マニュアルの存在が、そのような状況を生み出したことは想像するに難しくないが、令和に時代が移り、金融検査マニュアルが廃止され、自己査定は画一的なものから創意工夫により金融機関の独自性を発揮できるようになった。

繰返しにはなるが、良き債権者とは債務者の成長に能動的に関与する債権者である。ただ一方で、債務者である企業（経営者）が行動変容しない限り債権の価値は向上しないとも考えられる。金融機関職員は、経営者が自発的に行動変容できるように、日頃から向かい合う必要がある。取引先企業ならびに経営者を変えることができるのは、いつでも債権者である金融機関職員であり、その期待は大きい。ロカベンを活用した企業支援は奥深いため、本稿がその契機となることを願い、結びとする。

第5章

ビジネス法務学への期待及び債権の良質化の変容と展望

第 5 章の概要

　本書の目的は実務経験のある研究者として、実務に役立つ研究成果を学理的な視点も交えながら世に示すことにある。したがって、学理に対して分析評価するようなものに留まってはならず、また学理的な要素を加えているとしても自身の経験を語るだけのものに留まってもならない。なぜなら、実務経験はすぐに過去のものとして陳腐化し、時には実務者から煙たがられるようなエピソードに過ぎないものになるからである。

　筆者が研究者としての道を歩むと決めたとき、あらためて実務と真正面から向き合い、実務界を本気で変えていく、良くしていくことも決心して飛び込んだ。故に振り返ると、再生支援協議会のアドバイザーや金融機関の研修講師、上場企業の社外役員、中小企業のコンサルタントなどといった実務・経験・用務を重ね、近畿財務局のアドバイザーや金融庁・経済産業省が公表するガイドブックの編集に携わるポジションまで担うことができた。有言実行を繰り返すことで、実務者以上に実務に精通し、特定分野の第一人者を自負できるような知識と経験を身に着け、それを多くの実務担当者に還元する活動に従事することができるようになった。

　長年、研究のテーマとしてきた「債権の良質化」の一つの解として、本書の中でも「債務者の行動変容」が重要であることを導きだしている。そのため、企業経営の根幹を実務側から理解する必要があり、その観点から社外役員としていくつかの企業経営に参画できた経歴は非常に有用であった。また、筆者が大学教員として「経営学部」の所属にこだわりを持っているのもここに起因する。常に経営学に触れる環境下に身を置き、経営学を研究対象とする教員らとの共同研究や産学連携などを通じて、経営学の視点から債権を再考する契機ともなった。図らずも経営学部長という要職に就き、5 年以上にわたって学部運営や大学経営などに従事したことも糧となった。思い返せば、銀行員時代には陳腐化しないスキルを駆使して取引先との折衝や融資対応などを行っていたが、組織のルールから逸脱することまではできず、悶々とする日々を送っていたこともあった。立場が変わり、組織やルールを作る側としていかに現場感覚と乖離しない施策が肝要かを、立場を持って理解することができた。

　実務家教員または実務経験のある教員に求められるものとして、池田眞朗

教授は広義の意味での「オリジナリティ」に着目されている（池田眞朗教授の著書『ビジネス法務教育と実務家教員の養成』の184頁参照）。筆者は「実務経験のある研究者」としてオリジナリティを可視化し、研究成果を実務者に伝え、血肉化してもらう努力をしなければならず、そのための「教授法の確立」が重要な局面に入っていると考えている。

そこで、第5章では債権の良質化の考え方について、実務は動いていることを明確にし、その変容と今後の展望についてまとめた。そのうえで、教授法の確立に向けて筆者が実際に取り組んでいる活動内容の紹介を経て、結びの章として本研究の結論について述べていきたい。

第1節の「『水野ゼミ』によるビジネス法務学の実践と教授法の事例」では、筆者がアドバイザーとして参画している近畿財務局の有志メンバーで構成される、通称「ちほめん」と呼ばれるチームの活動実績を紹介するとともに、この活動を通じて筆者が実現・体現したかった真の目的や同活動の必要性について概説している。

第2節は「ABL再考―事業成長担保権への展開とビジネス法務学からのアプローチ」と題し、本研究の結論を記したものである。ビジネス法務学がもたらす債権の新展開に対する期待にはじまり、あらためて事業性評価やABL、経営者保証といった諸制度からこの先実装されていく事業成長担保権も含め、金融とはどうあるべきかを再考し、債権の良質化において債権者ならびに債務者の行動変容の重要性について説いている。それらを経て、結語として「教授法の確立」と「ビジネス法務学に立脚した人材育成」への期待を述べている。

第3節はエピローグのような立て付けとして「債権の良質化の変容と展望」と題し、まとめ的な位置付けとしている。本研究全体を通じての振り返りと認識いただければ幸いである。

本書全体を通じて、筆者の研究が債権の良質化に直結することをご理解いただき、コロナ禍の影響により金融機関や企業経営者の考え方もパラダイムシフトする中、金融機関及び企業経営者双方が持続可能な社会の形成に向けて一体となる未来につながれば、研究者冥利に尽きる。

【第5章　第1節】

「水野ゼミ」によるビジネス法務学の実践と教授法の事例

【前注：本節は、財務省近畿財務局の「地域創生企画推進メンバー（通称：ちほめん）」の活動の一貫である「企業支援の在り方・手法ゼミ（通称：水野ゼミ）」の活動を中心に、筆者が行動立法学・ビジネス法務学とその教授法を実践した実例について書き下ろしたものである。】

Ⅰ．「水野ゼミ」発足までの経緯

1）地方創生企画推進メンバー（通称：ちほめん）とは

　財務局とは、財務省の総合出先機関として財政や国有財産に関する業務や地域経済の実情やニーズを把握し財務省の施策に反映させるなど、国と地域をつなぐ役割を果たしている。また、財務局は全都道府県に拠点を有することから、特定の地域における企業・金融機関・地方自治体・財務局をはじめとした政府機関等がそれぞれの役割を果たしつつ、相互に信頼関係を構築し、多面的に連携・共創することで地域経済の活性化を図る「地域経済エコシステム」の中核を担う存在としても近年活躍が期待されている組織である。

　その中でも近畿財務局は、近畿二府四県の取りまとめ役として、地域活性化事業をはじめ、中小企業支援、地域産業支援、女性活躍支援、金融経済・財政教育活動、官学連携など地域課題に対する多彩な支援を展開している。その中でも特筆すべき取り組みとして、さまざまな地域人材を「つなぐ」、課題解決につながる企画を「ひらく」、地域の枠や活動の範囲を「ひろげる」

ことをモットーに活動する「地方創生企画推進メンバー（通称：ちほめん）」と呼ばれる集団が存在している。

地方創生企画推進メンバー（以下、「ちほめん」とする）は、近畿財務局に所属する係長職以下の若手職員を対象とした任意のメンバーで構成され、140名を超える登録者を誇る。本業としてそれぞれが抱える業務や課題に向き合いながら、自分たちが住まう近畿地区の課題解決を推進するため、各々の業務範囲を超えて連携し、これまで120件以上の取り組みを実施している。その活動は、金融庁にも一定の評価を受けており、先進的な事例としてプログレスレポートでも取り上げられたほどである[1]。

筆者は2019年から「ちほめん」の活動に関与し始め、現在に至るまで彼らの活動を近畿財務局から委任を受け、アドバイザーの役割で支援している。あくまで同活動の主役は「ちほめん」ではあるのだが、この活動を通じて筆者は行動立法学・ビジネス法務学を教授する実践の場として活用し、成果にもつながったため、ビジネス法務学の教授法確立に向けた一事例として紹介する。

2）「水野ゼミ」誕生へ

「ちほめん」と筆者が接点を持つようになったきっかけは、2019年8月に公表された「金融仲介機能の発揮に向けたプログレスレポート[2]」にある。同レポートでは、今後、地域金融機関は持続的な経営を実現し、顧客や地域のニーズに的確に応え、地域とのリレーションを深めつつ、地域経済の活性化に貢献しなければならない、との指針が明記されている。加えて、持続可能な地域経済の実現に向けて、同じ志を持って地域で活動するキーパーソンと地域経済のエコシステムを構築し、金融機関としても持続可能なビジネスモデルの構築を目指すべきと記され、金融庁としてもその体制構築に向けた支援を強化するとの宣言がなされている。

金融機関の持続可能なビジネスモデルの構築や地域経済エコシステムの構築事例として、同レポートには山形県における産官学金連携の事例が取り上

---

1) 「金融仲介機能の発揮に向けたプログレスレポート」（2022年6月30日）9頁（https://www.fsa.go.jp/news/r3/ginkou/20220630-4/01.pdf、2023年5月最終閲覧）。
2) 金融庁「金融仲介機能の発揮に向けたプログレスレポート」（2019年8月28日）（https://www.fsa.go.jp/news/r1/ginkou/20190828/01.pdf、2023年5月最終閲覧）。

げられていた。概要としては、県庁出身の大学教員が、金融機関職員を対象とした「産学金コーディネータ」制度を創設し、大学教員が金融機関職員に対して、事業性評価手法の教授や地域金融人材の育成を行う、というものであった。「ちほめん」の複数人がこれに目をつけ、近畿管内での実施検討を開始した。ちょうどその頃、「ちほめん」の取り組みの一つとして、「ちほめん」が地域金融機関の取引に帯同し、コンサルティング機能を発揮している現場を見学し、もっと現場でコンサルティング機能を発揮するための手法を模索しなければならない、と課題を感じていたところであった。その大きく二つのニーズが重なり、「ちほめん」メンバーから直接、筆者にお声がかかった次第である。

「ちほめん」と筆者の最初の取り組みとしては、「顧客企業に頼られる金融機関になるために〜事業性評価とコンサルティング能力向上のための連続講座〜」と題し、対面形式で2回にわたって講演講座を実施した[3]。筆者は当時、多くの地域金融機関を対象に事業性評価に基づく融資手法の確立に向けた研修やローカルベンチマークの活用方法を教授する講演会などを実施しており、それらを通じて金融実務のスキルアップや金融人材の育成、ひいては、自身の研究成果の還元活動に注力していた。筆者の活動が、「ちほめん」が目指す「経営課題を克服できる、目利き力を有した地域金融機関の養成」という目的と合致したこともあり、同講演会が実現するに至った。

本来であれば、同講座は全3回の連続講演であったが、新型コロナウイルス感染拡大が心配されたことにより最終回は延期となり、約半年後の2020年7月にオンラインセミナーの形式で開催するに至った[4]。新型コロナウイルスの影響で金融機関の取り組みや取引先企業との向き合い方も抜本的な変化を余儀なくされ、途方に暮れている現状があったものの、タイムリーな話題を取り上げながら、コロナ禍における支援手法の教授や、チャットを駆使することで質問の敷居を下げ、闊達な意見交換ができたことから、盛況のまま連続講演企画は終焉を迎えた。

---

3) 財務省近畿財務局 ちほめんニュース「顧客企業に頼られる金融機関になるために〜事業性評価とコンサルティング能力向上のための連続講座〜(令和2年6月9日 VOL.57)」(https://lfb.mof.go.jp/kinki/content/000278933.pdf、2023年5月最終閲覧)。

4) 財務省近畿財務局 ちほめんニュース「WITHコロナ・POSTコロナ企業支援の在り方・手法のオンラインセミナー(令和2年8月24日 VOL.59)」(https://lfb.mof.go.jp/kinki/content/000273291.pdf、2023年5月最終閲覧)。

オンラインセミナーの参加者アンケートにおいて「今後も継続的に開催してほしい」「今後もオンラインを活用してほしい」「具体的な実践事例を取り上げてほしい」といった声が多数あがったことから、「ちほめん」と筆者にて何度か打ち合わせを実施し、2021年3月に地域における小規模・零細事業者の支え手である協同組織金融機関職員を対象とした「協同組織金融機関の使命とコロナ禍の本業支援セミナー」をオンラインで実施し、コロナ禍における企業支援の好事例を講演およびパネルディスカッション形式で紹介した。[5] 当日は150名を超える参加者が集まり、総合満足度も97％と好評を博した。当該セミナーにおいても継続的な実施や実践事例の共有に関する意見が多数を占めたこともあり、以降は参加者も交えてのケーススタディや参加者同士の連携を深めることを目的に、ゼミナール形式での実践的な学びの場を提供することとなった。これが「コロナ禍における企業支援の在り方・手法ゼミ」、通称「水野ゼミ」として開講するに至った経緯である。

Ⅱ.「水野ゼミ」の活動記録

1）令和3年度前期における活動実績

金融庁の金融行政方針やプログレスレポートでも触れられていたように、コロナ禍における厳しい経営状況や急速なデジタル化の推進により、地域企業を取り巻く環境は多様化し、課題も複雑化していく中、地域金融機関は地域経済の担い手が枠を超えた連携による事業者支援に注力することや、その支援策のノウハウを「共有」することが求められるようになった。

「ちほめん」は、地域や企業組織という枠を超えた連携や知識・経験の共有に留まるのではなく、実践で活用できるスキルを獲得することも見据えた機会の創出も狙いに定め、ゼミナール形式でのスキルアップ講座を企画し、その講師として筆者に白羽の矢を立ててくれた。筆者は「ちほめん」の心意気に賛同し、快く引き受けることとした。また、筆者が主導するだけではもったいなく、折角の機会であるため、より専門性の高い知見から助言や指導を仰ぐ機会にもしたいと考え、以前から接点のあった日本会計士協会近畿

---

5) 財務省近畿財務局 ちほめんニュース「協同組織金融機関の使命とコロナ禍の本業支援セミナー（令和3年4月13日　VOL.71）」（https://lfb.mof.go.jp/kinki/content/006/00600005.pdf、2023年5月最終閲覧）。

会や大阪弁護士会にも協力を要請したところ、これも快くご承諾いただいた。

これにより、初回となる令和3年度前期「水野ゼミ」は、応募多数の中、少人数のゼミ形式にこだわり、抽選により参加いただいた。16機関16名の金融機関職員を対象に筆者や公認会計士・弁護士といった士業の方々、金融庁職員、「ちほめん」メンバーなどを中心にコロナ禍における企業支援の事例共有や実際に各金融機関職員が現実問題として抱える案件をケーススタディとして課題解決を目指す取り組みを全3回にわたって実施するに至った。[6]

初回は、事業性評価に必要な「対話」のポイントを押さえるため、前半は筆者による座学として地域経済エコシステムの構築と実行の重要性やローカルベンチマークを活用した対話手法について概説した。後半は、参加者を4つのグループに分け、実際の案件を題材としたケーススタディを実施した。そこでは、当然に別の金融機関所属の職員が混じり合うグループ形成となったが、自然とタブーになっていた「お互いの手の内を明かすこと」を解禁し、それぞれが持ちうる制度・ルール・手法・知見・経験など全てをさらけ出し、全力で課題解決に取り組んでもらった。金融機関職員のみならず、士業の先生方や金融庁・財務局職員も例外なくすべてをオープンにして互いの意見や主張をぶつけ合っていただいた。

2回目は「専門家（士業）との連携の重要性」を説くことを目的に、前半は筆者と公認会計士によるトークセッションを行い、金融機関職員が士業の方々とネットワークを構築する重要性やどういった局面で支援を依頼することが効果的か、など実務に活かせる連携事例の紹介などを行った。後半は、3つのグループに分け、事前に課題として提示していた「企業支援の好事例」を持ち寄り、事例の共有と闊達な質疑応答を実施した。

3回目は「ソリューション営業のポイント」をテーマに、前半は金融庁地域金融企画室の日下智晴室長（当時）・地域金融ソリューションセンター代表の竹内心作氏と筆者3名によるフリーディスカッション形式でソリューション営業のポイント解説を行った。後半は2回目と同様、ソリューション提案の好事例について事例共有と質疑応答を実施し、多彩な事例に触れつ

---

[6] 財務省近畿財務局 ちほめんニュース「コロナ禍における企業支援の在り方・手法ゼミ（令和3年8月17日 VOL.78）」(https://lfb.mof.go.jp/kinki/content/006/00600015.pdf、2023年5月最終閲覧)。

つ、多様なアプローチを学ぶ契機となっていた。

　全3回とはいえ、「知の共有（好事例の蓄積）」と「専門家との連携促進」を上手く掛け合わせ、アフターコロナを見据えた地域金融人材を育む貴重な時間となった。

2）令和3年度後期における活動実績

　令和3年度後期の「水野ゼミ」も前期から引き続き、「金融機関同士の連携」や「専門家（士業）との連携」を目的に士業の方々にも参加いただきながら、ナレッジの共有を図った。[7]

　1回目は「協同組織金融機関に期待されることとは」をテーマに、前半は筆者と共同通信社編集委員の橋本卓典氏とディスカッションを実施し、金融人材養成や専門家との連携について触れた。後半は、参加していた15名の金融機関職員を3つのグループに分け、グループワーク形式で「コロナ禍における企業支援上の課題」について積極的な意見交換を行った。

　2回目は「事業者支援に必要なスキル」に着目し、前半は筆者による講義を実施。そこでは、債権者の成長に能動的に関与することが金融機関に求められることになっていくことや事業計画策定時に士業の先生方の知見や助言を取り入れることが重要になっていく旨を説いた。後半では、1回目同様3グループに分かれ、各自が持ち寄った具体的な企業支援事例を題材に、事業支援を考察するグループワークを実施し、各取り組みを評価したり、深掘りすることで「知の共有」を図るセッションとした。

　3回目は「これからの協金への期待・協金の在るべき姿」を模索するため、金融庁協同組織金融室の松田室長から基調講演をいただき、それを踏まえつつ筆者による講義を展開した。コンサルティング機能を発揮するうえで、ローカルベンチマークを積極的に活用することの有効性を解説した。最後は、参加者全員と士業の先生方が一堂に会し、ラウンドテーブル形式による事例共有や意見交換を実施した。

---

[7]　財務省近畿財務局　ちほめんニュース「コロナ禍における企業支援の在り方・手法ゼミ（令和4年2月10日　VOL.85）」(https://lfb.mof.go.jp/kinki/content/006/00600024.pdf、2023年5月最終閲覧)。

3）令和4年度前期における活動実績

　令和4年度前期の「水野ゼミ」は前年度から引き続き、少人数ゼミナール形式にてケーススタディを行いながら、知識の蓄積と共有を図った。また、ゼミの様子を金融庁・近畿財務局関係者にオンライン配信し、今後同様の企画を実施・展開していく際にファシリテーターとして中核を担うであろう当局職員の人材育成も並行して行うこととなった。[8]

　1回目は「中小企業活性化における地域金融機関の支援の在り方」をテーマに、前年度同様、筆者と共同通信社編集委員の橋本卓典氏によるフリーディスカッションを実施し、あらためて再生局面等で士業と連携した取り組みを推進することの重要性を説いた。後半のグループワークでは、取引先企業から相談の多い、(1)補助金申請、(2)事業再構築、(3)経営改善計画の策定の3点を中心に実例を用いたケーススタディを展開した。この回では、士業の先生方に積極的にご発言をいただき、士業側から金融機関に寄り添う姿勢を見せていただくなど、連携の容易さに気付きを得る機会となった。

　2回目は「現場目線からのソリューション営業～地域金融機関の帯同訪問から見たソリューション提案のポイント～」と題し、地域金融ソリューションセンターの竹内心作氏による講演を行った後、筆者と共同通信社編集委員の橋本卓典氏を加えたフリーディスカッションを展開した。後半は参加者を3つのグループに分け、「経営改善」と「販路拡大支援」をテーマに、筆者・竹内氏・橋本氏をファシリテーターに据え、事業者支援のロールモデルを作成するなど、実務に直結する課題解決を実践した。

　3回目は「いま協同組織金融機関がやるべきこと～真のリレーションシップ・バンキングとSDGs～」をテーマに、地域の魅力研究所代表の多胡秀人氏にご講演をいただき、地域金融機関にとってのサスティナブルファイナンスとは「誰一人取り残さない」ためのファイナンスであり、本質的なリレバンの実現や事業に専念できる環境づくりが肝要である、とのお話をいただいた。後半は参加者を2チームに分けて、ともに経営改善をテーマにしたグループワークを実施した。参加者からはビジネスマッチングの模索や販路拡大に向けた広報戦略など具体的な施策に関する意見があり、闊達な議論が展

---

[8] 財務省近畿財務局　ちほめんニュース「協同組織金融機関職員向け連続講座『企業支援の在り方・手法ゼミ』令和4年7月20日　VOL.94」(https://lfb.mof.go.jp/kinki/content/006/00600042.pdf、2023年5月最終閲覧)。

開されていった。

　「水野ゼミ」は研修をただの研修で終わらせない、実力を文字通り身につけてもらうため、少人数制による実施にこだわりをもってこれまで行ってきた。参加者には、その効果が出始めており、運営する立場にある「ちほめん」も筆者も喜ばしいかぎりである一方で、毎回参加希望者全員が受講できない状況になっていた。そのことがオンライン記事に取り上げられ[9]、全国の財務局や金融機関に広く認知されるようになっていった。

4）令和4年度後期における活動実績

　令和4年度後期の「水野ゼミ」はベースとしてはこれまでを踏襲しつつ、間もなくゼロゼロ融資の返済が本格化し、中小企業支援がより具体的かつ実質的であることが求められることから、あらためて、(1)事業者支援能力の向上、(2)知の共有を図り、「競争」ではなく「共創」社会の構築を目指す、(3)中小企業の支援をする際の選択肢を増やす、(4)金融監督側の人材育成、の4点に注力しながら運営することが示された[10]。

　1回目は「協同組織金融機関が今やるべきこと〜競争から協調へ〜」をテーマとしたフリーセッションを実施した後、公認会計士協会・大阪弁護士会・大阪信用保証協会のそれぞれから金融機関との連携を希望する旨のメッセージを届けていただき、あらためて筆者による「事業性評価に必要な対話スキル」を講義形式で受講してもらった。後半のグループワークでは、これまで少人数形式で実施していたところを見直し、横のつながり強化を目的に、あえて平場のまま、これまで水野ゼミで取り扱ってきた実践事例を用いてケーススタディを実施した。筆者などがファシリテーターを努め、事例を元に「どのような支援が可能か」をやや厳しく追究し、本質的な経営改善策をいかに絞り出すかを実践した。

　2回目は「有事における事業者支援　〜平時の考え方からの脱却〜」と題し、筆者と共同通信社編集委員の橋本卓典氏によるフリーセッションを実施

---

9)　ダイヤモンドオンライン「近畿財務局の『予約が取れない』勉強会、金融機関が殺到する納得の理由」2022年10月28日（https://diamond.jp/articles/-/311850、2023年5月最終閲覧）。

10)　財務省近畿財務局　ちほめんニュース「協同組織金融機関職員向け連続講座『企業支援の在り方・手法ゼミ』令和4年7月20日　VOL.94)」（https://lfb.mof.go.jp/kinki/content/006/00600055.pdf、2023年5月最終閲覧）。

した後、後半は2チームに分けて、経営改善・事業転換・事業再生・事業承継をテーマに、前回同様、筆者と実際の現場のやり取りを再現するようなセッションを設け、深く解決策を検討する時間とした。

3回目は「これからの協金への期待・協金のあるべき姿」と「事業再構築補助金の活用事例について～虎の巻～」をテーマに金融庁・近畿経済産業局より講演をいただいた。その後、前回と同様に2チームに分けて、経営改善・事業転換・事業再生・事業承継をテーマにグループワークを展開した。この回では橋本氏にファシリテーターを依頼し、想定問答を繰り返し実施することで、実践的なスキルアップを目指した。

令和4年度においても参加者からは非常に満足度の高い評価をいただき、前年度以上に工夫した取り組みによって参加者スキルが向上していくことを肌で感じることができた。後期に実施したケースワークは非常に実践的なスキルを身につけることに役立つことが実感できたため、令和5年度の「水野ゼミ」においても積極的に行うことになった。

Ⅲ．地域金融機関が持つべきサスティナブルの観点

先述した通り、2019年8月に公表されたプログレスレポートには、「今後、地域金融機関は持続的な経営を実現し、地域活性化に貢献しなければならない」と記されている。これまで紹介してきた「水野ゼミ」の活動は、金融機関職員のスキルアップ（人材育成）や人脈形成に特化しているような活動に見えているかもしれない。実際に「ちほめんニュース」でもそのような表現で発信をしており、もちろんそれらを目的にしていることに間違いはない。しかし、筆者自身が考えている同活動の真の目的は、地域金融機関の持続的な経営を担保することにある。

先行きの見えない現代社会において、我々が直面する課題や解決しなければならない問題は複雑に絡み合い、単線的な思考ではなかなか糸口が掴めないことが容易に想像できる。そのような中、どのように対処していくのか、何を頼りにして解決策を手繰り寄せることができるのか、を考えられる人材を養成しなければならなくなっているのは確かである。ただ、あくまで人材育成は手段であり、目的ではない。同様に、彼らの人脈形成を支援することもまた、手段に過ぎないのである。

地域金融人材のスキルアップ、人材育成、士業との連携強化による人脈形成、金融機関同士の共創などは、それぞれの金融機関が存続し続け、各々が特色を最大限発揮しながら地域経済を維持・発展していくための有効打の一つになると考え、ある意味先行投資している事業ともいえる。令和5年6月に公表された「金融仲介機能の発揮に向けたプログレスレポート」においても、金融機関の人的資本に注目しており、人材育成の重要性を明記している。幸いにも、この2年間で実施した「水野ゼミ」の成果として、実際に士業と連携した取り組みを実施し始めた金融機関が出始めたり、金融機関同士での情報交換を契機に独自の取り組みを発展させた金融機関も出てきている。そうした取り組みが活性化することによって地域経済は好循環を生み出し、地域経済エコシステムの体制構築や地域金融機関および地域企業の持続可能性が高まる環境が整備されていく。

　金融の安定なくして経済の安定は実現しない、という命題は今後も揺るぐことはないだろう。地域金融機関の継続・安定に資する取り組みは、今後も積極的に実行していかなければならないという使命は感じつつ、一方で、筆者ひとりでできることの限界も感じるところではある。そういった意味合いでも、これからは、同じような使命を感じて取り組んでくれる人材の確保と、その教授法の確立は避けては通れないため、次のさらなる大きな課題に挑戦していく所存である。

【第5章　第2節】

ABL再考
――事業成長担保権への展開とビジネス法務学

【前注：本節は、ここまで掲出した論説すべてを総括し、本書の結論にあたるものとして書き下ろしたものである。】

Ⅰ．金融機関の事業者支援体制とビジネス法務学への期待

1）ビジネス法務学への期待

　先般まで世界規模で社会生活に多大なる影響を及ぼした新型コロナウイルス感染症は、図らずして地域金融機関の存在価値を明確にする機会になった。自分たちの明日すら明確に見えない中、事業の継続可否が存亡の命運を握っているような企業を救済し続けなければならない日々において「地域金融機関として成すべきこととは何か」を考え抜き、実直に行動し続けた地域金融機関には、これからのあり方をつかむには十分な時間になったことだろう。この間、筆者においても、多くの金融機関職員が目にする専門誌などに「地域金融機関がコロナ禍で果たす役割」について論考を掲載する機会が増え、具体的な事業者救済につながる内容も然ることながら、地域金融機関に対する期待を様々な視点から述べる契機となった。[1]

1）　例えば、水野浩児「実抜計画とロカベンの併用で『伴走支援』を確固たるものに」週刊金融財政事情第72巻第39号21頁以下（2021年10月）は、「特集 ポストコロナの事業者支援」と題した特集号に掲載された論考であり、コロナで影響を受けた事業者に対して

コロナ禍によって、金融機関の本業は融資などによる「資金繰り支援」から伴走しながら企業の将来性を考える「本業支援」や「伴走支援」にパラダイムシフトが起きた[2]。必要に応じて支援をするような「待ち」の姿勢ではなく、取引先企業とこれからの地域経済を支えるために何を紡いでいくのかを考える「攻め」の姿勢を取らなければ、地域金融として責務が果たせないような概況になったと言ってもいいだろう。

　地域金融機関が事業者支援に注力する状況は、10年ほど前から金融庁などが提唱していた金融機関のあるべき姿に重なり、半ば強制的であったことは否定できないものの、本来地域金融機関が果たすべき役割を担う環境が整備された。しかしながら、急転直下の展望による弊害とも見て取れるかもしれないが、事業者支援を行う現場においては、まだまだ多くの課題が山積している状態にある。最も大きな課題の一つとしては、事業者支援の担い手である金融人材の不足が挙げられるだろう。金融機関では若手職員を中心に離職者が増加傾向にあり、事業者支援を展開しようにも現場担当者を十分に配置できないところが散見されている。金融庁としてもその危機的状況に警鐘を鳴らしており、金融人材の確保と能力向上は急務であるととらえ、自らの課題として明示している[3]。

　ところで、この金融庁の動きや考え方からも垣間見えるように、地域金融機関を取り巻く環境の一つとして金融行政も大きく変化した。そもそも金融行政は、金融機関の活動に大きな影響を及ぼし、金融実務において直接作用することがあるため、各金融機関は日々その動向に注目している。とりわけ、これまでは「金融システムの安定」と称し、市民や企業が安心して金融システム（ここではお金の受け払いや貸し借りを行う仕組みのことを指す）を利用できる状態を維持することを主たる目的の一つとして行政活動を進めてい

様々な専門家の知見から事業支援の在り方に関する意見が取り上げられ、その一節を飾っている。
2) 水野浩児「『地域金融機関がコロナ禍で果たす役割は何か』－地域経済エコシステムの好循環の実現」月刊金融ジャーナル783号12頁以下（2021年４月）。
3) 金融庁「金融仲介機能の発揮に向けたプログレスレポート」（2023年６月）58頁（https://www.fsa.go.jp/news/r4/ginkou/20230628/01.pdf、2023年７月最終閲覧）においても、人材の採用・育成・配置等に関する人材育成の策定にあたっては、経営戦略に照らして人材強化が必要な分野を中心に将来目標を定めたうえで、自行の有する人材ポートフォリオの現状を踏まえて将来目標の実現に向けた具体的な採用・育成・配置等の取り組みに落とし込んでいくことが必要としている。

たところがある。そのため、どうしても規制行政の色合いが強く、金融機関も指針等に基づく制約下において金融実務を強いられる側面があった。その代表的な例としては「金融検査マニュアル」の存在が挙げられるだろう。金融検査マニュアルは、バブル経済の崩壊により巨額の不良債権が発生し、いくつかの金融機関が経営破綻するなど「金融システムの安定」が脅かされる事態になったことを受け、各金融機関が安定した経営状態にあるかを金融庁が検査するために点検項目等を仔細に規定したものである。マニュアルに基づく検査実施によって「金融システムの安定」は図ることができたものの、各金融機関はマニュアルに沿った対応が求められたことにより、画一的な対応が強いられ、個別具体的な事情で困っている企業等に対し、柔軟な対応をしない体制を生み出してしまった。金融庁も後に「検査マニュアルが想定しているビジネスモデルは、結果として、かなり限定された類型のものとなり、各金融機関の経営戦略や融資方針が十分に考慮されず、画一的に内部管理態勢（リスク管理、引当等）の検証が行われた」[4]との見解を示し、金融検査マニュアルが、担保・保証への過度な依存や貸出先の事業の理解・目利き力の低下など事業者支援におけるスキル面に弊害を生むことにつながったことを憂うに至った。

　2019年12月に金融検査マニュアルが廃止され、金融行政のキーワードは「画一的」から「創意工夫」へ明確にシフト[5]していくことになる。もちろん、金融検査マニュアルが廃止される以前から、「事業性評価に基づく融資」を推進するなど、「創意工夫」の要素を組み込んだ取り組みはいくつかうかがえるところはあるが、マニュアルの廃止によってその様相は加速度を増した印象が強い。金融機関による支援が金融支援から本業支援に移り変わっていったことも、少なからずこの影響が及んでいるといえる。

---

[4]　金融庁「ディスカッション・ペーパー 検査マニュアル廃止後の融資に関する検査・監督の考え方と進め方」3頁（2019年12月）（https://www.fsa.go.jp/news/r1/yuushidp/yushidp_final.pdf、2023年5月最終閲覧）。

[5]　金融庁「平成28事務年度 金融行政方針」2016年10月21日（https://www.fsa.go.jp/news/28/20161021-3/02.pdf、2023年5月最終閲覧）。
　　金融庁は同方針にて「金融当局・金融行政運営の変革」と題した項目において、金融機関を取り巻く環境の変化や課題への対応は金融当局が画一的な解決策を示すのではなく、各金融機関自身が主体的かつ多様な「創意工夫」によるところが大きく、金融行政の手法も遵守状況をチェックする従来のルールベースの手法ではなく、個々の金融機関の状況等に応じて行う動的な監督にシフトする必要性を示しており、この頃から各金融機関の「創意工夫」を求めるような管理手法に変化し始めていることがうかがえる。

この「創意工夫」というキーワードだが、ビジネス法務学にも通ずる着想といえる。池田眞朗教授は「ビジネス法務の未来を表すキャッチコピーというべきものを挙げておこう。私見ではそれが、『創意工夫を契約でつなぐ』という標語である。この『創意工夫』については、本稿では先に金融庁の方針転換を表す表現として掲げたが、『オンリーワン』を創出するための創意工夫は、これからの取引社会の重要な使命となると考えられる。その『創意工夫』を新種の契約でつなぎ合わせていくのがこれからのビジネス法務の要諦である。」と説き、「創意工夫」がこれからのビジネス法務学のあり方や使命につながることを示唆している。すなわち、ビジネス法務学を追究することは「創意工夫」を凝らした実社会の有り体や経済動向を追い続けることともいえるため、「どのような支援を行うと債権は良質化していくのか」を主たる題材とする金融実務をターゲットにビジネス法務学という学問を深めていく研究活動はこれから大いに期待される分野であるといえる。

　また、ビジネス法務学の浸透には、実務経験を有する研究者による活動が肝要であると考えられている。なぜなら、行動立法学の理念を持ち、学理に対するノウハウだけでは到底対応できるものでない視点から、俯瞰的かつ広範に社会をより良くするために必要なことが何かを考えられなければビジネス法務学を体現することはできないからである。そのため、池田眞朗教授は「いわゆる条文解釈学のような学理に偏したものであったところを改めて、ビジネス法務の要諦である、ルールに対する人々の行動を十分想定して、ルールの意味や適用を考える法律学（「行動立法学」というものを提唱している）を伝授するとともに、例えば、研究者教員の弱点である、現実の契約書や登記簿などの理解が不足しがちな点などを、実務家教員らしく凌駕できる教授法を伝授したいと考えている」と、ビジネス法務学には教授法の確立

---

6) 池田眞朗「これからのSDGs・ESGとビジネス法務学」池田眞朗編著『SDGs・ESGとビジネス法務学』35頁（武蔵野大学出版会、2023年）。
7) 池田眞朗「ビジネス法務学序説―武蔵野大学大学院法学研究科博士後期課程の開設にあたって―」武蔵野法学第15号397頁（2021）にて「どういう方向にルール創りがされるべきか、これは一つには私の提唱している行動立法学的発想、どういうルールを作ったら人はどう行動するか、を十分考えてルール創りをすべきという発想が非常に大事なところですし、もう一つには、効率とか使い勝手だけではない、広く長い視野に立った、問題分析やルール創りの哲学とか、理念とかを合わせ考えるべき段階を模索し始める必要もあろうと思われます。そしてそういう考察や分析の先に『ビジネス法務学』の確立がある。」との見解が示されている。
8) 池田眞朗「アイディアレポート　ビジネス法務教員と実務家の養成－武蔵野大学『実

が必要であることも提唱している。

　ビジネス法務学の真髄を語るにあたって、金融機関の取り組みや債権の本質的意義の観点から表現するにはやや乱暴な題材に見えるかもしれないが、金融機関・取引先企業の双方に行動変容が求められる現在の状況下からビジネス法務学を紐解く余地はあると考え、このまま筆を進めることとする。

2）持続可能性とこれからの金融

　コロナ禍という未曾有の事態は、企図せず債権者（金融機関）と債務者（取引先企業または企業経営者）の関係を本来あるべき姿に導いた。債権の本質的な考えに回帰し、債権者と債務者は共同の目的に向かって協力する関係を促進した、と言い換えることもできる。偶然ではあるが、2019年12月の金融検査マニュアル廃止の時期は、2020年3月のコロナショックを予想していたかのようなタイミングだった。金融検査マニュアルの廃止により「創意工夫」が求められるようになったところに、コロナショックが追い風のようになって、金融機関の取り組み姿勢にパラダイムシフトを生み出した。

　筆者はこの状況を好転したととらえており、また、その状況は現在も良い方向に影響を及ぼしていると感じている。2023年3月7日、内閣総理大臣・財務大臣・厚生労働大臣・農林水産大臣・経済産業大臣が連名で、各業界団体に向け「年度末における事業者に対する金融の円滑化等について」と表した要請を発信している。その内容は長引く新型コロナウイルス感染症の影響やウッドショック・物価高騰などにともなう経済活動への打撃を受け、一層厳しい状況に置かれている事業者に対して、更なる事業者支援の徹底を求めたものになっている[9]。ここまで、具体的な要請が行われる背景には、金融

　　務家教員COEプロジェクト』報告－」11頁（2021年）。
9) 　経済産業省・金融庁「年度末における事業者に対する金融の円滑化等について」2023年3月7日（https://www.meti.go.jp/press/2022/03/20230307002/20230307002-1.pdf、2023年5月最終閲覧）。
　　この配慮要請文において、金融機関に対して「事業者の年間返済額の軽減を図る観点から、実質無利子・無担保融資（民間ゼロゼロ融資）からの借換えに加え、既往の信用保証協会付き融資からの借換えや、事業再構築等の前向き投資に必要な新たな資金需要にも対応する新たな借換保証制度（コロナ借換保証）の活用を積極的に提案し、伴走支援に努めるなど、事業者に寄り添った対応を徹底すること。」との記載があり、単に各金融機関に嘆願するのではなく、具体的な施策を提言しつつ、これらの要請を営業担当者など現場の第一線にいる職員等への周知・徹底を依頼するかたちになっていた。ここから金融の在り方に変化を感じることができる。

の理想的なあり方について、債権の回収に注力することではなく、金融そのものがSDGsを体現し、持続可能な社会を築くインフラであることをあらためて認識したものと推察している[10]。

債権者たる地域金融機関が債務者である取引先企業に寄り添いながら本業支援を行うことで債権は良質化する。すると、地域金融機関のバランスシートにも良い影響が生まれ、取引先企業も地域経済の活性化に寄与することになる。金融の正常化は、持続可能な社会を構成する基盤として好循環をもたらすことになり、その動きはまさにSDGsにつながる取り組みだといえよう。金融行政はその本質に気付き、それを具現化するために既に動き始めている。

Ⅱ．事業性評価と新しい担保法制

1）事業性評価の本質とABLの共通項

ここ10年来、各金融機関に求められていることは、担保や保証に頼る融資体制から、企業の将来性を前提とする事業性評価に基づく融資体制へのシフトである[11]。事業性評価に基づく融資を確立させるには、企業の将来性を評価する確かな「目利き力」が前提になる。では、その「目利き力」はどのような場面で発揮することが求められるのか。一例ではあるが、ステークホルダーが納得できる事業計画を策定する際に「目利き力」の発揮が期待されよう。

2021事務年度の金融行政方針において「金融機関が返済猶予等の貸出条件を変更する場合の債権の区分に関し、融資先企業が一定の経営改善等を実現

---

10) 2022年5月に開催された日本CSR普及協会近畿支部10周年記念講演（共催：大阪弁護士会、後援：公益社団法人関西経済連合会）において池田眞朗教授が「これからのSDGsとESG〜金融法務やビジネス法務学の視点から〜」との演題で講演しており、その中で「金融というのは取引社会の血液であり、金融は全ての取引に関係するため、金融は結局SDGsの17ある開発目標の何番かではなくて全部に関係する」との見解を示し、金融の存在がSDGsに直結することを強調していた。

11) 首相官邸「『日本再興戦略』改訂2014−未来への挑戦−」2014年6月24日（https://www.kantei.go.jp/jp/singi/keizaisaisei/pdf/honbun2JP.pdf、2023年5月最終閲覧）において、初めて地域金融機関等による事業性を評価する融資の推進が掲げられた。
　　金融庁「平成26事務年度金融モニタリング基本方針（監督・検査基本方針）」2014年9月11日（https://www.fsa.go.jp/news/26/20140911-1/01.pdf、2023年5月最終閲覧）では、地域金融機関に対して「事業性評価に基づく融資」の取り組みを要請して以降、現在（2023年5月現在）まで一貫して同取り組みの推進を続け、各金融機関もその要請に応えてきている。

する計画（実現可能性の高い抜本的な経営再建計画）を策定した場合には正常債権と取り扱うことができる[12]。」との記載がある。ここでいう「抜本的な」経営再建計画とは、「概ね3年（債務者企業の規模又は事業の特質を考慮した合理的な期間の延長を排除しない。）後の当該債務者の債務者区分が正常先となること[13]」と定義されており、経営改善の結果、3年後に到達すべき状態については「経常黒字化・実質債務超過解消」に加え、「有利子負債のキャッシュフローに対する比率が10倍以内となること」や「新たなスポンサーの関与等によりリファイナンスが可能と見込まれること」などが求められている[14]。経営再建計画策定のポイントは、返済が必要な借入金（要償還債務）を10年以内に返済できる目途がつくかどうか、である。この見通しを立たせるには、正常債権へのアプローチが必須であり、ひいては、将来キャッシュフローの把握が要点となる。

　将来キャッシュフローは、企業が努力することによって変化するものであり、債権者である金融機関の支援によっても変化が生まれるため、その流動性の高さから正確な把握は一筋縄ではいかない。キャッシュフローを生み出す要因となる事業等を細かくモニタリングしたり、適切なヒアリングなどが求められ、金融機関・事業者双方に高度な情報共有を要することになる。そうした営みを技術的・制度的な手法で解決しようと考えた際に最も適切な手法として挙げられるのがABL（動産・売掛金担保融資）である。池田眞朗教授はABLについて「実行のための担保から中小企業の経営を継続させるための『生かす担保』へという視点は、筆者が金融機関（貸し手）への期待として、借り手の中小企業側への期待として『生きている担保』という概念を強調したい。つまり、不動産や人的保証は、債務者企業の努力によって担保それ自体の質や量が変わるものではない。企業の努力は担保それ自体には反映されないのである。これに対して、売掛金や在庫商品は、企業の努力によって担保の質や量が変わる。これが『生きている担保』である[15]。」と表現

---

12)　金融庁「2021事務年度　金融行政方針　コロナを乗り越え、活力ある経済社会を実現する金融システムの構築へ」3頁（2021年8月31日）（https://www.fsa.go.jp/news/r3/20210831/20210831_allpages.pdf、2023年5月最終閲覧）。

13)　金融庁「貸出条件緩和債権関係Q&A」問28参照（https://www.fsa.go.jp/common/law/guide/q_and_a/04.html、2023年5月最終閲覧）。

14)　金融庁・前掲注13）問28参照。

15)　池田真朗「ABL等に見る動産・債権担保の展開と課題－新しい担保概念の認知に向けて」『債権譲渡の発展と特例法　債権譲渡の研究　第3巻』343頁（弘文堂、2010年）。

し、ABLの制度そのものに的確なモニタリング機能があり、それが働くことで将来キャッシュフローの把握に直結することを説いた。さらに「本質的にモニタリングやリレーションシップバンキングとつながる融資形態なのある。そしてその取り組みの積み重ねが、結果的に地域経済の活性化につながる可能性もあろう。したがって、ABLへの期待は、常に貸し手金融機関と借り手企業の双方に対する期待となる。そしてそこでは、双方の努力と相互の『リスクシェア』の発想が不可欠ということである[16]。」との見解も示しておられ、債権者と債務者双方の期待によって債権が成立しているという核心に触れながら、協力関係がベースとなっていることを明示している。「事業性評価に基づく融資」が成そうとしていることと全くもって同じ思想がABLから感じられ、事業性評価の発想が発出される数年も前から金融の本質をとらえていたといえるだろう。ただ、ABLの「生かす担保」の考え方については、かねてから金融関連の学会等において議論があり[17]、中には「生かす担保」の考え方を金融実務の観点から否定するような意見もあった。しかしながら、ABLの持つ本質的な機能について様々な見地から議論を重ね

---

16) 池田眞朗・前掲注15) 348頁。
17) 中島弘雅「ABL担保取引と倒産処理の交錯－ABLの定着と発展のために－」金融法務事情1927号（2011年8月）71頁。
   『ABLの現在・過去・未来―実務と比較法の対話（金融法学会第28回資料）』では、アメリカにおいて用いられてきた金融手法を範として日本に導入された、「動産・債権等の流動資産を担保とし、担保資産をモニタリングし、融資を行う」循環型ABLの持つ「生かす担保」という側面を重視し、日本の倒産法上の問題点について考察しているものがある。
   一方、2022年金融法学会シンポジウム「動産・担保法制の近過去・近未来」において、東京大学の阿部裕介准教授は「ABLの機能から見た判例法理の意義」（金融法研究38号43頁以下）において「生かす担保」機能について全く触れていない。報告後の質疑応答において早稲田大学の白石大教授から「ABLの機能の一つとして『事業選別機能』が強調されていたけれども、従来ABLについて言われていた『生かす担保』の考え方とはやや方向性が異なるように思われます。」（金融法研究38号74頁）との質問に対し、阿部准教授は「生かす担保」論は、事業選別よりも事業保護機能のほうで受け止めている認識である旨回答し、「生かす担保」論が成り立つのは、最優先の担保権者と設定者との間で事業の継続という方向性が協調できているという場合に限られるとしている（同75頁）。
   また、粟田口太郎教授の報告「動産・債権担保立法の座標軸」（金融法研究38号60頁以下）においては、「邦銀が事業を包括的に担保的に取得して融資し、実行形態も事業譲渡をメインシナリオに置くという金融庁の『事業成長担保権』構想や中小企業庁の『事業担保権』構想も、これと軸を一にするものとみられます。もっとも『生かす担保』としてのABLにおいても、私的整理等においては事業譲渡、すなわち任意売却としての事業譲渡を行うことをメインシナリオと捉えてきたのであり、その点では『事業成長担保権』とそれほど変わることはありません。」と論じている。

ること自体が重要なことであり、近年においては金融機関が注力する事業者支援の意義などの観点から考察することで、「生きた担保」の考え方が再注目されること自体も有意義といえ、今後の展開に期待が持てる。

2）経営者保証とABL

　金融機関において「事業性評価に基づく融資」が注目されたのは、2014年9月に公表された「金融モニタリング基本方針[18]」が最初になるだろう。考えそのものでいうと先述した通り「日本再興戦略[19]」において初めて明示されている。そこでは、事業性評価による融資手法確立に向けた取り組みとして、地域金融機関等の融資判断の際に活用できる技術評価の仕組みを構築するために、地域金融機関等による「経営者保証に関するガイドライン[20]」の活用が示された。「経営者保証に関するガイドライン」は、日本商工会議所と一般社団法人全国銀行協会を事務局とする「経営者保証に関するガイドライン研究会」が中核を担うかたちで作成され、全国銀行協会と中小企業庁から2013年12月に公表されたものである。同ガイドラインは、経営者保証には経営者への規律付けや信用補完として資金調達の円滑化に寄与する面がある一方、経営者による思い切った事業展開や早期の事業再生等を阻害する側面があるため、保証契約時・履行時等において様々な課題が存在することを前提としながら、中小企業の活力を引き出すため、中小企業・経営者・金融機関共通の自主的なルールとして策定された[21]。

　ガイドラインには、経営者保証に依存しない融資の一層の促進の具体的なメニューとして「対象債権者は、停止条件又は解除条件付保証契約、

---

[18]　金融庁「平成26事務年度 金融モニタリング基本方針（監督・検査基本方針）」2014年9月11日（https://www.fsa.go.jp/news/26/20140911-1/01.pdf、2023年5月最終閲覧）において「地域金融機関は、地域の経済・産業の現状及び課題を適切に認識・分析するとともに、こうした分析結果を活用し、様々なライフステージにある企業の事業の内容や成長可能性などを適切に評価（「事業性評価」）した上で、それを踏まえた解決策を検討・提案し、必要な支援等を行っていくことが重要である。」と明示されたことで「事業性評価」への意識が高まりを見せ、以降、取り組みが活発になっていった。

[19]　首相官邸・前掲注11）。

[20]　一般社団法人全国銀行協会「経営者保証ガイドライン」（https://www.zenginkyo.or.jp/adr/sme/guideline/、2023年5月最終閲覧）、中小企業庁「経営者保証」（https://www.chusho.meti.go.jp/kinyu/keieihosyou/、2023年5月最終閲覧）。

[21]　中小企業庁「『経営者保証に関するガイドライン』が2月1日より適用開始します」2014年1月30日（https://www.chusho.meti.go.jp/kinyu/2014/140130keiei.htm、2023年5月最終閲覧）。

ABL、金利の一定の上乗せ等の経営者保証の機能を代替する融資手法のメニューの充実を図ることとする」との記述があり、経営者保証の代替策の代表格としてABLが挙げられている。事業性評価を推進するということは、当然ながら事業に目を向けなければならない。そうしたときに、これまでの融資慣行として当たり前とされてきた不動産担保や経営者保証に依存した融資を行っていては、理念と逆行した対応になってしまう。そのため、同ガイドラインを発出することで、過度に担保や保証に依存しない事業性評価を推進することにつながり、その具体的施策や手法の一つとしてABLが選択されることは、ある意味当然といえるだろう。

3）経営者保証改革プログラムから検証するABL再考

　2022年12月、金融庁は経営者保証に依存しない融資慣行の確立を更に加速させるため、経済産業省や財務省と連携の下、「経営者保証改革プログラム」を策定した。監督指針の改正を行い、保証を徴求する際の手続きを厳格化することで、安易な個人保証に依存した融資を抑制させ、事業者や保証人の納得感を向上させること、そして、「経営者保証ガイドラインの浸透・定着に向けた取組方針」の作成・公表を要請することで意識改革を進めることを狙いとしている。

　また、同プログラムにて経営者保証の提供を選択できる環境を整える具体的な施策の一つとして、2024年4月から「流動資産（売掛債権、棚卸資産）を担保とする融資（ABL）に対する信用保証制度において、経営者保証の徴求を廃止」することが明記されている。ここから、ABLを「回収のための担保」ではなく、モニタリング機能の発揮を期待した「生きた担保」として評価している片鱗が見える。筆者もABLの本質的な機能については「ABLの重要な機能はモニタリング機能であり、担保処分の際の換価価値ではないと考えるべきである。ABLを事業性評価における動態モニタリング機能と

---

22) 経営者保証に関するガイドライン研究会「経営者保証に関するガイドライン」5頁（2011年12月）（https://www.jcci.or.jp/chusho/kinyu/131205guideline.pdf、2023年5月最終閲覧）。
23) 経済産業省・金融庁・財務省「経営者保証改革プログラム〜経営者保証に依存しない融資慣行の確立加速〜」2022年12月23日（https://www.fsa.go.jp/news/r4/ginkou/20221223-3/01.pdf、2023年5月最終閲覧）。
24) 経済産業省・金融庁・財務省・前掲注23）3頁。

して位置付け、事業性評価融資に取組む金融機関も増えている。」と認識しており、経営者保証改革プログラムに基づいた金融機関の活動が活発化することで、ABLが再評価されることを期待している。

　経営者保証改革プログラムはABLのみならず、事業成長担保権についても触れている。経営者保証に依存しない新たな融資手法の検討段階に事業成長担保権があることを明示し、「金融機関が、不動産担保や経営者保証に過度に依存せず、企業の事業性に着目した融資に取り組みやすくするよう、事業全体を担保に金融機関から資金を調達できる制度の早期実現に向けた議論を進めていく。」としている。経営者保証の改革に事業成長担保権の話題を盛り込んでいる点も、見方によれば、新たな担保法制を検討するうえで、ABLの「生きた担保」の着想に焦点を当てているように感じられる。

　経営者保証改革プログラムからも金融庁の本気度や強気な姿勢は感じられただろうが、同プログラム公表と同日に、内閣総理大臣をはじめ、財務大臣・厚生労働大臣・農林水産大臣・経済産業大臣の連名で「個人保証に依存しない融資慣行の確立に向けた取組の促進について」と称した文書が各協会等宛に発信されており、政府としても全面的に融資慣行の改革に乗り出している。事実、「個人保証に依存しない融資の一層の促進のため、例えば、停止条件又は解除条件付保証契約、ABL、金利の一定の上乗せ等、個人保証の機能を代替する融資手法の活用を検討すること。また、停止条件付保証契約におけるコベナンツ要件についてはモニタリング負担も踏まえ、経営者に経営規律を守らせる動機となるような、過度に複雑でない要件とする対応も検討すること。」との記載があり、個人保証見直しへの感度の高さが見てとれる。先述しているが、2023年3月に公表された「年度末における事業者に対する金融の円滑化等について」においても「経営者保証に依存しない融資慣行の確立に向けて、令和4年12月23日付で政府より発出した要請文『個人保証に依存しない融資慣行の確立に向けた取組の促進について』において

---

25) 水野浩児「中小企業金融における事業性評価の本質的意義―金融検査マニュアル廃止後における良質な債権の考え方―」商工金融2020年5月号18頁。
26) 経済産業省・金融庁・財務省・前掲注23)　4頁。
27) 金融庁「個人保証に依存しない融資慣行の確立に向けた取組の促進について」2022年12月23日（https://www.fsa.go.jp/news/r4/ginkou/20221223-5/20221223yousei.pdf、2023年5月最終閲覧）。
28) 金融庁・前掲注27)　1頁。

要請された事項について、営業現場の第一線の職員等に浸透・定着を図るよう徹底すること。」との記述があり、事ある度に見直しの徹底を喚起している。

国策かのような大きな動きになっている融資慣行の見直しの端々に、ABLの文字が見え隠れしているのは、それだけABLの機能や効果に期待を抱いているものと見ていいだろう。長かった苦節を乗り越え、ここで脚光を浴びるかたちになったABLは、いまが再考・再評価の時を迎えている。

Ⅲ．ABL再考　－事業成長担保権へのアプローチ

1）経営者保証の本質と債務者の行動変容　－主役は事業者（債務者）

経営者保証の改革や事業性評価など、本質的な事業者支援に向けて様々な取り組みが展開されているが、これらの取り組み主体が債権者である各金融機関になっている現状にやや違和感を覚える。先に触れた「経営者保証改革プログラム」も金融機関に対する改善要求のように映るかもしれないが、同プログラムを通じて体質改善を目指さなければならないのは金融機関ではなく、債務者にあたる各取引先企業側でもあることを軽視してはいけない。金融機関の努力も自助努力のみならず、債務者である取引先企業の行動を変容させるための努力を含むことを強く認識してほしい。その点について、筆者は金融機関に向けて「重要なことは、経営者保証をとらなければ融資を受けることができない環境からいかに脱却するか、である。融資における主役は金融機関ではない。経営者こそが主役であることを再認識していただかなければならない。経営者は、経営目標として経営者保証解除を掲げて努力することが肝要であり、その実現に向けて地域金融機関としてアドバイスを行い、伴走支援をすることがこれからはより重要になる。」とのメッセージを発している。「経営者保証改革プログラム」の内容から、経営者保証解除について金融機関側の動きを見ていると、金融機関側の努力義務と解しているところが散見され、疑問を呈しておきたいとの想いから少し強めの意見を述べた次第である。

---

29)　金融庁・前掲注9）3頁。
30)　水野浩児「経営者保証の意義を抜本的に考えるタイミング―経営者保証に対する経営者の意識改革―」銀行法務21第67巻5号巻頭言（2023年5月）。

筆者が近年のABL再注目に合わせて、ABLとは「債務者を生かす担保」であり「債権者が回収する担保」ではない旨を発し続けていることも、債権者中心で考えてきた金融実務の影響が根強く残っており、金融機関の着想がアップデートしきれていない現実に危機感を覚えていることが背景にある。池田眞朗教授もABLは「『在庫や売掛債権を担保にして、企業の生産活動を継続させることを主目的とする融資手段』で、融資側は非融資企業の資産状態をモニタリングしながら進めるのであるが、この場合の担保については、筆者は、債権者（融資者）のための担保というだけではなく、債務者（被融資者）の事業を継続させるための、債務者を『生かす担保』であると主張してきた。つまり、たとえば融資者を地方金融機関とすれば、融資者が、その地方の名産となる良品を製作しているが資金繰りがうまくいかない中小企業等を助けて、『行き詰ったら即実行』の担保ではなく、当該非融資企業の事業を継続させることを第一義に考えて売掛債権や在庫動産を担保に取って融資をする。そしてそのように地場産業を支援することで地域経済の活性化を図り、ひいては地方金融機関自身の利益にもつながる、という、共生、相互扶助の発想である。」と主張されており、ABLの本質を伝えることで金融機関の行動変容を促すような発信になっているように感じられる。こうした動きは金融庁にも見られ、2022年8月に公表された金融行政方針では、「地域経済の活性化に向けては、地域経済の成長を支える存在である地域金融機関が、地域におけるネットワーク等を活かし、その役割を十分に果たしていくことが重要である。金融庁・財務局としても、事業者支援に携わる地域の関係者の連携・協働に向けた働きかけを面的に進めるとともに、社会経済の構造的な変化を見据え、地域金融機関の事業者支援能力の向上を後押ししていく必要がある」との記載があり、地域金融機関は地域経済の成長を支える中核としての役割を担うものではあるが、それはあくまで「支える」存在であって主役として牽引する役目ではない。拡大解釈に思えるかもしれないが、ここには主従関係ではないものの、主として地域経済を成長させる役割はその地域そのものや地域の中心となる中小企業が担うものとの理解を促す

31）　池田真朗「電子記録債権の活用最前線－受発注情報活用融資、電子契約、電子帳簿法改正への対応」『債権譲渡と民法改正　債権譲渡の研究　第5巻』504頁（弘文堂、2022年）。

32）　金融庁「2022事務年度　金融行政方針」2頁（2022年8月31日）（https://www.fsa.go.jp/news/r4/20220831/220831_main.pdf、2023年5月最終閲覧）。

ことが、地域金融機関が担う「支える」存在としての活動といえるだろう。

　そう解釈するのも、地域金融機関の存在意義を考えれば合点がいく。地域金融機関は私企業である一方、銀行法1条1項において「銀行の業務の公共性」が謳われており、公的な役割を担うことになっている。つまり、信用金庫などの協同組織は言うまでもなく、地域金融機関は共生や相互扶助が前提で成り立つビジネスモデルなのである。現代社会の時流の観点から言えば、地域金融機関の活動はSDGsの観点が取り組みの前提になっているともいえる。金融機関が担保や保証に依存し自らの債権回収に注力する行動は、自らの存在意義を否定するような、ある種、矛盾した行動になるのかもしれない。[33]

　金融機関の存在意義やSDGsの視点から経営者保証を再考すると、金融機関が経営者保証を取得するメリットは小さいと考えることが自然かもしれない。筆者は「経営者保証を徴求することは、必ずしもメリットばかりではない。少しでも債権の回収可能性を高めるために、経営者保証を徴求するケースが定着しているが、徴求することでかかる事務手続きなどの時間的コストを踏まえると、実務上一概に有用とはいえない場合も多く、現場からは疲弊の声が上がっている。実際に債務者が破綻したケースにおいて想定していた回収額が見込めないことも多く、実質的に機能していると評価しがたい。」[34]とも捉えており、コストパフォーマンスの面からも経営者保証の合理性は少ないことを指摘している。さらに、経営者保証を徴収している企業が、経営破綻など法的整理が必要になるケースに至った場合においても、貸倒損失の処理にて保証人からの回収可能性を検討する必要が出てくるため、結果的に時間的な要素も含めた不良債権処理コストは増大することになってしまう。

　事業性評価に基づく融資が債権の本質的意義を見つめ直す契機になったこ

---

33)　有吉尚哉「金融機関に求められるSDGs・ESGの視点」池田眞朗編著『SDGs・ESGとビジネス法務学』202頁（武蔵野大学出版会、2023年）。
　　地域金融機関の公共性を前提に「株式会社であること、あるいは銀行であることにより、サスティナビリティを志向する活動を行うことが無制限に正当化されるものではなく、闇雲にSDGs・ESGに取り組めばよいというわけではない。一方で、金融機関の業務運営にあたり、サステナビリティの要素を考慮しないことも許されなくなってきている。そのため、金融機関にはSDGs・ESGの考え方の重要性を認識しつつ、どのように企業活動に反映させるか、その意義や目的を十分に考慮した上で、SDGs・ESGの取組みを行うことが必要とされている」と解されており、人口減少社会における金融機関の存在意義を的確に指摘している。
34)　水野浩児・前掲注30）銀行法務21第67巻5号（2023年5月）巻頭言。

とと同じように、経営者保証改革プログラムが公表されたことによって、金融機関の存在意義やSDGsの観点から金融機関のあり方や役割の原点回帰が促されている。これまでの商習慣から脱却し、本来のあるべき姿に回帰することが、ひいては、政府や金融庁等が求める「金融」のあり方に近づく活動なのかもしれないからであろう。

2）事業成長担保権から考察するABL再考

　事業成長担保権の基礎となる考え方については、道垣内弘人教授を座長とする「動産・債権を中心とした担保法制に関する研究会[35]」において検証されている。第11回目の検討会資料によると、担保法制の見直しに係る問題提起として「『事業を解体する担保』から『事業を生かす担保』へ[36]」というキャッチコピーともいえる位置づけが明記されてある。

　この「生かす担保」という表現については、元々、池田眞朗教授がABLにおける新しい担保概念について「これまでの担保は、債務者の債務不履行があった場合に担保権を実行して債権を回収する、ということが目的であるから、もっぱら『債権者のための担保』であった。その場合、債務者の資産の中から切り出して特定したものを換価処分して、優先的に多くの債権を回収できる担保が『強い担保』であり、その際の価値評価が明確でかつ安定しており、また換価処分が確実でかつ処分方法が確立しているものが『良い担保』とされるのである。そしてこの考え方は、その後債務者の経済活動がどのようになるのかということは、ほとんど念頭に置いていない。まさに従来の担保は『回収、清算のための担保』なのである。しかしながら、これに対して、『債務者のための担保』、より正確にいえば、『債務者の経済活動を存続させるための担保』が考えられる。これがまさに動産や在庫を担保に取る世界でなされるべき議論なのである。[37]」と着想されたうえで、「実行のための担保から中小企業の経営を継続させるための『生かす担保』へという視点は、筆者が金融機関（貸し手）への期待として、借り手の中小企業側への期待として『生きている担保』という概念を強調したい。つまり、不動産や人

---

35)　法務省「法制審議会－担保法制部会　名簿」（https://www.moj.go.jp/content/001390455.pdf、2023年5月最終閲覧）。
36)　金融庁「担保法制の見直しに係る問題提起」2020年1月23日（https://www.shojihomu.or.jp/public/library/1068/11th-hearing2.pdf、2023年5月最終閲覧）。
37)　池田眞朗・前掲注15）323頁。

的保証は、債務者企業の努力によって担保それ自体の質や量が変わるものではない。企業の努力は担保それ自体には反映されないのである。これに対して、売掛金や在庫商品は、企業の努力によって担保の質や量が変わる。これが『生きている担保』である。」と論じていたところに由来している。

また、池田眞朗教授は、ABLの議論について、債権者（融資者）側から見る「融資」の観点ではなく、債務者（被融資者）側から見る「資金調達」の観点からの検証の必要性を説いていた。この考え方は、金融庁が想定する「金融機関が、不動産担保や経営者保証に過度に依存せず、事業性に基づく融資に取り組みやすくすることで、事業者が、金融機関から成長資金等を調達できる環境の整備を目指す」という事業成長担保権の趣旨にも合致する。加えて、事業成長担保権は、事業計画等を明確にする事業者と、当該事業計画等に基づき事業の将来性を理解し、事業者の実態を継続的に把握することができる金融機関との間において利用されることが想定されるため、事業内容そのものの理解を前提とするという点においてもABLのモニタリング機能との親和性は強く、事業成長担保権の議論によってABLが再評価されている印象を受ける。

一方で、事業成長担保権とABLの異同について「ABLは事業キャッシュフローの把握を目指す点で、事業担保による与信と共通する面もある。しかし、ABLは、担保目的物の交換価値に解消されない事業（ゴーイング・コンサーン）の価値を把握することを狙いながらも、他方で、担保として具体的に把握しているのは、事業のライフサイクルの各段階での個別資産としての動産・債権（在庫、売掛債権等）およびその交換価値（換価代金、回収金）に

---

38) 池田眞朗・前掲注15)。
39) 池田眞朗ほか「〈講演記録〉武蔵野大学法学研究所主催（中村廉平教授追悼・担保法制シンポジウム）『検討！ABLから事業成長担保権へ―中小企業金融の近未来―』」66頁〔尾﨑有発言資料（現行の担保法制の課題と新たな目指すべき姿）〕(2023年)。
　　現行の担保法制（個別資産に対する担保権）の課題として、事業価値への貢献を問わず、担保権者が最優先（不動産担保や個人保証による価値に目が向きがち）となるため、貸出先の事業改善・再生の着手が遅れるおそれがあることを指摘している。それに対し、新しい担保法制（事業全体に対する担保権）の目指す姿として、事業価値の維持・向上に資する者を最優先（商取引先や労働者、再生局面の貸し手等を十分に保護）とすることで、早期支援による担保価値の維持・向上にもつながると考えられ、融資先の経営改善支援が促進されることや、経営者保証等に依存せず、事業のモニタリングに基づく経営悪化時の早期支援を実現するものと見立てている。
40) 尾﨑有・前掲注39) 51頁。

すぎない。これに対し、事業担保は、文字どおり、事業自体（継続企業価値）を担保として把握することを着目する。ここにABLと事業担保の本質的な違いがある。」と指摘する考えがある。この指摘は、現実的な課題を的確に指摘したものであり、金融実務に携わる関係者にとって納得できる考え方であるが、重要なことは、令和になって検討された新しい担保法制の発想に、ABLの理念が無視できない状況になっている、ということである。

　ABL導入初期に論じられていた「事業を解体する担保」ではなく「事業を生かす担保」の考え方が、令和に入ってから検討が開始されている新しい制度の発想の根底にあるのは、何とも感慨深いものである。事業成長担保権の新設では、債務者の資金調達の観点から普及できなかった債権譲渡等のABLの課題を明確にし、実務における「使われ方」を見据えながら、隣接分野のルールに関する整合性の検証を行い、関係する特例法や特別法を交えて十分な検討・吟味が重要となるだろう。

Ⅳ．ビジネス法務学への期待とABL再考　―SDGsと地域金融―

1）事業性評価におけるABLのモニタリング機能

　金融機関にとって事業者支援は、もはや存在意義そのもののようなレベルで重要視されるものになっている。事業性評価に基づく融資推進や金融検査マニュアルの廃止、コロナ禍における様々な取り組みを経てもなお「事業

---

41)　佐藤正謙「事業担保・包括担保の効用と限界―金融実務を踏まえて―」金融法務事情2178号（2022年1月）16頁。

42)　池田真朗「債権譲渡取引の発展と債権譲渡研究の新時代」『債権譲渡と民法改正　債権譲渡の研究　第5巻』2頁（弘文堂、2022年）。
　　債権譲渡分野は、資金調達手段等として、債権法の中で最も重要な分野に成長し、この40～50年のスパンで見た場合、民法全体の中でも群を抜いていることが示されている。その中で、2017年の民法改正は、成長・増殖する債権譲渡取引にとっては、「一つの経過を示す事象」にすぎないとされ、これからの債権譲渡は「使われ方」を見据えつつ、民法の隣接分野の研究はもとより、関係する特例法や特別法のかかわりの中で、総合的・巨視的に観察し分析していくべき研究対象となったと考えられている。

43)　金融庁・前掲注32)　1頁。
　　金融行政方針の冒頭から「事業者支援の一層の推進」を掲げ、「金融機関においては、原材料価格の高騰等により資金繰りに支障をきたしている事業者への適切かつ迅速な資金繰り支援、経済社会構造等の変化に適応していく必要がある事業者への経営改善・事業転換支援、コロナ禍で増大する債務に苦しむ事業者への事業再生支援等、事業者の実情に応じた適切な支援に一層効果的に取り組んでいくことが重要である。」と、金融機関における最重要課題として事業者支援の重要性をあらためて明示している。

者支援の一層の推進」を金融庁が掲げるほどである。近年の金融実務における様々な取り組み実施は、金融機関の体質改善にも大きく貢献したと思われる。そして満を持して登場しようとしている事業成長担保権もまた、事業者支援や体質改善に大きなプラスの影響を与えていくことだろう。ただ、この新しい制度として導入が検討されている事業成長担保権において、ある種拠り所のようなものになっているのが、ABLという点に驚きというよりも、やや拍子抜けした人も中にはいるかもしれない。

わが国において、ABLが最初に行われたのは2005年である。2005年当時の金融機関を取り巻く環境は「平成17事務年度においては、不良債権問題が正常化する中で、金融機関が積極的にリスクを取っていけるような『正常な金融』の復活に向けて、金融・資本市場の構造改革と活性化を一層図るとともに、金融商品・サービスの利用者が安心感と信頼感をもって取引できる環境を整備するための、各般の取組を進めてまいりました」[44]と当時の金融担当大臣である与謝野馨氏がコメントしているように、不良債権問題などで落ち込んでいた金融の復活に向けて、金融機関自身が経営基盤の構築に注力していた時期である。同時期における金融庁の具体的な対応として「監督部局の役割は、検査と検査の間の期間においても、継続的に情報の収集・分析を行い、金融機関の業務の健全性や適切性に係る問題を早期に発見するとともに、必要に応じて行政処分等の監督上の措置を行い、問題が深刻化する以前に改善のための働きかけを行っていくことである」[45]と示し、金融機関の債権(融資)の資産査定に重きを置き、業績の芳しくない事業者に対して、時間的・経済的なコストをかけない姿勢を取っていたことが見て取れる。

そうした金融情勢の中で提唱された制度であるABLに、令和時代の議論で白羽の矢が立つことに疑問を持つのも無理はないかもしれない。しかし、ABLの持つ理念や機能は事業成長担保権に至るまでに脈々と受け継がれてきている。事業性評価に基づく融資の取り組みはその最たるものであるといえる。2014年頃より提唱と実装が行われてきた「事業性評価に基づく融資」は、その取り組みの根幹にあたる、事業の相互共通理解に必要な「対話」を

---

44) 金融庁「金融庁の1年(平成17年事務年度版)」2006年9月(https://www.fsa.go.jp/common/paper/17/honpen/00.pdf、2023年5月最終閲覧)。
45) 金融庁・前掲注44) 第3部第9章第2節「オフサイト・モニタリング」において、金融機関の経営の健全性及び業務の適切性の確保等に向けた金融機関の自主的な取り組みについて促している。

行うツールとしてABLと強い牽連性・親和性がある。なぜなら、ABLは的確な商流把握に非常に効果的であり、動産資産等のモニタリング機能が非常に優れているため、事業を正確に把握するには最適ともいえる性能を有している。まさに「回収のため」ではなく「事業を生かすため」の仕組みが寸分違わず合致するといってもいいほど唯一無二の制度であった[46]。

しかしながら、ABLは制度導入当初も事業性評価に基づく融資推進が行われている最中も中小企業の資金調達手法として普及しなかった。その理由の一つであり、最大の原因が、譲渡制限特約が付されている債権の扱いがやや こしかったことに尽きる。筆者はその点について「民法改正により譲渡制限特約が付されている債権でも譲渡できることとなったが、実務でそれを適用しようとした場合、債権譲渡という行為そのものが、金融機関の取引先とその取引先の信義則違反に加担する形となり、契約内容に反するとして取引先企業との関係悪化や最悪の場合、賠償請求を起こされるリスクに晒される。つまり、取引先との信義則に反する可能性がある行動は現実的な選択肢にはなり得ない。」と実務面からの課題を明示したうえで、利用する側のアプローチの重要性を指摘している[47]。池田眞朗教授も同様に、ABLについて「担保の経済的機能」や「何のために担保をとるのか」という点に着目し、ABLを通じて担保概念のパラダイムシフトを考えることを提言していた[48]。

「何のために担保をとるのか」という本質に立ち返り、「事業を生かす担保」から着想を得ていれば、図らずもABLを無に帰すような結果をもたらせてしまった「譲渡制限特約の課題」が生じるに至らなかったことも考えられる。事業成長担保権の議論においても再注目されているABLから学びを得るものは大きいといえるだろう。

2）コロナによる債権の柔軟性と債務者の行動変容につながる取り組み

コロナ禍という未曾有の危機に直面したこともあるだろうが、過去の金融

---

46) 水野浩児「顧客支援と包括担保法制の牽連性－生かす担保ABLの考え方の再評価と事業性評価に基づく融資－」銀行法務21第875号94頁（2021年）。実務の観点から事業性評価に基づく融資を行う際におけるABLのモニタリング機能の活用について具体的に論じている。

47) 水野浩児・前掲注46) 96頁。

48) 池田真朗「ABL－「生かす担保論」後の展開と課題」『債権譲渡と民法改正　債権譲渡の研究　第5巻』406頁（弘文堂、2022年）。

行政と比べ、近年の取り組みや姿勢には随分と柔軟性を感じるようになった。金融行政の影響を目の当たりにしてきた各金融機関職員から見ても、おそらく同様に感じることだろう。例えば、コロナ禍における具体的な事例となるが、2021年9月に内閣府・金融庁・財務省・厚生労働省・農林水産省・中小企業庁が連名で「事業者の実情に応じた資金繰り支援等の徹底について」と題し、「新型コロナウイルス感染症の影響が長期化する中、外出自粛要請や休業要請、時短要請、イベント開催制限等による事業者の更なる影響を十分に踏まえつつ、事業者の業況を積極的に把握した上で、ニーズに応じた資金繰り支援等に引き続き全力を挙げて丁寧かつ迅速に対応していただく必要」があるとの見解を示したうえで、「それぞれの事業者の現下の決算状況・借入状況や条件変更の有無等の事象のみで機械的・硬直的に判断せず、事業の特性、需要の回復や各種補助施策の実施見込み等も踏まえつつ、官民金融機関等及びメイン・非メインが密に連携し、丁寧かつ親身に対応すること」や「既往債務の条件変更について、返済期間・据置期間の長期の延長等を積極的に提案するなど、実情に応じた長期での返済猶予等の最大限柔軟な対応等を継続すること」などを提言し、事業者の実情に寄り添った柔軟な対応をすることで、全力で事業者支援を行うことを推奨した[49]。

また、この要請にて「貸出条件緩和債権の判定に当たっては、実現可能性の高い抜本的な経営再建計画等の計画期間を延長する、計画を策定するまでの期限を猶予する、計画を新型コロナウイルス感染症以前の実績等に基づき作成するなどの柔軟な取扱いも差し支えない。」との記載があったことに対し、金融庁は後日「新型コロナウイルス感染症の影響下における貸出条件緩和債権の判定に係る実現可能性の高い抜本的な経営再建計画の取扱いについて[51]」と表した別紙文書を公表し、金融機関が返済猶予等の貸出条件の変更を行った際の債務者区分において、貸出条件緩和債権に該当しない条件などを具体的に示すことで、柔軟な対応が可能であることを丁寧に後押ししてい

---

49) 内閣府・金融庁・財務省・厚生労働省・農林水産省・中小企業庁「事業者の実情に応じた資金繰り支援等の徹底について」(2021年9月10日)（https://www.fsa.go.jp/news/r3/ginkou/20210910/210910.pdf、2023年5月最終閲覧)。
50) 内閣府・金融庁・財務省・厚生労働省・農林水産省・中小企業庁・前掲注49) 2頁。
51) 金融庁「新型コロナウイルス感染症の影響下における貸出条件緩和債権の判定に係る実現可能性の高い抜本的な経営再建計画の取扱いについて」(2021年10月8日)（https://www.fsa.go.jp/news/r3/ginkou/20211008/01.pdf、2023年5月最終閲覧)。

る。これは、従前の業務において、赤字企業に対して正常債権として扱うには、「実現可能性の高い抜本的な経営再建計画」が必要であることを徹底して行っていたところ、コロナの影響により事業の見通しがつかない状況下において計画を策定すること自体に無理があり、コロナの影響収束の見通しが立つまでの期間を加味して、合理的な範囲で柔軟な対応が可能、との見解を示したことにより、少なからず現場での混乱が生じてしまうことを見越しての対応と見ることができる。

　これらの動きは、コロナ禍という特殊性の高い環境下において判断されたものであることは否めないが、債権の在り方（評価）に柔軟性が出たということは紛れもない事実である。おそらく、それは地域経済の発展という観点に鑑みれば自然な動きと見ることができるだろう。金融機関が従来のルールで資産（貸出債権）の評価を行うと、多額の要管理債権（不良債権）と判断することとなり、多額の引当金を計上しなければならなくなる。すると、金融機関の実務の視点だけでいえば、多額の引当を計上した取引先企業（債務者）に対して、追加融資を行うことは現実的には難しくなる。それこそ金融検査マニュアルはここでの判断を画一化していたため、支援したくても支援できないパラドックス状態に自ら陥ることを強いてしまっていた。故に、債務者区分に対する柔軟な対応が可能であるという状況は、実はとても重要なことなのである。そもそも、コロナ禍の前から金融庁の実務指針などでは、「実現可能性の高い抜本的な経営再建計画」さえあれば、柔軟な判断は可能であるとの見解は示されていた。しかし、全体的に好景気な状態において、金融機関の担当者が有事に備えて経営者にも一定の負担がかかる「実現可能性の高い抜本的な経営再建計画」の策定を積極的に行おうとはしない実情があった。そうした実態を踏まえ、「実現可能性の高い抜本的な経営再建計画」の取り扱いについて、金融庁の厚意ともいえる発信がなされたことは、金融行政の柔軟さも感じることができたといえよう。

　コロナ禍により図らずも事業者支援待ったなしの状況になったこと、金融行政をはじめ金融機関を取り巻く環境が柔軟化したことで金融機関の「本気度」が試される環境に移り変わり、金融機関の行動変容によって債権を良質化する動きにもつながっていった。また、事業性評価を行うことで事業計画

---

52)　金融庁・前掲注51）2頁。

策定にも貢献するという好循環をもたらしたことは、考え方によっては、債権の柔軟性が良好に機能している状態を生み出したともいえる。事業計画策定によって、経営者（債務者）が意欲を持って事業に取り組む、企業の将来に向けて活動できるという行動変容をもたらすことにつながるようであれば、債権の持つ可能性にまた違った期待ができるのかもしれない。

3）地域金融における事業者支援とSDGsの関連性

　コロナ禍による影響が少なからずあるとはいえ、金融機関が債権について、これまでとは違った視点から柔軟に考えられるようになったのならば、長期的な観点でも評価できることである。現在議論されている事業成長担保権は、担保や保証に頼ってきたこれまでの金融実務を抜本的に変えてしまうような影響力を有すると筆者は見ている。事業成長担保権の前提は、事業者が事業計画を明確にし、金融機関が事業の将来性を理解したうえで融資判断を行う関係から、金融機関と債務者である取引先企業（事業者）の相互理解が必要であり、金融機関による事業のモニタリングや本質的な事業支援が欠かせない[53]。ここ数年で事業性評価に基づく融資が加速度的に展開し、多くの金融機関職員が携わることになったことで、事業者支援スキルや経験は年々積み重なっていると考えられる。しかし、その一方で、そのスキルや経験が不足していれば、上手く機能していない事例も出てくることが予想され、事業成長担保権が導入されると、スキルの有無や経験値の差異は如実に現場に影響を及ぼすことが心配される。ここまで制度設計における思想や視点について目を向けてきたが、ここでは、それら制度を「使う側」に目線を向けていきたい。

　やや回りくどい表現をしたが、要するに新しい制度設計の観点も然ることながら、それらの制度を使いこなすことができる「金融人材の育成」が、これからはより重要な課題として各金融機関に求められることになるだろう。かつて金融機関は学生の就職先として人気企業の一角を担っていた。とりわけ地方では名実ともに優良企業の筆頭格として一定の地位を築いていた。そのため、人材確保という観点において金融機関は「選ぶ側」として課題に直面しない時期が長く続いていたものの、現在ではその面影もなくなりつつあ

53）　尾﨑有・前掲注39）51頁。

る。採用面で焦りが感じられるようになるだけではなく、離職率の高さや定着率の低さも課題として浮き彫りになっている実態から、金融庁すらそれを問題視している状況にある。[54]

　金融庁の見解としても示されているが、筆者も多くの金融機関と接点を持ち、現場を担当する職員との交流もある中で、理想（地域金融機関職員としての志）と現実（日々の業務）のギャップに大きな要因があるとする蓋然性は高いと見ている。金融機関に勤務する若手職員は、育ってきた時代背景や世相の影響からか、他の世代と比べても事業者支援などを介して地域貢献することについては積極的な姿勢を持っていることが多い。本来、地域金融機関は業務に公共性が求められ、かつ、高度な専門的知識などを駆使し、地域経済の中核を担う存在である。言い換えれば、地域経済にとってSDGsを推進する役割を担っている機関であるといってもいいだろう。[55]そもそも、金融機関が有するコンサルティング機能を存分に発揮し、事業者支援を行うこと自体がSDGsの活動そのものを体現しているため、金融機関のビジネスモデルはSDGsの最たるものともいえるだろう。それにも関わらず、若手人材の確保に苦慮している現状があるということについては、まだまだ金融実務において旧態依然とした文化や風土が残っている可能性を示唆しており、風向きがよくなってきている金融行政とのギャップが存在することをも意味していると思われる。

　現場に目を向けると、いまだに不毛なノルマともいえる目標を掲げて日々の活動を行っている地域金融機関は一定数存在し、その目標遂行と地域貢献が全くリンクしないまま、時代背景に逆行した実績管理が行われていることは容易に想像できる。現代の若者にとって非常に魅力的な取り組みを主業務としている金融機関が復権し、人材確保や人材育成に前向きになるためには、金融機関の経営陣の行動変容を促すしかないと筆者は考えている。近い

---

54)　金融庁「金融仲介機能の発揮に向けたプログレスレポート」2020年10月14日（https://www.fsa.go.jp/news/r2/ginkou/20201014-1/01.pdf、2023年5月最終閲覧）。
　　同レポートにて地域金融機関職員の離職率の高さに課題があると明記しており、離職理由として「地域の役に立ちたいという志を持った若手がやりがいを感じる仕事をする前に退職してしまうケースに典型的な、理想（地域金融機関職員としての志）と現実（日々の業務）のギャップが挙げられる。こうした状況からは、地域金融機関職員は、自らの仕事により、事業者の成長を支援できている、ひいては地域経済の再生・発展に貢献できているという実感を持てることの重要性が窺われる。」と分析している。
55)　有吉尚哉・前掲注33）196頁。

将来、事業成長担保権が導入され、より優秀で多くの金融人材が必要となることが予想される中、どれだけ本気で「金融人材」と向き合う気概を整えることができるか、その命運は経営陣が握っているといっても過言ではない。あぐらをかいていたこれまでの金融機関経営からいち早く脱却し、地域金融人材の育成に注力できる金融機関に多くシフトしていくことを切に願うばかりである。

4）これからの金融人材を育成するために必要なビジネス法務学の視点

　事業成長担保権を理念どおりに機能させるためには、相応のスキルを有した金融人材の育成が必要となることは、これまでも再三述べてきた通りである。

　金融機関には、長きにわたり金融検査マニュアルに縛られ、画一的な取り組みを強いられた歴史がある。金融検査マニュアル廃止後は、先にも触れた通り「創意工夫」をキーワードに柔軟な思考ができるような環境へと舵を切り、地域経済の持続可能性を主眼に置いた独自の取り組みを支援するような体制も構築してきたが、まだまだ実態としては、厳しい言い方をすると付け焼き刃に過ぎない状況下にある。この点について池田眞朗教授は、金融庁が創意工夫をキーワードに舵を切り、金融機関が自己学習能力および自己開発能力の涵養・強化が必要となったことを受け「各金融機関は、各自で融資基準などのルールを作る必要ができた。けれども、ことに中小の金融機関では、これがなかなか難しい課題である。飛躍を恐れずに言えば、この困難さを感じる根源は、大学までの教育にあると言える。例えば従来の日本の法学部は、条文解釈を教えるばかりで、ルールを創れる教育をしていない[56]。」と指摘しており、金融機関の組織体の風土の形成に、高等教育の在り方も含めて課題視している。その個別具体的な解決策として、従来の表現でいう「目利き能力（現代でいうところの「問題発見能力、情報処理応力」）」の醸成が必要としたうえで、池田眞朗教授は重ねるように「ここが肝心なところなのだが、問題発見能力、情報処理能力に、規範的判断能力なるものが加わらなくてはならないのである。つまり、なぜその融資をするべきなのか、わが社の融資基準はこういう理由でこうあるべきなのだ、という、模範的な考察を含

---

56) 池田眞朗・前掲注6) 15頁。

んだ判断力の必要性である。そこでは当然、それぞれの融資者・融資主体の、見識とか社会を見る目が問われることとなる。そして多くの融資者がそのような観点を持つことが、社会の持続可能性につながるのである。」との見解を示されている。

　同じく高等教育に携わる立場でありながら、近畿財務局において関西近郊の金融機関職員を集め、事業者支援能力の向上や体制構築、知見の共有、ひいては地域金融人材の育成を目的とした通称「水野ゼミ」を運営する立場としては、仕組みさえ整えば後天的に教育することは可能であり、むしろ飛躍的な成長をも促す可能性を秘めていると言葉を強くしたい。「水野ゼミ」では先述の目的だけではなく、金融機関職員が所属する機関の数値目標に囚われた活動からの開放や金融機関同士を敵視する関係から脱却に意義を感じてほしいと願い、あえてそれぞれが有する知見や経験、技能等をすべて発揮したうえで共通の課題に取り組み、課題解決の糸口を探るケースワークを実施している。また、そこには地域を支える士業の方々を代表して、日本公認会計士協会近畿会や大阪弁護士会の専門家も同席いただき、それぞれの高度な専門的知識からの意見をいただくことで、全員の金融リテラシーを向上しつつ、お互いの関係性を構築するプラットフォームのような場としても機能をさせている。加えて、その場をコーディネートする役割として近畿財務局職員に全体統括の役割を担ってもらうことで、彼らの成長の機会としても機能し始めている。

　この取り組みは筆者が関与しなければ決して実現しない特別な仕組みではない。どの地域でも実現可能性のある取り組みではある。筆者たちの活動は、この活動で成果を生み出すことにとどまらず、これを容易に模倣できるシステムに落とし込んでいくことを目標にしなければならないと感じている。それこそが、ビジネス法務学の体現やビジネス法務学の教授法の真髄になりうると考えているからだ。「水野ゼミ」の活動が金融人材育成の希望の

---

57)　池田眞朗・前掲注6）16頁。
58)　近畿財務局「協同組織金融機関職員向け連続講座　起業支援の在り方・手法ゼミ　〜ゼロゼロ融資の返済本格化に向けた企業支援の在り方・手法ゼミ〜　－CHIHOMEN NEWS vol.104－」2023年2月8日（https://lfb.mof.go.jp/kinki/content/006/00600055.pdf、2023年5月最終閲覧）。大阪弁護士会・日本公認会計士協会近畿会などの協力を得ながら、2020年1月頃から継続して工夫した会合を開催している。この事業には、近畿財務局職員も受講生として参加しており、「金融監督者の人材育成」の役割も果たしている。

光となるよう、今後も熱を上げて注力する所存である。

5）SDGs的な観点からのABL再考　－事業成長担保権への新展開

　本稿にて事業成長担保権を導入するにあたり、ABLを再評価・再考することの意義について触れてきた。回収のための担保ではなく「事業を生かす（継続する）ための担保」であるという思想には当然ながらSDGsの要素も含まれてくるため、そことの関連性を確認しておきたい。

　金融検査マニュアルが廃止され、地域金融機関は「創意工夫」をキーワードに柔軟で独自性のある取り組みに注力しなければならない環境に身を置くことになった。コロナ禍も相まって事業者支援が合言葉になった新時代においては、債権を柔軟に考える風潮が浸透し、それらに適応できる人材の要請が求められている。旧来のあり方では金融機関自身の存続が危ぶまれる時代が訪れるのもそう遠くないだろう。そうした頃合いで、ABLの理念を再評価し、事業成長担保権の本質を考えることや実務面から何をすべきか考察することは、非常に意義深い。池田眞朗教授はSDGsの観点も絡めてABLを評価した際に「ABLは、債権者が債務者のことも考えてする取引である。たとえば、地域の優良企業なのだが運転資金は回らない、そういう企業をつぶさずに事業を継続させることによって、地域経済の維持・活性化ができる、それがひいては地方の金融機関の経営維持につながる。ここには、相手と共に生きる『共生』の理念があり、持続可能性の配慮がある。つまりABLは本来、まっとうに仕事をして良い商品を作っている中小企業が救われるスキームなのである。[59]」と表現している。

　この理念は、もちろん事業性評価に基づく融資が目指すべきところにも通ずるものであり、金融庁が不動産担保や経営者保証の代替メニューとしてABLを推奨している背景にも存在するものである。そして、ABLを介在した融資は取引先企業にとってスポットとなる支援（取引）ではなく、継続（存続）していく取り組みであることから「共生」との表現は核心をついたものであることが感じられるだろう。事業成長担保権も「事業」の「成長」を「ともに」働きかける仕組みとして導入されることを踏まえると、ABLを再考する動きは当然ともいえる。

59）池田眞朗「ABL－『生かす担保論』後の展開と課題」NBL975号41頁（2012年）。

筆者は、事業成長担保権を実務面から円滑に進めるために、かねてからABLの理念を再考することの必要性を説いている[60]。回収や解体のためでなく「共生」のための仕組みとして、金融機関と経営者とのコミュニケーションが自然と育まれ、持続可能な地域経済が構築されていくことが期待される。アフターコロナの世界では、再び人口減少社会という大きな課題に直面し、地域経済を維持・発展するために、抜本的に担保の考え方をあらためなければならなくなる。金融機関の存在意義もこれまでの取り組みもSDGsの観点と非常に親和性の高いものがあることに気付きを得ていただきたいところである。

6）結　語

多様化・複雑化する現代社会において、立法段階・制度設計段階であらゆる将来を予測して未来永劫適用される万能なルール・制度を創ることは、不可能といっていいだろう。繰り返しにはなるが、ABLが思うように普及しなかった理由に、時代背景や金融機関などの使う側のニーズと合致しなかった、という側面がある。だからといってABLの理念が間違っていたということではなく、課題に直面し、時代が変化したことで、いまでは最新の制度理念に最も当てはまる仕組みとして再評価を受けている。この学びは非常に大きいだろう。

本稿では、ABLをはじめ、事業性評価・経営者保証・事業成長担保権といった制度に着目して論を展開してきたが、すべて債権の良質化を図るために必要な「債務者（事業者）の行動変容」を意識しての題材選択であった。日々変化し、進化するビジネス界に対応するには、将来予測が必要となる。池田眞朗教授は、これからのビジネス社会の変化に対し「ビジネス法務学は、トレンドを追う学問であってはならない」と明言している。それは、ビジネス法務自体が変化するのであるから、ビジネス法務学も変化していくのは当然であるという意味合いも含まれているが、「ビジネス法務を分析・検証の対象とし、社会の動態の中でのビジネス法務のあるべき方向性を探求するための「理念」が必要不可欠なのではないかと思われる」[61]と、ビジネス法務学の立ち位置を示している。

60）　水野浩児・前掲注46）93頁。
61）　池田眞朗・前掲注7）396頁。

その考えを受けて、筆者はビジネス法務学の確立や実現には、ビジネス法務学の「考え方を使う人の総量」が鍵を握ると考えている。本稿は「債務者（事業者）の行動変容」を促すことを主眼に置きつつ、様々な取り組みを介した視点から、物事の本質を追究してきた。そこから導き出される一つの見解として、ビジネス法務学の考え方に立脚して、立法を行う、制度設計を行う、ルールや制度を運用する、存在意義をまっとうする人々が多くなればなるほど、社会は豊かな方向に歩み始めると確信している。そしてそれを実現するためには、ビジネス法務学を使える人を増やすために、ビジネス法務学を「教授する（伝承する）人」を育まなければならない。武蔵野大学大学院法学研究科博士後期課程にて取り組んでおられる「教授法の伝授」はまさに本質を見抜いたことといえるだろう。

そうした気付きを得たことが原動力となり、多くの支援者に支えられながら、先に紹介した近畿財務局の「水野ゼミ」の取り組みは、「教授法の伝授」を体現し、「ビジネス法務学に立脚した人材の育成」に寄与する活動の一つになっていると自負するところである。様々な課題に直面する金融界隈ではあるが、金融人材の育成というルートから、ビジネス法務学の確立に向けた道標として筆者の取り組みが貢献できるのであれば、それほど幸せなことはない。そのような未来につながることを祈念して本稿を締めくくる。

【第5章　第3節】

債権の良質化の変容と展望

Ⅰ．金融ビジネスとSDGsの関係性

　本書は、『債権の良質化における新展開』という壮大なタイトルを冠した研究書として執筆したものであるが、願わくば、金融機関や支援機関をはじめとした事業者支援を行う最前線で奮闘する実務担当者にも手にとっていただきたいと思い、上梓したものである。
　良質な債権とは、不動産担保や経営者保証によって確実に回収できる債権から、事業者の将来性を評価し債務者である取引先企業のことを正しく理解した状態で伴走支援することに変化した。それは、本書の中で幾度となく触れた通りである。人口増加時代においては、債権回収を確実に行い、これから新たに伸びていく産業（債務者）に資金供給を行うことで金融機関も成長するビジネスモデルが成り立っていたため、債権の回収率に着目することは、大義名分があったようにも思える。しかしながら、バブル崩壊や高齢化社会への突入とともに、人口減少時代にシフトした現代においては、債権を回収したところで、次に貸し付ける企業も少なくなり、その企業の成長可能性も不透明であることから、これまで成立していたビジネスモデルが崩壊し

てしまった。その影響を最も受けたのは、実は金融機関なのかもしれない。非常にわかりやすいともいえるビジネスモデルに依存していた金融機関は「目利き力が低下した」と揶揄され、金融機関が本来果たすべき役割・機能を発揮しきれない時期が生じてしまったのは、紛れもない事実である。

　では、金融機関の果たすべき役割・機能とは一体何か。銀行法には「銀行の業務の公共性にかんがみ、信用を維持し、預金者等の保護を確保するとともに金融の円滑を図る」ことが求められていることとして明記されている。金融庁もかねてから「金融の安定」を標語として掲げていることからも、金融には「持続していること」が当たり前のこととして求められていると解することができる。すべての経済活動は金融の仲介なくして成り立たないモデルになっているため、金融は存在・存続することに大きな価値がある。すなわち、金融機関をはじめとした金融業のビジネスモデルは、自身の持続可能性に最もプライオリティを置かねばならず、また、多くの金融機関が根ざす地域における経済の中核をなすことから、地域経済や地域社会の持続可能性を加味した活動が求められることになる。言い換えれば、SDGsを実行する主役的立場にあるといえるだろう。

　その観点からあらためて見直してみると、池田眞朗教授が説いたABLの本質的意義にもSDGsの要素が垣間見えるように思える。池田教授はABLを「生きた担保」と表現した。本書では、その解釈について、常に変動を余儀なくする動産を担保とすることで、その動向を自ずと注視しなければならない体制になる（モニタリング機能の発揮）ことや債権者である金融機関と債務者である取引先企業（経営者）双方の努力によって債権の質を変化させることができる点に着目していた。それをより深掘りすると、動産の状況をモニタリングすることも、債権の質を変化させることも、ひいては金融機関・取引先企業の双方が事業を継続するためのビジネスモデルといえ、持続可能な社会を築き上げようとする理念が存在するのである。

Ⅱ．ビジネス法務学の担い手とは

　池田眞朗教授が提唱する行動立法学やビジネス法務学が成立するための前提条件には、「すべてのステークホルダーの行動を観察し予測する」ことが求められる。これは並大抵のことではない。とりわけ金融という登場人物の

多い世界においては、それぞれの立場や視点を正確にとらえようとすること自体が難しく、それができる人材は非常に限られてくることが容易に想像できる。

手前味噌で恐縮だが、筆者の経歴はそれを満たしうる可能性があると自負している。現在、本業である研究職に加え、地域金融機関をはじめとした複数企業での社外役員、金融庁や財務局のアドバイザー業務を務めており、金融機関・支援機関職員を対象とした研修業務等を継続的に実施している。そうした活動から、弁護士会や会計士協会との接点も有しており、意見交換や講演会に登壇する機会にも恵まれている。更には過去10年以上の銀行員としての実務経験を有していることから「すべてのステークホルダー」の視点は持ち合わせているといえそうである。

あとは「行動を観察し予測する」ことをどれだけ正確に実行することができるか、ということが成否を分ける要素になるだろうと考えている。第5章第1節で紹介した「水野ゼミ」の活動は、まさにそれを補完するような活動ともいえ、参加者の成長のみならず、筆者のステップアップにも寄与しうる活動として、今後もニーズが続く限り、活動は継続していかなければならないと感じている。

本書にて幾度となく繰り返し述べているが、これからの立法においては、ビジネス法務学に立脚した検討がいかにできるか、が大きな鍵を握る。現在検討されている事業成長担保権は、その最たるものであるといえ、「すべてのステークホルダー」にとって最良な制度として公布されなければならない。それは、事業成長担保権が事業の持続可能性をより高めることができる機能を有することが想定されており、円滑な活用が地域経済の好循環や地域活性化のスキームを生み出すことを大いに期待されているからである。学理偏重と揶揄された立法から「使う人や適用される人々が幸せになる」制度として確立されるために、ビジネス法務学の果たすべき役割は大きいといっていいだろう。

Ⅲ．ビジネス法務学の「教授法」の確立に向けて

筆者の研究は、一言で表すと「債権を良質化することで実務に役立てる」ことといえる。本書でも表現したが、今後債権の「質」を左右する最も大き

な変数は「ヒト」である[1]。そして、その「ヒト」に影響を与えるような「教授法」に視線が集まるのはある意味必然といえるかもしれない。「ヒト」の行動変容を促すような「教授法」の実践がいかに展開されていくか、がこれからの課題になってくる。本書第4章において、ビジネス法務学に必要な観点から、経験値を形式知に転換する取り組みを具体的に掲載している。

その課題への向き合い方の一つとして、筆者は「行動する研究者」の名に恥じない活動を実践している。金融機関の実務担当者を対象とした専門雑誌での論考掲載や金融機関での研修活動も然ることながら、近年は企業経営者が購読するニュースレターへの連載を担当するなど、債権者となる金融機関側だけではなく、債務者になる中小企業や経営者向けに積極的なアプローチを図っている。これが最適解かはまだわからないが、債権の良質化に向けた「ヒト」に対する「指導法」の一形態として理解をいただくことができるのであれば幸いである。

そもそも、筆者が自らの研究の必要性を強く感じ、『債権の良質化における新展開』を切り開かなければならないと考え始めたきっかけとして、金融庁の施策だけに頼り、待っているだけでは限界が見えてきたことが挙げられる。「事業性評価に基づく融資」による取引先企業の本業支援や伴走支援の考え方は、2014年頃に発出されたものの、金融機関に定着し、実装されたのはコロナ禍になってからだった。もちろんそれまでに金融行政指針やプログレスレポートの発表、金融検査マニュアルの廃止など様々な施策を積み重ねてきていたが、結果的にそれを遂行せざるを得ない大きな外的環境の変化によって、「事業性評価に基づく融資」は推進されることになった。本書第3章において、新型コロナウイルス感染症が猛威を振るい、平時から有事になったことで、事業者の将来性を的確に見通すことが正常債権の判断のために最適な方法であることから、多くの金融機関が事業者支援を使命と感じ始め、金融機関の行動変容につながっていったことに触れている。

しかし、半ば強制的に実行せざるを得なくなった「事業性評価に基づく融資」は、金融機関によっては未だに手法が確立しきれておらず、現場では取

---

1) 金融庁「金融仲介機能の発揮に向けたプログレスレポート」55頁以下（2023年6月28日）にも、各地域金融機の人事戦略において、自らの経営戦略を踏まえどのような人材獲得・育成を進めるべきか、また、職員が持てる能力を最大限発揮し続けられる職場環境をどのように確保すべきかなどについて、従来とは異なる対応が必要である旨が記載されており、金融庁も人的資本の重要性を説いている。

り組みの進展具合に大きく濃淡が生まれてしまっている。そうしたこともあり、筆者が取り組んでいるような金融機関を対象とした研修は数多く企画されるようになり、事業者支援そのものを支援することができるツールであるローカルベンチマークの実践的な活用の場が求められるようになった。要は、現場は融資や支援に関する制度だけでなく、その活用方法の提供も望んでいて、その欠片を埋めるような提供者、ひいては「教授法」を身につけた人材が渇望されているのである。

　コロナ禍が明けた2023年度以降もそのニーズは高まりを見せていくことだろう。2020年３月に開始したゼロゼロ融資（実質無担保・無利息）の返済が上手くいかず、逃げ場のない状況に陥ってしまう債務者企業が出てきてしまうことが容易に想像される中、政府もそれを見越してのことか、金融機関による伴走支援を条件に、実質的に債権者主導で延滞や条件変更を回避させることができる借換保証制度が新設された。借換保証制度とは、中小企業庁が2023年12月23日に新型コロナウイルス感染症の影響の下で債務が増大した中小企業者の収益力改善等を支援するため、借換え需要に加え、新たな資金需要にも対応する信用保証制度である。この制度の大前提として、繰り返しにはなるが、債務者支援において債権者である金融機関の伴走支援が条件となっている。債権者の伴走支援（協力）を条件とする背景には、債権者と債務者は、契約によって企図された共同の目的に向かって協力すべき密接な関係を構成すべきという、我妻榮博士の考えそのものが源流として存在していると見ることができ、本書第１章「金融実務から考察する債権の本質」において課題提起した内容につながるものである。

　このタイミングで、あえて金融機関の伴走支援を前提とした制度が発出されたことから、今後、金融機関は事業者の将来性を評価し、一蓮托生の関係性でもって事業を展開していくことが要請されていると受け止めることとなる。債権者が債務者に寄り添い、協力関係を構築する体制、すなわち、債権

---

2)　本書第２章第２節「企業経営における事業性評価のポイント―ローカルベンチマークの活用―」（132頁以下）において、事業性評価と経済産業省が公表したローカルベンチマークの機能との牽連性と積極的な活用こそが、債権の良質化につながることを示した。

3)　本書第３章第１節「地域金融に有益な包括担保法制と行動立法学―本業支援に必要な事業性評価の応用と債権の本質を考える―」（170頁以下）において、コロナによる有事の状況下、金融機関職員に向けて、「企業の経営改善・事業再生支援」に主たる取り組みをシフトし、企業を地盤から支える存在として金融機関は価値を創出しなければならない旨メッセージを発信している。

の良質化につながる体制の実現に向けて公式な見解が示されるようになったともいえそうだ。そしてこの活動自身が金融機関の身を削って、自身の存亡をかけて事業者支援に魂を注ぐ活動ではなく、相互が救済される、お互いが成長しあえるスキームとして構築されている点が非常に大きな意義を持つと考えられる。金融機関自身の経営の安定、事業の継続性をも加味された制度や活動は、まさに良質な債権の考え方の新展開であるといっていいだろう。

Ⅳ. 金融実務から考察する債権の良質化の変容

序説のタイトルに掲げた「金融実務における良質な債権の考え方の新展開と行動立法学」において、金融機関における債権保全に関する考え方の変化を元に行動変容が起きている様を「債権の良質化」と捉え[4]、これまで論考を進めてきた。

第1章では、金融機関の貸倒の考え方に影響を与えた「興銀事件」を題材に問題提起を行った。一見、法人税の部分貸倒の問題に捉えられるが、筆者の目には債権の本質的な考え方につながるものに映った[5]。債権の貸倒について、当時通説としていて定着していた「債務者側の事情」に着目して判断するのではなく、「債務者側の事情」も考慮して判断することが妥当であ

---

4) 本書序説「金融実務における良質な債権の考え方の新展開と行動立法学」（1頁）において「ここでいう『債権の良質化』とは、金融機関の実務実態に鑑みると、良質な債権の捉え方が『担保や保証』で保全されたものから、事業性評価等により事業の将来性を的確に評価したり、事業の継続・発展に向けて金融機関が本業支援、伴走支援することで、計画を立てながら事業者を支えていくことこそが金融機関が有する債権が正常化するものとの考えにシフトしていくこととなった。文字通り、債権の質を高めようと行動することにパラダイムシフトしたことを表すべく、債権の評価方法の変化を『良質化』と表現したのである。」と記し、「良質化」を定義づけしている。

5) 本書第1章第1節「不良債権処理の根本的問題と部分貸倒れの損金算入の必要性」（30頁）では、部分貸倒について「税法では同一債務者に複数の債権が存在していた場合であっても、その評価は債務者単位でしか行うことができず、債務者が完全に破綻するまでは貸倒れを認められない。部分貸倒れを認められない税法が適用される以上、実態として複数の債権が存在していたとしても債権の評価は統一を強いることになってしまい、複数の債権のうち、担保による保全が図られていて明らかに回収可能性が高いものが含まれていたとしても、あくまで債務者全体の評価によらなければならない不都合を生み出してしまっている。本来、債権は債権ごとに担保取得を行うわけであるから、債権ごとに回収可能性が異なるのは当然のことであり、債権ごとに『貸倒れ』の判断を行うのもまた当然といえる。」と結論づけた。これは、部分貸倒を法人税法特有の課題ではなく、金融機関の実務における課題でもあることを指摘したことに大きな意義がある。

る、という解釈を債権の本質的意義から再考している。

第2章では、金融機関における債権の考え方の変化を金融行政の変化も交えつつ説いている。とりわけ、金融機関が注力することとなる「事業性評価」の考え方に着目し、債権を「回収」するものから「支援」によって付加価値を生み出すものに変化した実態から「債権の良質化」を紐解き、債権者である金融機関のみならず、債務者である事業者の行動変容の必要性について触れている。

第3章では、金融検査マニュアルの廃止によって金融機関に創意工夫の必要性が生じた観点から「債権の良質化」を論じている。ここでは、「良質な債権とは、回収率や保全率が高い債権ではなく、債権者である金融機関が債務者である取引先企業やまたはその事業者の将来を『正しく』評価できている債権である」と捉え[6]、事業者の将来を評価する目的には、付加価値の創出的な意義が込められていることを論じている。事業者が生み出す価値こそが、債権者と債務者両者の果実であり、金融庁が表現する「共通価値の創造」にもつながることも言及している[7]。

第4章では、あらためて「債権の良質化」には「債務者の行動変容」が必要であることを説いている。債務者の行動変容を促すには、その前提として「債権者の行動変容」が必要不可欠であり、その具体的な一例として、金融機関における「人的資本への投資」が最大の課題であることに触れている。また、ビジネス法務学の定着には、実際にビジネス法務学を実務において活用できる人材を増やすことが必要であると捉え、「人的資本への投資」に対するアプローチとして、ビジネス法務学の必要性に着目している。

第5章は、これまでの論説をすべて統括し、本書の結論的な位置づけとなるものとして、「債権の良質化」を「新展開」につなげるかたちでまとめている。

本書で取り上げてきた諸制度であるABL・事業性評価・経営者保証・事業成長担保権などは、すべてが「債権の良質化」を図るために必要な「債務者（事業者）の行動変容」を促す目的があることに触れている。また、SDGsの観点から、金融の理想的なあり方は債権回収ではなく、持続可能な社会インフラであるとして、あらためて金融機関の伴走支援の重要性を示唆

---

6) 本書第3章第1節「地域金融に有益な包括担保法制と行動立法学」(172頁)。
7) 前掲注6・174頁。

し、「回収」でなく「支援」による債権の良質化の必要性を論じている[8]。事業成長担保権の検討プロセスにおけるABLの関連性や必要性についても、持続可能性の視点も踏まえて触れてきた[9]。

これまで、金融実務においては不動産担保や有力な保証で「保全されている債権」が高く評価されてきた。それは、安定した経済成長や人口増加時代のビジネスモデルが確立・機能していたことに起因する。なぜなら不動産担保や保証による「保全」によって確実に回収できる資金（資本）を、新たなビジネスや異なる企業に融資することで、資本が効率的に回り、新たな資本を生み出し、金融機関自身も成長する（収益を上げる）スキームが良好に働いていたからである。そのため、保全されていることに価値が見出されるのは、当然であったといえよう。

しかし、経済不況や人口減少時代に移り変わったことで、このビジネスモデルや好循環を生み出すスキームは成立が困難になった。保全により回収した資本の融資先として、確実に資本の好循環を生み出す企業や仕組みが見つけられなくなってしまったからだ。その結果、資本の流れから利潤を生み出していた金融機関のビジネスモデルも破綻しかけてしまい、さらには金利のない世界に突入したことで、金融機関自身の存続も危ぶまれる事態に陥ってしまった。とりわけ、人口減少に歯止めの効かない地域を基盤とする地域金融機関にとって保全重視の経営は早期に限界を迎え、地域と企業の課題を解決し、地域経済そのものを発展させる方法しか生き残る道がないことを肌で感じていたことだろう。筆者もそのことは、第5章第2節において示しているところである[10]。

そのような中、2013年に「経営者保証ガイドライン」が、2014年には「事業性評価に基づく融資」が公表され、担保や保証に過度に頼らず、事業の将

---

8) 本書第5章第2節「ABL再考　事業成長担保権への展開とビジネス法務学」（289頁）。
9) 前掲注8・309頁。
10) 本章第2節「ABL再考—事業成長担保権への展開とビジネス法務学」（288頁）において、「地域金融機関が債務者である取引先企業に寄り添いながら本業支援を行うことで債権は良質化する。すると、地域金融機関のバランスシートにも良い影響が生まれ、取引先企業も地域経済の活性化に寄与することになる。金融の正常化は、持続可能な社会を構成する基盤として好循環をもたらすことになり、その動きはまさにSDGsにつながる取り組みだといえよう。」と表現している。つまり、債権者と債務者が一体となって価値創造することしか選択肢はなく、金融機関自身も支援により自らの企業価値向上につなげる時代が到来しており、企業支援により付加価値を生み出す「債権の良質化」の考え方につながる発想でもある。

来性を評価して融資を行う手法が推し進められていった。これらを大きな契機として金融実務は「回収」から「支援」にパラダイムシフトすることになった。筆者はこの変化を債権の観点から着目し「良質化」したと表現している。

　繰り返しにはなるが、不動産担保や保証によって「保全」され、「回収」に重きが置かれていた債権は、金融機関にとって債権回収の危険性または価値既存の危険性が低い状況になるため、その状態を高く評価し、優良な債権であるととらえられてきた。しかし、この考えには、(1)債務者である事業者の視点が欠けていることと、(2)この債権が生み出す最大の成果（価値）は元の状態に戻ることと認識しているという、大きな欠陥があった。債権とは、債権者と債務者の協力関係に基づき、一つの目的を達成するために相互の活動が必要である。それを本書では「債権の本質的意義」と称していたが、その視点から見るに、保全や回収に意識が強い債権には、債務者がまるで存在しないかのような着想がある。金融機関が事業者に融資をして融資先企業の資産となった状態を、債権回収の危険性または価値既存の危険性をなくす動き、言い換えれば、元の状態に戻す（マイナスをゼロにする）動きが、この状況下の債権では最大の目的になってしまっている。すなわち、このスキームにはプラスの価値（成長）は生じ得ないのである。

　その金融実務が「支援」というチャンネルに切り替わったことで、その様相は大きく変化した。この「支援」という視点には新たな価値を生み出すという発想がある。不動産担保や経営者保証に依存しない取り組みを推進した背景には、本業に関係のない（企業価値向上に寄与しない）活動はプラスの価値を生み出さないことに警鐘を鳴らしているからと整理することができる。そして「事業性評価」に着目したのは、事業の将来性にプラスの価値があるかどうかを正確に判断し、その可能性に融資ができるスキームへの転換に期待が持てたからであろう。なぜなら、この取り組みにおいてはプラスの価値が生まれるかどうかが判断基準になっており、現状からどれだけ成長できるか（ゼロをプラスにする）に、債権の目的が設定されているのである。例えば、現在は赤字や債務超過である企業であっても、「事業性評価」に着目した事業計画等により、抜本的に改善できる可能性を債権者及び債務者で認識できれば、そこにはプラスの価値が生まれると認識できるのである。

　したがって、金融実務において債権の生み出す価値が「負から無」であっ

たところ「無から有」に変化し、ひいては企業価値向上の有無に債権の価値視点が変化したことに質的転換が見出せることから、それを「良質」と呼称することが相応と整理した次第である。このように、金融実務において債権の基準が変化した。価値創造をともなうパラダイムシフトを「債権の良質化」ととらえる時代が訪れ、その結果のひとつとして債権者と債務者の行動変容が求められるようになっていった。

V.「結び」として

　筆者は、池田眞朗教授から『会社法務A2Z』に掲載された論考の中で、「実務家教員の第一人者」と評していただいた。そして、今後、実務家教員を目指すのであれば、筆者のような「『オンリーワンでナンバーワン』を目指すべきであろう」と過分な評価を頂戴した。さらに、高度専門職の実務家教員として肝心なのは、オリジナリティのある研究能力である、との記載から、それを有している者の一人として認めていただいたように思っている。

　この言葉がきっかけとなり、あらためて先述した「行動する研究者」になることを決心した次第である。そして、ビジネス法務学の本質を追求し、過去にとらわれない考えを持つことの必要性および実践こそが、これからの実務界に必要なルール作りにつながると感じ、より一層自身の研究活動や講演活動に邁進してきた。地域金融そのものがSDGs的な要素を含んでおり、人々の幸福や生存のための手段として金融が存在すること、そしてその金融に関するルール作りのために、これからも研究を続けていかなければならない使命のようなものも勝手ながら受け取った気持ちになっている。

　本研究、本書を通じて、ビジネス法務学は研究者のための学問や研究として確立してはならず、実務で活躍する人のための学問としてビジネス法務学が成り立ち、それを実践する人々を育むことに本質的な目的があることに気付けたのは本当に大きな収穫であった。そして、学問・研究と実務の境界線をなくし、相互が作用しあうことでこの学問領域を昇華させることができる可能性を感じ、ひいては、その可能性を高めるための「教授法」の確立や「教授法」の実践がこれからの社会を築く重要な要素なのだと強く感じた。筆者ひとりでできることは限られているのかもしれないが、少なくともこれまで実践してきたこと、ならびに、これから実践しようとしていることに間

違いはないと確信できた。できることならば、本書を手に取った人々が「同志」となり、金融を支え、社会を変える力を発揮するための仲間として手を握ってくれることを願い、締めくくりとする。

　最後に、学生時代から手塩にかけて育ててくださり、銀行員という選択肢を選んだ後でも「行動する研究者」としての大成をずっと、ずっと信じてくださった恩師への想いを綴らせてほしい。本書を手渡せば、満面の笑みで、いつもの底抜けに明るい透き通った声色で褒めてくれただろう貴方から、もう一度だけ「よく頑張った」の一言が聞けなかったことだけが本当に心残りでとても悔しくてたまらない。
　2023年1月11日に永眠した、故髙森八四郎先生に少しでもこの想いが届くことを願い、ご冥福をお祈りするとともに、本書を捧げたい。

初 出 一 覧

序　説　金融実務における良質な債権の考え方の新展開と行動立法学
　　　　書き下ろし

第1章　金融実務から考察する債権の本質
　　　第1章の概要　　書き下ろし
第1節　不良債権処理の根本的問題と部分貸倒れの損金算入の必要性—円滑な金融機能回復を目指して—
　　「不良債権処理の根本的問題と部分貸倒れの損金算入の必要性—円滑な金融機能回復を目指して」
　　国際税制研究　NO.14（2005年）106頁以下
第2節　債権者、債務者双方からの貸倒損失のアプローチの重要性—資金調達環境改善の後押し—
　　「債権者・債務者双方からの貸倒損失のアプローチの重要性——資金調達環境改善の後押し」追手門経済・経営研究　No.14（2007年）269頁以下
第3節　譲渡禁止特約と譲受人の重過失に関する判例の考察
　　「譲渡禁止特約と譲受人の重過失に関する判例の考察」追手門経済・経営研究　No.17（2010年）61頁以下
第4節　金融円滑化法期限到来から考察する債権譲渡の実相
　　「金融円滑化法期限到来から考察する債権譲渡の実相」追手門経済・経営研究　No.21（2014年）43頁以下
第5節　金融円滑化における担保のあり方と債権譲渡の実相
　　「金融円滑化における担保のあり方と債権譲渡の実相」追手門経済・経営研究　No.22（2015年）87頁以下

第2章　ビジネス法務学につながる事業性評価と債権の本質的意義
　　　第2章の概要　　書き下ろし
第1節　現代における債権譲渡行為の実相とその問題点
　　「現代における債権譲渡行為の実相とその問題点」『法律行為論の諸相と展開 髙森八四郎先生古稀記念論文集』（法律文化社、2013年）219頁以下

第2節　企業経営における事業性評価のポイント―ローカルベンチマークの活用―

「企業経営における事業性評価のポイント　ローカルベンチマークの活用」ベンチャービジネスレビュー　Vol.9（追手門学院大学ベンチャービジネス研究所、2017年）59頁以下

第3節　中小企業金融における事業性評価の本質的意義―金融検査マニュアル廃止後における良質な債権の考え方―

「中小企業金融における事業性評価の本質的意義　金融検査マニュアル廃止後における良質な債権の考え方」商工金融70巻5号（商工総合研究所、2020年5月）5頁以下

第3章　行動立法学からみる包括担保法制（事業成長担保権）

第3章の概要　書き下ろし

第1節　地域金融に有益な包括担保法制と行動立法学―本業支援に必要な事業性評価の応用と債権の本質を考える―

「地域金融に有益な包括担保法制と行動立法学　本業支援に必要な事業性評価の応用と債権の本質を考える」銀行法務21・872号（経済法令研究会、2021年7月）4頁以下

第2節　顧客支援と包括担保法制の牽連性―生かす担保ABLの考え方の再評価と事業性評価に基づく融資―

「顧客支援と包括担保法制の牽連性―生かす担保ABLの考え方の再評価と事業性評価に基づく融資―」銀行法務21・875号（経済法令研究会、2021年9月）93頁以下

第3節　中小企業金融の近未来と事業成長担保権の評価―ABL再考―

武蔵野大学法学研究所主催の中村廉平教授追悼・担保法制シンポジウム「検討！　ABLから事業成長担保権へ－中小企業金融の近未来－（2023年2月28日開催）」講演　書き起こし

第4章　ビジネス法務学と実務をつなぐ教授法の実践

第4章の概要　書き下ろし

第1節　私の実務家教員論――銀行員から大学学部長へ

池田眞朗編著「アイディアレポート　ビジネス法務教育と実務家教員の養成―武蔵野大学『実務家教員COEプロジェクト』報告」（武蔵野大学法学研究所、2021年）85頁以下、および2020年12月4日開催講演会「私の実務家教員論－銀行員から大学学部長へ」を再構成

第2節　金融機関職員に求められる能力とは　コンサルティング能力向上講座（第1回）

「取引先から一目置かれる担当者を目指す　コンサルティング能力向上講座（第1回）金融機関職員に求められる能力」銀行法務21・829号（経済法令研究会、2018年6月）44頁以下

第3節　令和の金融への対応、地域金融機関の常識を変える必要性　令和時代に求められる地域企業支援のための人材育成（第1回）

「令和時代に求められる地域企業支援のための人材育成（第1回）　令和の金融への対応、地域金融機関の常識を変える必要性」銀行法務21・856号（経済法令研究会、2020年5月）46頁以下

第4節　実抜計画とロカベンの併用で「伴走支援」を確固たるものに―企業評価から地域理解へのウイングを広げ、共にリスクテイクを―

「実抜計画とロカベンの併用で『伴走支援』を確固たるものに」週刊金融財政事情・秋季合併号2021.10.26-11.02号（金融財政事情研究会）21頁以下

第5節　ローカルベンチマークを活用した企業支援のすすめ　ローカルベンチマークと企業支援　～金融機関と企業の対話～

「ローカルベンチマークを活用した企業支援の勧め　ローカルベンチマークと企業支援～金融機関と企業の対話～」銀行法務21・885号（経済法令研究会、2022年6月）10頁以下

第5章　ビジネス法務学への期待及び債権の良質化の変容と展望

　　第5章の概要　　書き下ろし

第1節　「水野ゼミ」によるビジネス法務学の実践と教授法の事例

　書き下ろし

第2節　ABL再考――事業成長担保権への展開とビジネス法務学

　書き下ろし

第3節　債権の良質化の変容と展望

　書き下ろし

【著者紹介】
水野 浩児（みずの・こうじ）

追手門学院大学経営学部学部長　教授
1968年生まれ。関西大学大学院法学研究科修了。南都銀行にて10年以上企業融資や主計業務等を担当。2006年追手門学院大学専任講師に就任。その後、准教授を経て現職。
専門分野である民法（債権法）を介して、地域金融機関が注力する事業性評価の本質について研究を行うほか、金融専門誌への寄稿や金融機関向けの研修・講演などを多数実施している。2020年7月より財務省近畿財務局の地方創生支援事業「ちほめん」アドバイザー。経済産業省公表「ローカルベンチマークガイドブック」の編集委員、金融庁公表「業種別支援の着眼点」の研究会委員を歴任、広く実務と研究を融合させた活動を実践する。
主な著作に『事業性評価スキルの強化書』（経済法令研究会）ほか寄稿・論文多数。ラジオ大阪で20年近く番組を担当、2005年より「水野浩児の月曜情報スタジオ」のパーソナリティーを務める。
北おおさか信用金庫非常勤理事
アルインコ株式会社社外取締役

債権の良質化における新展開

2023年9月15日　初版第1刷発行	著　者	水　野　浩　児
2024年9月1日　　第2刷発行	発行者	髙　橋　春　久
	発行所	㈱経済法令研究会

〒162-8421　東京都新宿区市谷本村町3-21
電話 代表 03(3267)4811　制作 03(3267)4823
https://www.khk.co.jp/

営業所／東京03(3267)4812　大阪06(6261)2911　名古屋052(332)3511　福岡092(411)0805

カバーデザイン／清水裕久（Pesco Paint）
制作／西牟田隼人　印刷／日本ハイコム㈱　製本／㈱ブックアート

Ⓒ Koji Mizuno 2023　Printed in Japan　　　　　　　　　ISBN978-4-7668-2503-9
定価はカバーに表示してあります。無断複製・転用等を禁じます。落丁・乱丁本はお取替えします。